Martin Block und Birgit Schulz

# DIE ANWÄLTE

Martin Block und Birgit Schulz

# DIE ANWÄLTE
## Ströbele, Mahler, Schily

Eine deutsche Geschichte

Fackelträger

Agentur: WDR mediagroup licencing GmbH


Satz: Bild1Druck GmbH, Berlin
Gesamtherstellung: VEMAG Verlags- und Medien AG, Köln
Printed in EU

ISBN 978-3-7716-4456-7

www.fackeltraeger-verlag.de

# Inhalt

Martin Block

# Ein Foto

In Karlsruhe ist der 18. März 2003 ein kühler, sonniger Frühlingstag. Zwei ältere, weißhaarige Herren, der eine 71 Jahre alt, der andere 67, treffen sich wieder, nach langer Zeit. Seit rund 40 Jahren kennen sie sich. Sie sitzen nur wenige Meter voneinander entfernt. Ihre Blicke treffen sich nicht, zwischen ihnen herrscht Eiseskälte. Beide halten Distanz, als seien sie sich noch nie begegnet. Mit großer Gewissheit ist es ihre letzte Begegnung. Ein Schlusspunkt. Öffentlich – und genau beobachtet. Ein Dritter, auch schon in die Jahre gekommen, ist nicht anwesend. Er hatte von dem Treffen abgeraten, wollte nicht, dass es zustande kommt.

Von der guten und engen früheren Kollegialität, ja Freundschaft, ist nichts zu spüren. Im Gegenteil: Die Stimmung ist feindselig und unversöhnlich. Der Ältere der beiden verlässt mit starrem Gesichtsausdruck als Verlierer den Gerichtssaal. Der Zweite betrachtet sich mit freudiger Genugtuung als Gewinner. Im fernen Berlin sieht der Dritte seine Warnungen bestätigt.

Otto Schily, SPD-Minister des Innern der Bundesrepublik Deutschland, beantragt das Verbot der rechtsradikalen NPD. Hinter ihm stehen die drei Verfassungsorgane Bundesregierung,

Bundestag und Bundesrat. Vor dem vierten Organ, dem Bundesverfassungsgericht, vertritt er den Antrag. Er wird abgewiesen. Es ist eine herbe politische, aber auch persönliche Niederlage für den Juristen.

Horst Mahler, Rechtsanwalt, vertritt die Gegenseite. Einst war er enger Kollege und auch Mandant von Schily, beinahe ein Freund; nächtelang hatten sie über Gott und die Welt diskutiert. Mahler findet die verwundbare Stelle, die Achillesverse in Schilys Verbotsantrag gegen die Partei, der er angehört. Er triumphiert. Und er tritt unmittelbar aus der NPD aus, nachdem er ihr den Sieg verschafft hat. Denn sie ist ihm bei Weitem noch nicht radikal genug, dem bekennenden Verfassungsgegner, Antisemiten und Holocaust-Leugner.

Hans-Christian Ströbele, 63 Jahre alt, ebenfalls Jurist. Er ist Mitglied der Grünen, beobachtet das Geschehen aus der Entfernung, aber sehr präzise. Er hält Schilys Niederlage für selbstverschuldet und auch für berechtigt. Er ist zufrieden mit der Entscheidung des Gerichts. Auch er war mit den beiden anderen sehr eng verbunden, früher einmal.

Es gibt ein Foto zu Beginn der 70er-Jahre des letzten Jahrhunderts, auf dem die drei zu sehen sind. Ein solches könnte heute nicht mehr entstehen, denn Schily und Ströbele gehen sich als politische Kontrahenten am liebsten aus dem Weg. Und mit Horst Mahler wollen die beiden ohnehin nicht mehr zusammentreffen.

Das Foto zeigt die drei nah beieinander. Hans-Christian Ströbele wendet sich in Anwaltsrobe nach hinten zu Horst Mahler. Der, mit langem dunklem Vollbart, schaut ihm über eine holzvertäfelte Brüstung entgegen. Auch Otto Schily, im Vordergrund rechts, trägt eine Robe, ein weißes Hemd, weiße Krawatte. Er sieht nach vorn, über den Fotografen hinweg.

Das Bild entsteht beim ersten großen deutschen Terroristen-Prozess, der vor dem 1. Strafsenat des Berliner Kammergerichts in Moabit gegen den erfolgreichen und in ganz Deutschland bekannten Rechtsanwalt Mahler geführt wird. Der wird von den beiden anderen Juristen überaus engagiert verteidigt. Ströbele trägt aus Solidarität gar die Robe von Mahler – noch etliche Jahre lang. Beide führen eine gemeinsame Kanzlei, die sie nicht als Sozietät bezeichnen, sondern »Sozialistisches Anwaltskollektiv« nennen. Dort ist auch Schily oft zu Gast, um gemeinsame Verteidigungen und Strategien abzusprechen.

Das Foto ist fast vierzig Jahre danach Ausgangspunkt für den Dokumentarfilm *Die Anwälte – Eine deutsche Geschichte*, den die Kölner Filmemacherin Birgit Schulz 2009 fertigstellt. Er startet im Herbst desselben Jahres im Kino und findet große Beachtung. Zur Premiere in Berlin erscheinen Hans-Christian Ströbele und Otto Schily. Beide stellen sich anschließend gemeinsam der Diskussion mit dem Publikum. Horst Mahler muss sich den Film im Gefängnis anschauen. Er ist aufgrund seiner beharrlichen öffentlichen Leugnung des Holocaust zu sechs Jahren Freiheitsstrafe verurteilt. Durch die Verbüßung von anderen Reststrafen bleibt der Unbelehrbare voraussichtlich bis 2021 in Haft, soweit seine Gesundheit dies zulässt.

Der Film verfolgt die Biografien der drei Männer, die derselben Generation angehören und die in derselben bundesdeutschen Wirklichkeit gelebt haben. Birgit Schulz untersucht, was diese Männer geprägt hat, welche politischen Ideale sie verbunden und an welchen Punkten sie drei ganz unterschiedliche Wege eingeschlagen haben, um am Ende Gegner zu werden. Der Film erzählt zunächst von großen Lebensträumen, dann von Entfremdungen, Verletzungen und aufgekündigten Beziehungen, und zum Ende hin von neuen Träumen. Während der Dreharbeiten werden die drei mehrere Tage lang interviewt. Im Verlauf der Gespräche kommt es zu vielen intimen und berührenden Aussagen, die diese deutsche Geschichte in die Tiefe führen und die den wichtigsten deutschen Ereignissen ab Mitte der 60er-Jahre bis in die Gegenwart hinein Kontinuität verleihen.

Fast erscheint, was in den einzelnen Biografien auf den ersten Blick widersprüchlich aussieht, im Verlauf der Geschichte logisch. Denn in sich und getrennt voneinander betrachtet haben alle drei Lebensläufe eine gewisse Konsequenz – und jeder der drei würde stets von sich behaupten, dass er sich selbst über all die Jahre treu geblieben ist …

*Köln, im März 2010*

Ein Foto, wie es heute nicht mehr entstehen könnte: Hans-Christian Ströbele (links) und Otto Schily (rechts) verteidigen im ersten RAF-Prozess 1972 ihren Kollegen Horst Mahler (Mitte).

Birgit Schulz

# Wie alles begann

Als ich im Herbst 2006 begann, für meinen Film *Die Anwälte* zu recherchieren, war das Interesse bei den Sendeanstalten und Filmförderern sofort groß. Viel schwerer hingegen war es, mit meinen drei Protagonisten in Kontakt zu treten.

Horst Mahler saß damals schon wegen Leugnung des Holocaust im Gefängnis, und zwar in Bernau am Chiemsee; er antwortete mir auf meine schriftliche Projektvorstellung zwar ausschweifend, aber dennoch mit dem klaren abschließenden Satz, dass dieses Projekt für ihn keinen Sinn mache. Es gelang mir dann aber doch, ihn zu überreden, mich nach seiner Freilassung zu einem Vorgespräch zu treffen. Dieses fand dann im April 2007 ganz konspirativ in einem lichtlosen Konferenzraum eines Hotels am Münchener Flughafen statt. Mahler wurde begleitet von seiner damaligen Lebensgefährtin Sylvia Stolz, ebenfalls Anwältin und bekennende Holocaust-Leugnerin, plus Hund. Bei dem Gespräch konnte ich Horst Mahler von meinem ernsthaften Interesse an seinem Werdegang in Bezug auf meinen Film überzeugen. Ich selbst wiederum war sicher, ihn in meinem Film auftreten zu lassen, ohne ihm Raum für seine faschistische Weltsicht zu gewähren.

Die zweite Anfrage galt Hans-Christian Ströbele, von dem ich fest annahm, dass ein solches Projekt ihn interessieren müsste. Das Gegenteil war der Fall: Er war äußerst skeptisch, vor allem in Bezug auf Horst Mahler, und er wollte auf keinen Fall zusammen mit ihm in ein und demselben Film auftreten. Die Bedingung für seine Teilnahme: Otto Schily müsse mitmachen.

Mit Otto Schily traf ich mich an einem sehr heißen Tag im Mai 2007 in Berlin. Eine freundliche erste Begegnung, bei der er mir nichtsdestoweniger klar bestätigte, was ich bereits wusste: dass er grundsätzlich nie über seine Zeit als RAF-Anwalt spräche. Er hatte Hunderte von Fernsehinterview-Anfragen im Rahmen der breiten Berichterstattung über 68 abgelehnt. Er war der Ansicht, ich müsste ihm schon einen sehr guten Grund nennen, um ihn für meinen Film zu gewinnen. Ich habe ihm damals erklärt, ich sei sicher, dass sich durch den Film das Bild seiner Person in der Öffentlichkeit verändern würde – der Film ließe ihn nahbarer und differenzierter erscheinen. Otto Schily hat sich nach diesem Treffen mein umfangreiches Fragenkonvolut schicken lassen und war dann mehr als zwei Jahre nicht mehr erreichbar.

In der Zwischenzeit habe ich die Interviews mit Mahler und Ströbele geführt und mir Filmmaterial aus allen möglichen deutschen Archiven angeschaut. Als ich nicht mehr davon ausgehen konnte, Otto Schily für den Film zu gewinnen, habe ich nach Rücksprache mit allen Redakteuren und Förderinstitutionen zunächst eine Filmversion geschnitten, in der wir ihn als reine Archivfigur gestaltet haben.

Als diese fertig war und ich wirklich nichts mehr zu verlieren hatte, habe ich ein letztes Mal in seinem Büro angerufen. Ich ließ ihm ausrichten, dass der Film nun fertig vorliege und dass ich ganz sicher sei, dass er in der Öffentlichkeit diskutiert würde. Wenige Tage später saß ich in seinem Büro mit meinem Laptop und der DVD des Rohschnitts. Otto Schily empfing mich bärbeißig mit den Worten: »So etwas Hartnäckiges wie Sie ist mir noch nie begegnet.« Ich musste schmunzeln: Schließlich ist das eine Eigenschaft, die ihm mehr als bekannt vorkommen müsste. Seine erste Reaktion nach der Sichtung war: »Alles, was ich damals gesagt habe, würde ich heute noch rot unterstreichen.« Und: »Da sieht man sich doch altern.« Wir haben das gewünschte Interview dann im Februar 2009 geführt.

Als der Film im Sommer 2009 schließlich fertig war, habe ich ihn allen dreien getrennt voneinander gezeigt. Otto Schily und Hans-Christian Ströbele in einem Kreuzberger Kino, Horst Mahler per Laptop in der Justizvollzugsanstalt Brandenburg an der Havel.

Otto Schily kam im kugelsicheren Wagen mit Personenschutz, war den ganzen Film über sehr still und hat nach dem Ende, das von Horst Mahler berichtet, gesagt: »Das ist ein harter Film.« Die Tragik, den begabten ehemaligen Kollegen so im Abseits zu sehen, hat ihn offensichtlich am meisten bewegt.

Am Nachmittag desselben Tages kam Hans-Christian Ströbele – mit dem Fahrrad und mit einer Gruppe Kreuzberger Grüner im Schlepptau. Die Vorführung fühlte sich für mich an wie ein Klassenausflug, bei dem wir dann auch Eis am Stil verteilten. Die Parteigenossen waren ziemlich schnell lauthals begeistert, Hans-Christian Ströbele selbst blieb jedoch sehr still. Nach der Vorstellung hat er gesagt, er müsse das alles erst einmal sacken lassen. Offensichtlich habe auch ich es unterschätzt, was es heißt, 90 Minuten lang seinem eigenen Leben im Großformat ausgesetzt zu sein.

Einige Wochen später fuhr ich an einem kalten Tag mit Nieselregen zu Horst Mahler ins Gefängnis. Die Justizvollzugsanstalt Brandenburg ist ein uralter Kasten aus roten Ziegelsteinen, und man muss mehrere Tore und einen Hof durchqueren, um in den Haftbereich zu gelangen. Vorher wird einem alles abgenommen, was man in den Taschen hat. Ein wenig beklommen saß ich schließlich Horst Mahler im Strickpullover gegenüber, der sehr höflich und gelassen wirkte. Sein Kommentar nach der Vorführung: »Dieser Film sollte in deutschen Schulen gezeigt werden.« Das wird er.

Im Oktober 2009 findet die große Premiere des Films in Berlin statt, im Delphi-Kino mit 700 Plätzen und in Anwesenheit von Schily und Ströbele. Es ist ein eiskalter Freitagabend, und vor dem Kino warten am roten Teppich rund 40 Fotografen und einige Kamerateams. Ströbele kommt wieder mit dem Fahrrad, geht bereitwillig in Pose und gibt Auskunft. Schily trifft in letzter Sekunde ein, mit Tochter Jenny an der Hand, wird vom Blitzlichtgewitter abgeschossen und stiehlt Ströbele sofort die Show. In der von ihm gewohnt bärbeißigen Art schreitet er über den Teppich. Bereits vor Beginn der Vorstellung gibt er mir deutlich zu verstehen, dass er danach nicht auf die Bühne kommen wird. Es sei in dem Film schließlich alles gesagt. Aus dem Augenwinkel bekomme ich noch mit, dass seine Tochter anfängt, ihn zu bearbeiten: »Aber Otto, das gehört doch dazu, du kannst denen doch nicht den Abend verderben.«

Der Film läuft, das Publikum geht mit, lacht, kommentiert, raunt. Danach bedanke ich mich von der Bühne aus bei meinen beiden anwesenden Protagonisten für ihr Vertrauen und bitte sie nach vorn. Meiner subjektiven Wahrnehmung nach passiert dann eine Ewigkeit lang gar nichts. Das Publikum ist mucksmäuschenstill. Ich kann wegen des Gegenlichts der Scheinwerfer nichts sehen. Was passiert hinten, wo die beiden – weit auseinander – sitzen? Ich denke, Schily kommt nicht, aber was ist mit Ströbele? Dann haben sich meine Augen an das Licht gewöhnt.

Ich sehe, wie Schily aufsteht. Er geht hinüber zu Ströbele, der noch sitzt. Er legt dem alten Gefährten den Arm um die Schultern und nimmt ihn mit nach vorn.

*Köln, im März 2010*

Kapitel 1

# Kindheiten

Mit Kriegsende ist Hans-Christian Ströbele keine sechs, Horst Mahler neun und Otto Schily bereits 13 Jahre alt.

Letzterer erinnert sich am besten an diese Zeit und berichtet, wie sie ihn geprägt hat: »Ich habe ja nun das düsterste Kapitel der deutschen Geschichte am eigenen Leib erlebt. Ich habe dieses Land in Trümmern gesehen, buchstäblich, das heißt die zerstörten Städte, aber was noch viel schlimmer ist, die zerstörten Seelen. Das geistige Vakuum, das entstanden ist, ist wirklich die tiefste Katastrophe, die die Deutschen je erlebt haben. Mit dem Holocaust, mit dem Schrecken des Zweiten Weltkriegs, dass Millionen von Menschen umgebracht wurden. Dass das sich nie wiederholen darf, das gehört sozusagen zu den Urmotiven meiner politischen Sozialisation. Und jede Faser, die ich irgendwo eingebracht habe, die orientiert sich daran, dass das nicht wieder passiert.«

Otto Schily ist ein Kind aus großbürgerlichem Haus. Seine gebildeten und kunstsinnigen Eltern sind Anthroposophen nach der Lehre Rudolf Steiners und orientieren sich an dessen Christengemeinschaft. Sie führen ein kulturell lebendiges und offenes Haus, haben oft Gäste zu Besuch. Kunst, Literatur und vor allem

Otto Schily 1942 im Alter von zehn Jahren.

Musik sind die von ihnen gepflegten Leidenschaften. Ihre Kinder stellen die Schilys über alles. Otto Schily erinnert sich: »Ja, ich hatte eine wunderbare Kindheit. Wir waren fünf Geschwister, was sehr schön war, und man hat sich sehr gut verstanden. Meine Eltern haben mich wunderbar erzogen, mir viele künstlerische Möglichkeiten gegeben.«

Der Vater von Otto Schily, Franz Schily, Offizier im Ersten Weltkrieg, ist Archivar, studiert Philosophie und Alte Sprachen. Der Akademiker findet 1924, in der Zeit großer Arbeitslosigkeit, im Ruhrgebiet – das er zunächst verabscheut – Arbeit im Stahlwerk Bochumer Verein AG. Offensichtlich ehrgeizig und begabt, steigt er in den folgenden Jahren vom Außenhandelskaufmann zum Abteilungsleiter auf. Sein Vorgesetzter Paul Kirchner führt ihn an die Anthroposophie heran. In den Kriegsjahren bringt er es sogar zum Prokuristen. Franz Schily tritt jedoch nie in die NSDAP ein – im Gegenteil, er lehnt den Nationalsozialismus strikt ab. Nicht nur innerhalb der Familie liegt diese Einstellung mehr oder minder offen. Die Familie muss Durchsuchungen, Beschlagnahmungen von Teilen ihrer Bibliothek und ein Verhör bei der Gestapo durchstehen – was die antitotalitäre Einstellung von Otto Schily stark mitprägt. Er erklärt in einer bemerkenswerten und sehr persönlichen Rede 1997 vor dem Deutschen Bundestag: »Mein Vater, eine herausragende Unternehmerpersönlichkeit, dem ich unendlich viel für mein Leben verdanke, war ein erklärter Gegner des Naziregimes.« Die Distanz zu den Nationalsozialisten führt mit dazu, dass der unbelastete Franz Schily es nach dem Krieg bis zum Vorstandsvorsitzenden des Unternehmens, der Bochumer Verein AG, bringt.

Der Bildungsbürger Dr. phil. Franz Schily wird als »pflichtbewusster Nationalliberaler« beschrieben. Die Unmenschlichkeit und Brutalität des Naziregimes kann er täglich beobachten: Die kriegswichtige Bochumer Verein AG ist ein »nationalsozialistischer Musterbetrieb«, der allerhöchsten Besuch vom Führer und anderen NS-Granden erhält. Eines der Gebäude wird der SA überlassen, die dort einen Folterkeller unterhält. Das Stahlwerk ist schon in der Vorkriegszeit eine der wichtigen Rüstungsschmieden im Reich, es stellt mit modernster Technik im Stundentakt Geschütze, andere Waffen und Munition her. Bereits 1939 werden Zwangsarbeiter eingesetzt, die unter grausamen Bedingungen leben und arbeiten müssen. Ihre Zahl wird bis Kriegsende auf etwa 7500 steigen. 1944 kommen über 1600 meist jüdische Häftlinge als Arbeitssklaven in einem werkseigenen Außenlager des KZ Buchenwald hinzu.

Otto Schily erinnert sich gut an die niedergedrückte Stimmung, die der Kriegsbeginn auslöste: »Ich wusste von meinem Vater, dass damals beim Ersten Weltkrieg die deutschen Soldaten mit großem Jubel in den Krieg gezogen sind. Und da war so eine

Stimmung: ›Man muss jetzt in den Krieg ziehen, sein Vaterland verteidigen.‹ Von dieser Stimmung war 1939 nichts zu spüren, sondern eher Beklemmung, besonders in meinem Elternhaus.«

Die Schilys bringen ihre Kinder aus der bedrohten Industriestadt in Sicherheit. Mit Beginn der Luftangriffe der Alliierten, so berichtet Otto Schily, gehen seine Mutter und vier der Kinder – Otto ist das zweitjüngste und gerade neun Jahre alt – nach Bayern. Der älteste Bruder Peter kommt nach dem vergeblichen Versuch, ins Ausland zu fliehen, an die Front und wird dort schwer verwundet. Otto Schily: »Wir wohnten damals ja in Bochum im Ruhrgebiet, und dann fingen die ersten Bombenangriffe an. Ich weiß noch ganz genau, dass wir immer in den Keller gegangen sind. 1941 bin ich in das Haus meines Großvaters nach Partenkirchen mit meiner Mutter und meinen Geschwistern umgezogen, da war es relativ ruhig.« Er unternimmt mit den Geschwistern herrliche Bergtouren in die Alpen und erlebt dort zunächst eine heile Kindheitswelt.

Seine Mutter Elisabeth ist ebenso wie Franz Schily eine starke Persönlichkeit. Sie stammt aus einer hoch angesehenen Berliner Familie, ihr Vater zählt als Leiter der Königlich Preußischen Porzellanmanufaktur zur obersten Schicht der Hauptstadt. Die ausgebildete Pianistin organisiert die Erziehung der Kinder, gibt ihre kulturellen Interessen und musischen Fähigkeiten weiter. Sie bildet ihre Kinder zu ganzheitlichen Persönlichkeiten heran – ganz im Sinne der anthroposophischen Erziehung, die bis 1945 offiziell tabu ist.

In Bayern bringt sie die Kinder nur mühevoll durch, die Lebensmittel werden knapp und die Familie muss hungern. Die Not ist zeitweise so groß, dass die Kinder im Abfall nach Essen suchen müssen. Die Mutter weigert sich, bei den umliegenden Bauern betteln zu gehen. Otto Schily im Rückblick: »Wir haben alle ein

Als Jugendlicher lernt Otto Schily, Klavier und Geige zu spielen, dann auch Cello. Noch heute musiziert er täglich.

Instrument gelernt, ich habe Klavier gelernt und erst Geige, später bin ich zum Cello übergegangen. Wir haben viel gemalt, wir hatten eine Mallehrerin, die uns das Malen beigebracht hat, und wir haben viel Theater gespielt. Mein Vater hat Gitarre gespielt und dazu gesungen. Meine Mutter war eine wunderbare Pianistin, das hat sie in Berlin studiert. Sie hat eine unglaubliche Leistung vollbracht, dass sie uns durch den Krieg gebracht hat mit allen Entbehrungen, Hunger und was wir da erleiden mussten. Und dass sie dann mit diesen verarbeiteten Händen noch wunderbar musizieren konnte – meine Mutter bewundere ich wirklich.« Auch sie nimmt in politischen Dingen kaum ein Blatt vor den Mund und redet von Hitler im Familienkreis nur als »Verbrecher«.

Nach Kriegsende kehrt die Familie rasch nach Bochum zurück. Im März 1952 macht Otto Schily am Bochumer Werdenfels-Gymnasium das Abitur. Eine Wehrpflicht gibt es noch nicht, daher kann er sofort mit einer Ausbildung beginnen. Doch er weiß nicht so recht, was er möchte und was er kann. Und er mag sich auch so recht noch nicht festlegen: »Ursprünglich wollte ich gerne Dirigent werden, ich war ja nun mit der Musik sehr verbunden, habe auch mal versucht, eine kleine Komposition zu schreiben, das war alles ziemlich läppisch. Dann habe ich aber doch erkannt, dass mein Talent nicht ausreicht. Dirigent wäre ich wirklich gerne geworden, vielleicht im nächsten Leben, mal schauen. Dann habe ich Jura studiert vor dem Hintergrund, dass ich gesagt habe: ›Mit diesem Studium bin ich noch nicht festgelegt, was ich tue.‹ Es bleibt offen und das war eigentlich die entscheidende Frage. Schon ein bisschen war auch die Politik dabei, so im Hintergrund. Wir haben uns damals ja mit Begeisterung die Debatten im Bundestag angeschaut. Das spielt da schon ein bisschen hinein, eine leichte Temperierung dieser Entscheidung durch diesen politischen Hintergrund, ohne dass ich irgendwie schon daran gedacht habe, in die aktive Politik zu gehen.« Er studiert in München, Hamburg und Berlin Rechts- und Politikwissenschaften. Während des Studiums unternimmt er mit Freunden ausgedehnte Auslandsreisen. So fährt er 1953 fast zwei Monate lang mit einem Freund durch Italien und begründet bei dieser Reise seine Liebe zu dem mediterranen Land. In der Toskana wird er später ein Anwesen mit einem alten Olivenbaumbestand erwerben. Er lässt sich mit dem Studium Zeit und beendet die Juristen-Ausbildung 1962 mit dem zweiten Staatsexamen.

Im September 1955 erleidet er einen Schicksalsschlag. Seine Eltern kommen bei einem Autounfall ums Leben. Für den 23-Jährigen, der zuvor schon seinen älteren Bruder Michael bei einem Bergunglück verloren hat, ist dies ein gewaltiger Verlust: »Mein Bruder war damals 25, das war schon ein schwerer Einschnitt. Der

Otto Schily als Student 1955. Im selben Jahr kommen seine Eltern bei einem Autounfall ums Leben.

Tod meiner Eltern ist auch eine große Zäsur in meinem Leben, aber darüber möchte ich öffentlich nicht reden.« In der Zeitschrift *Bunte* bekennt er im Mai 2008 dazu allerdings: »Jeder hat sein Schicksal zu tragen. Ich psychologisiere mit mir nicht. Aber jeder Schmerz, den man im Leben erfährt, macht einen verständnisvoller für den Schmerz, den andere erleiden. Das ist eine gute Lehre.«

Otto Schily steht zeitlebens zu seiner Familie und zu seinen Eltern und kann sich mit ihnen sehr gut identifizieren. Im Unterschied zu vielen anderen in seiner Generation ist er mit ihnen im Reinen. Pure Dankbarkeit und Bewunderung treten zutage, wenn er über sie spricht: »Die Offenheit meiner Eltern, die eine natürliche Autorität hatten, diese wunderbare Mitgift für das Leben der künstlerischen Tätigkeit ... Heute noch spiele ich ja jeden Tag ein bisschen Klavier, das ist für mich ein Lebensmittel. Das ist ganz wichtig. Der Zugang zur Philosophie, zur Literatur, zur Kunst – eine bessere Erziehung kann man sich eigentlich gar nicht denken.«

Horst Mahler wächst behütet in einem kleinbürgerlichen Milieu auf. Er ist Sohn eines Zahnarztes im niederschlesischen Haynau (heute Chojnów in Polen). Mahler erinnert sich an seinen Vater: »Er war eher ein bescheiden und still wirkender Mensch, der als Zahnarzt in der Kleinstadt auch eine bestimmte Respektsperson war. In der Kleinstadt gab es den Ring und zu bestimmten Tageszeiten flanierte man und zeigte sich. Und dann weiß ich, wie er ständig seinen Hut zog, den er damals trug. Er wurde von allen gegrüßt, gelegentlich kam es dann zu Gesprächen – ein Leben, wie es heute gar nicht mehr stattfindet.«

Mahlers Familie ist ganz und gar nationalsozialistisch eingestellt. Die Mutter ist stolz, dass sie für ihre vier Kinder mit dem Mutterkreuz ausgezeichnet wurde. Der Vater ist Mitglied in der Partei und als Autofahrer auch im NS-Kraftfahrerkorps. Ein Onkel ist ein hochrangiges Mitglied der SA und Adjutant des schlesischen NS-Gauleiters. Er gerät in die internen Konflikte zwischen den konkurrierenden NS-Kampfverbänden SA und SS: »Der Bruder meiner Mutter, den ich nicht kennengelernt habe, ihr Abgott, von dem sie ständig erzählte, ist in der Aktion gegen Ernst Röhm 1934 erschossen worden. Aber das bedeutete nicht, dass jetzt die Eltern gegen das Regime eingestellt waren. Sie sagten: ›Das ist Unrecht, das war die SS, das waren die Bösen, und Hitler hat es nicht gewusst.‹ Und sie haben versucht, bei Hermann Göring vorstellig zu werden, damit er sich äußert, das untersucht und feststellt, dass es Unrecht war. Dabei ist nie etwas herausgekommen. Aber das war das Verhältnis: Sie haben sich in ihrer Anhängerschaft an den Nationalsozialismus und an den Führer überhaupt nicht beirren lassen. Sondern sie schoben es auf interne Machtkämpfe, dass auf diesem Wege der Bruder ein Opfer geworden war.«

Die Eltern versuchen, die nationalsozialistische Einstellung auch an ihre Kinder weiterzugeben. Für Horst Mahler sind die täglichen Rituale der Familie bestimmend und prägend: »Jedes Mal wenn wir bei Tisch saßen, wurde gebetet, ein Dankgebet, und dann wurde abends noch einmal gebetet. Das waren Gebete, die am Schluss immer auch Adolf Hitler einschlossen, dass Gott Hitler beschützen möge. Das war vom Inneren her ein Bekenntnis, das hat niemand erzwungen. Das war auch ein Glücksgefühl.«

Als der Vater, offenbar aufgrund einer Intrige, für kurze Zeit aus der NSDAP ausgeschlossen wird, ist dies eine große Belastung für ihn. »Er war tief unglücklich und froh, als er dann wieder aufgenommen wurde«, erinnert sich der Sohn. Die Identifikation der Familie mit der NS-Ideologie setzt sich auch mit dem Kriegsausbruch nahtlos fort. Horst Mahler hat heute keine Erinnerungen an 1939, er ist zum Zeitpunkt des Überfalls auf Polen erst dreieinhalb Jahre alt. Aber in der Familie des Freiwilligen und Frontkämpfers im Ersten Weltkrieg, Jahrgang 1900, wird dieser Zeitpunkt glorifiziert und gegenüber dem heranwachsenden Horst Mahler offenbar häufig angesprochen. Ähnlich wie Otto Schily zieht Mahler einen Vergleich zur Stimmung zu Beginn des Ersten Weltkriegs. Doch im Unterschied zu ihm verherrlicht er ihn: »Es wurde immer wieder gesagt, dass es 1939 ganz anders war als 1914. Es war ein heiliger Ernst. Sie waren nicht etwa dagegen, sondern sie wussten, es muss sein. Aber eben nicht mehr mit der Begeisterung von 1914, weil man ja wusste, was Krieg heißt. Krieg mit den modernen Waffen, mit den modernen Volksheeren, das sind Massenkriege und da ist massenhaftes Sterben angesagt. Und deswegen hatte man das Gefühl, es ist eine heilige Handlung gewesen.«

Horst Mahler wächst in kleinbürgerlichem Milieu im niederschlesischen Haynau (heute Chojnów in Polen) auf.

Selbst die Todesnachrichten von der Front werden heute von Mahler verharmlost und heroisiert: »Man ist gegangen voller Ernst oder auch Trauer, aber auch Entschlossenheit: ›Wir lassen uns nicht unterkriegen!‹ Wenn Berichte von der Front kamen, es sind Nachbarn gefallen, es sind Freunde gefallen, dann saß man beisammen und hat dies irgendwie gemeinsam bewältigt. Natürlich wurde geweint, aber es wurde auch getröstet und es war eine ruhige Gefasstheit. Eine entschlossene Stimmung, dass wir das durchstehen.«

Auch die spätere Kriegszeit glorifiziert Horst Mahler: »Ich wurde langsam etwas bewusster. Es gab diesen Volksempfänger, der in jedem Haushalt war. Es war bekannt, dann und dann spricht der Führer. Es versammelte sich alles, wir hatten Dienstmädchen und Freunde aus den Nachbarwohnungen. Dann hörte man zwei Stunden den Führer. Da musste man mucksmäuschenstill sein. Es wurde nicht einmal ein Witz gerissen, da war wirklich eine andächtige Stimmung. Ich erinnere mich noch an die Intuition seiner Reden, das hat gewirkt. Und durch diese Wirkung waren die Menschen ruhig ... In Schlesien hatten wir kaum Bombenangriffe, überhaupt keinen einzigen. In Mitteldeutschland lief das ja praktisch jede Nacht, da musste man raus, und da habe ich gesehen, wie Leute unter der Decke ›London‹ gehört haben, den Feindsender. Da haben sie sich natürlich vorgesehen, denn darauf stand die Todesstrafe.«

Mahlers Vater wird erst spät Soldat, weil er als Zahnarzt in der Heimat gebraucht wird. Im Januar 1945 meldet er sich freiwillig zum Sanitätsdienst. Man kann in Haynau schon seit Weihnachten 1944 den Kanonendonner der Front hören. Mitte Januar setzt der Vater dann seine Familie in den letzten Eisenbahnzug, der die Stadt verlässt. Nur drei Stunden später ist die Stadt von der Roten Armee eingenommen. Der Vater schlägt sich an die tschechische Front durch, später kommt er in amerikanische Gefangenschaft.

Für die Mutter und die Kinder beginnt, wie für viele, die Flucht in Richtung Westen. Auch hiervon schildert Horst Mahler gern die positiven Seiten: »Ich habe noch deutlich in Erinnerung, wie die Volksgemeinschaft funktionierte. Da wurde in großen Töpfen gekocht, man ging zum Marktplatz und wir sind umsorgt worden. Wir sind einquartiert worden bei einer Obersten-Familie. Die war nicht glücklich darüber, aber sie hat es hingenommen als Notwendigkeit. Das war eine ganz eigenartige Atmosphäre. Sie war nicht von Panik gekennzeichnet, obwohl man schlimme Sachen hörte. Als Kind wird man ja immer so ein bisschen abgeschirmt von dem, was passiert, aber einiges bekommt man mit. Man war aufmerksam, man guckte, man hielt Kontakt und organisierte. Wir sind dann in Naumburg gestrandet, da war Ende. Da wurden wir erst in einer Schule untergebracht mit Stroh, es war hygienisch sehr problematisch. Man wurde dann zügig in Privathaushalte einquartiert. Es war so eine Art Zuwendung vorhanden von denen, die uns aufgenommen haben. Gleichzeitig fühlten sie sich aber auch gestört. Das war eine Mischung aus Solidarität und Fremdheit. Die Flucht war natürlich eine Katastrophe. Ein gemeinsames Schicksal schafft aber Kraftreserven, an die man vorher gar nicht geglaubt hat.«

Von den Gräueln des Völkermords durch die Deutschen erfährt das Kind nach Kriegsende in der Schule. Dort werden den Schülern Filme und Fotos von den ermordeten Menschen in den Vernichtungslagern gezeigt. Der Holocaust-Leugner Horst Mahler will sie auch heute nicht wahrhaben: »Das Gefühl des endgültigen Zusammenbruchs kam später mit diesen Horrorgeschichten, was die Deutschen gemacht haben sollen. Die Leute haben es geglaubt und gleichzeitig nicht geglaubt. Wenn ich nach Hause kam aus der Schule und erzählte, da hat sich meine Mutter heulend gewehrt: ›Das ist Feindpropaganda.‹ Und allmählich wurde dieser Widerstand stiller und dann war der Punkt erreicht, wo sie sagte: ›Es muss ja was gewesen sein!‹ Sie hat schneller Gefühle gezeigt als mein Vater, da war ihr Bild vom Nationalsozialismus zerbrochen. Sie hat in irgendeiner Weise doch auch angenommen, dass wir schlimm waren als Deutsche.«

Horst Mahler berichtet von einem vollkommen positiven Menschenbild, das er bis zu diesem Zeitpunkt gehabt habe: »Es waren überwiegend liebe Menschen im Freundeskreis oder im Umgang mit Fremden, zugehend, offen, vertrauend und im anderen immer das Gute vermutend. Dieses Bild von den Leichenbergen passte nicht zu dem, was ich erlebt hatte in der Atmosphäre, die ich gerade beschrieben habe. Ich war unerlässlich das ganze Jahr lang mit diesem Thema befasst. Ich bekam das nicht zusammen, aber letztendlich habe ich es geglaubt.«

Mit seinem Vater, der nach der Entlassung aus der Kriegsgefangenschaft mit der Familie nach Dessau zieht, redet Horst Mahler wenig über den Nationalsozialismus, ganz anders als mit der Mutter. Den in seinem Innersten Überzeugten erschüttern die nun augenfällig mörderischen Folgen dieser Ideologie und die Dokumente der Vernichtung so sehr, dass er sich 1949 das Leben nimmt.

Der damals 13-jährige Sohn hat diese einschneidende und traumatisierende Erfahrung offensichtlich bis heute nicht verarbeitet. Er stellt die Todesart klar: »Der hat sich nicht erschossen, der hat sich vergiftet. Ich war im Haus, ziemlich dramatisch. Wir waren vier hinterlassene Kinder. Wir haben darüber nie gesprochen. Ich weiß nicht, was innerlich das Gespräch darüber blockiert. Doch, ich weiß es. Es ist eine Sache, die ist nicht für die Öffentlichkeit.«

Glaubt man dem Sohn, so kam der Vater mit dem Zusammenbruch seines nationalsozialistischen Weltbildes und seiner eigenen Identität nicht zurecht: »Er hat Hitler geliebt bis an sein Lebensende. Der konnte die Niederlage des Deutschen Reichs und alles, was damit verbunden war, nicht verwinden. Er hat daran geglaubt mit allen Fasern seines Herzens«, so Horst Mahler in einem Interview mit Michel Friedman im September 2007.

Über seine Gefühle zum Selbstmord seines Vaters und dessen Auswirkungen auf sein eigenes Leben und seine Entwicklung kann Horst Mahler nur wenig sagen. Wenn überhaupt, so hat er ihn ohne Ergebnis überdacht: »Das war ein Punkt, der irgendwie nicht losgelassen hat. ›Was macht das mit mir?‹ – Das kann ich nicht beurteilen. Ich habe gelebt, habe in irgendeiner Weise auch versucht, mein Leben bewusst zu leben. Welche Einflüsse dieses Ereignis hatte, das kann ich nicht bestimmen.« Auf die Frage, ob ihn das irgendwie berührt, und was mit ihm passiert, als der Vater sich umbringt, antwortet der 71-Jährige: »Das, letzten Endes, kann man vielleicht als Außenstehender beurteilen, man selbst reflektiert das so nicht. Man hat eine Empfindung.«

Liegt in diesem unverarbeiteten Trauma ein Schlüssel zum Verständnis der Persönlichkeit von Horst Mahler? Ist seine lebenslange Fixierung auf höhere Autoritäten wie Marx, Lenin, Hegel und Hitler eine versteckte Suche nach der schmerzlich vermissten Vaterfigur? Was hat der frühe Verlust des Vaters mit der späteren Radikalität des hochintelligenten Horst Mahler zu tun? Einer politisch so extremen Radikalität, dass sie nicht mehr zu tolerieren ist? Für die Horst Mahler wohlwissend jahrzehntelange Haft auf sich nimmt?

Bewusst spekulative und hypothetische Fragen, die wohl kaum jemals beantwortet werden können.

Familie Mahler zieht nach dem Freitod des Vaters von Dessau nach Berlin. Eigentlich ist der Osten der Stadt Ziel des Umzugs, die Mutter hat mit viel Mühe eine Genehmigung von der russischen Kommandantur erhalten. Aber der Umzugswagen, so berichtet Mahler, hat im noch nicht von der Mauer abgeriegelten Westteil der Stadt eine Panne, und so bleibt die Familie kurzerhand dort. Grund für den Umzug ist, dass die Mutter den jungen Horst von der kommunistischen Nachwuchsorganisation Freie Deutsche Jugend (FDJ) fernhalten will; der Junge engagierte sich in Dessau als Leiter einer Gruppe. Er sei, so Mahler heute, mit der Aussicht auf einen Platz in der Oberschule geködert worden, als Kleinbürger-Kind wäre ihm dieser sonst wahrscheinlich verwehrt gewesen: »Da habe ich erfahren, wie Menschen solchen Verlockungen letztlich erliegen. Ich bin dann in die FDJ eingetreten, obwohl ich erst 13 war.«

In Westberlin beendet er die Schule mit einem ausgezeichneten Abitur, als Bester seines Jahrgangs. Der hochbegabte junge Mann erhält ein Stipendium der Studienstiftung des deutschen Volkes und beginnt als 19-Jähriger im Wintersemester 1955/56 ein Jurastudium an der Freien Universität. Sein Lebensziel sei ihm quasi in die Wiege gelegt worden, behauptet Mahler: »Das war eigentlich in frühester Kindheit schon klar, ich wollte in die Politik. Das war die große Angst meiner Mutter, weil sie sagte: ›Also Politiker sind schlechte Menschen!‹ Das war die Sicht auf die Weimarer Zeit. Dann habe ich auch schon Volksreden gehalten, ich habe mir die Haare so geschnitten wie Adolf Hitler und habe mich hingestellt und habe also Reden gehalten. Gott, was macht man nicht als kleines Kind? Man spielt irgendeine Rolle, die man sich als Ideal vorstellt, das war schon immer in mir drin. Und dann wusste ich, wenn du in die Politik, in den Staat gehen willst, musst du das Recht studieren. Das war von vornherein klar. Ich wollte nicht Mediziner werden, ich wollte nicht Pilot werden, ich wollte nicht Lokomotivführer werden, ich wollte Politiker werden.«

Horst Mahler entdeckt eine trotzig-provozierende Seite an sich und wird Mitglied der schlagenden Studentenverbindung Landsmannschaft Thuringia. Dafür nennt er mehrere Gründe: »Mein Vater war Korporierter. Von daher hatte ich ein sehr positives Verhältnis zu diesen Korporationen. Zweitens war damals, insbesondere in Westberlin, die Korporation verpönt. Ich war ja gefördert durch die Studienstiftung des deutschen Volkes, und die hatte ein striktes Korporationsverbot. Und das ist immer ein Punkt, der mich reizt. Mein bester Freund als Schulkamerad war der Sohn eines Rechtsanwalts, und dieser Vater war auch in einer schlagenden Verbindung. Und dann hat der Sohn mich als Freund mitgenommen. Das dritte Moment – ich hielt mich immer für einen Feigling und meinte: ›Das stehst du nicht durch und probier es mal aus.‹ Dann habe ich gefochten und bin ohne Blessuren davongekommen. Aber diese Angst, ich habe sie überwunden! Das ist eine wertvolle Erfahrung.« Insgesamt nimmt er an sechs Fechtpartien teil.

Horst Mahler als 20-jähriger Jurastudent.

Doch er bleibt nicht lange in der Verbindung. Hochfliegend nimmt sich der intelligente junge Student aus stramm antikommunistischem Haus vor, Karl Marx zu widerlegen. Die Beschäftigung mit dem Philosophen führt allerdings ins Gegenteil, nämlich zu einer Identifikation: »Damit ich ihn widerlege, muss man sich mit ihm beschäftigen, und dann bin ich bei ihm hängen geblieben. Da war nichts mit widerlegen. Von daher hatte ich schon eine gewisse Vorstellung, wie es in der Welt weitergehen könnte: Proletarische Revolution, Weltrevolution, und dann habe ich mir angeschaut, was es hier gibt, und die SPD war für mich damals nahe liegend.«

Der Mitgliedschaft in der SPD ist nicht mit der in einer schlagenden Verbindung zu vereinbaren, Horst Mahler verlässt deshalb die Thuringia 1956. Er wird bald Juso-Vorsitzender in Berlin-Charlottenburg. 1958 heiratet der nun 22-Jährige seine Kommilitonin Ruth Frehn, noch im selben Jahr und ein Jahr darauf werden die beiden Kinder Sven-Axel und Wiebke geboren. Seine Tochter heute über ihren Vater und dessen Changieren zwischen den politischen Polen: »Mein Vater war immer eine extreme Persönlichkeit, er war immer ein Extremist. Von daher ist es für mich jetzt nicht so überraschend.«

Horst Mahler schließt 1959 sein erstes juristisches Staatsexamen mit »voll befriedigend« ab. In der SPD bekommt er Ärger, als bei einer von ihm organisierten Juso-Veranstaltung ein Referent die Auflösung der NATO und die Neutralität Deutschlands fordert. Derartige Ideen kommen in der von den Alliierten verwalteten Frontstadt nicht gut an. Weil er außerdem Mitglied des Sozialistischen Deutschen Studentenbundes (SDS) wird, droht ihm ein Parteiverfahren. Er kommt dem wahrscheinlichen Ausschluss 1961 durch einen Austritt zuvor. Den Konflikt mit der SPD führen Beobachter auch darauf zurück, dass ihm die Partei nicht national genug eingestellt sei und sie die Neutralität als ersten Schritt zu einer Vereinigung mit der DDR ablehne. Um sich politisch außerhalb der Universität engagieren zu können, tritt er für kurze Zeit auch der kleinen Vereinigung Unabhängiger Sozialisten (VUS) bei, demonstriert anlässlich der Kubakrise gegen die US-Amerikaner und bezeichnet sich als »Leninist«.

1962 absolviert er ebenfalls mit der Note »voll befriedigend« das zweite Staatsexamen. Kurze Zeit arbeitet er in einer Anwaltskanzlei, macht sich aber schon 1964 selbstständig. Mit der eigenen Kanzlei verzeichnet er Erfolg um Erfolg – bezeichnenderweise überwiegend in Wirtschaftsstrafsachen. Er ist unter anderem Berater einer Immobilienfirma westdeutscher Investoren und weiht noch 1967 am Berliner Kurfürstendamm das hoch moderne Europa-Center, ein gigantisches Subventionsprojekt, ein: »Die Initiative, der Mut und die Tatkraft … sind der Beweis dafür, dass hier nicht die Schlechtesten zu Wirtschaftsbürgern unserer Stadt geworden sind.« Pikanterweise steht dieses Objekt nicht weit entfernt von der SDS-Zentrale.

Zu diesem Zeitpunkt vertritt er auch bereits zahlreiche Mandanten aus dem SDS und der linken Studentenszene. Horst Mahler erinnert sich genau, wie er sein erstes Mandat für den SDS erhielt. Rudi Dutschke stellt in der Mitgliederkartei fest, dass sich in ihren Reihen ein Anwalt befindet, der zudem in der Stadt einen ausgezeichneten Ruf hat. Dutschke greift zum Hörer und versucht sein Glück. »Ich bekam einen Anruf und da war eine merkwürdige Stimme«, erinnert sich Mahler. »Ich kannte Rudi ja noch nicht. Er sagte: ›Du bist doch Mitglied im SDS. Wir haben einen südamerikanischen Studenten. Der soll ausgewiesen werden, weil er sich weigert, seine Landsleute an der Universität für die CIA zu bespitzeln. Übernimmst du den Fall?‹ Da habe ich gesagt: ›Ja‹. Das war der Punkt – ich habe die Stimme noch im Ohr –, an dem sich mein Leben entschieden veränderte. Ich war dann der von den Studenten nachgesuchte Anwalt. Ich habe deren Sachen mit Herzblut vertreten und so bin ich ein Teil von ihnen geworden.«

Zuvor hat der bereits recht bekannte Jurist als erster deutscher Anwalt Erfolg mit einer Beschwerde vor der Europäischen Menschenrechtskommission in Straßburg. Es geht – ausgerechnet – um einen ehemaligen KZ-Aufseher, der unangemessen lange in Untersuchungshaft sitzt, ohne dass sein Fall verhandelt wird. Bekannt macht ihn auch der bis dato größte Betrugsfall im deutschen Bankgewerbe nach 1945, der Thyssen-Bank-Prozess. Auch hier geht Mahler für einen Angeklagten bis nach Straßburg, kann aber eine Verurteilung des Betrügers letztlich nicht verhindern. Insgesamt aber ist der junge und kompetente Anwalt Horst

Mahler äußerst erfolgreich, in Westberlin durchaus prominent, und er widmet sich nun, seiner politischen Überzeugung folgend, zunehmend den Studenten des SDS.

Hans-Christian Ströbele kommt wenige Wochen vor Kriegsausbruch in Halle an der Saale zur Welt, in einem Akademikerhaushalt. Er hat noch schwache Erinnerungen an die Kriegszeit: »Ich habe den Krieg und die Bombardierungen in Schkopau, das ist bei Halle an der Saale, kennengelernt. Ich habe viele Luftangriffe miterlebt und erinnere mich auch daran. Aber die waren immer so, dass sie für mich, obwohl wir nachts manchmal raus mussten, persönlich nicht als bedrohlich empfunden wurden. Sondern da waren leuchtende Bäume am Himmel und das habe ich mir angeschaut, ohne dass ich mich gefürchtet habe.« Dies muss nach dem Sommer 1944 gewesen sein, denn zuvor sind die Gegend und auch das Chemiewerk, in dem der Vater arbeitet, kaum Ziel von Luftangriffen.

Über seine Mutter, die mit Mädchennamen Zimmermann hieß, sagt Ströbele: »Sie erzählte viel von der Universität, wo sie geradezu als Wunderfrau angesehen wurde, weil Frauen einfach nicht studierten und schon gar nicht Jura. Sie erzählte öfter, wie nach dem Bestehen des ersten Staatsexamens der Prüfungsleiter zu ihr kam, ein Nazi, der noch sehr jung Karriere gemacht hatte. Er sagte: ›Fräulein Zimmermann, ich gratuliere, Sie haben bestanden. Aber Sie wissen, eine Referendarzeit gibt es nicht. Der Führer erwartet von Ihnen, von der deutschen Frau etwas anderes. Ich wünsche Ihnen sonst viel Glück im Leben.‹ Sie sollte möglichst viele Kinder kriegen. Sie war damals noch nicht verheiratet. Sie wollte eigentlich Jugendrichterin werden, aber ohne Referendardienst ging das nicht. Sie war dann eine Zeitlang in einer Apotheke tätig. Dann hat sie schnell hintereinander vier Kinder bekommen. Wir lebten relativ abgeschlossen in einer Werksiedlung in Schkopau. Ich habe da nur sehr vage Einzelerinnerungen, das gesellschaftliche Leben fand in dieser Siedlung statt.«

Nach Kriegsende nimmt der Sechsjährige die feinen Unterschiede zwischen Krieg und Frieden wahr. Wie Horst Mahler kann er sich gut an das Radiohören entsinnen: »Ich erinnere mich immer wieder daran, dass bei uns ständig das Radio an war, der Volksempfänger. Da waren in regelmäßigen Abständen Nachrichten und die endeten dann immer damit, dass die Lage der Front beschrieben wurde: ›Das Oberkommando der Wehrmacht gibt bekannt: Wir haben wieder den oder den Sieg errungen.‹ Damit war plötzlich am Ende des Kriegs Schluss, dann waren anstatt dieser Wehrmachtsberichte plötzlich Wetterberichte da. Als kleiner Junge dachte ich: ›Aha, jetzt haben sie keinen Krieg mehr, jetzt bringen sie das Wetter.‹«

Ein schreckliches Erlebnis hat er zum Ende des Kriegs oder kurz darauf, Ströbele weiß es so genau nicht mehr: »Wir haben als kleine Jungs Munition aufgesammelt, und wenn die noch nicht explodiert war, aufgemacht. Und haben dann damit Feuerwerk gemacht. Einmal, das erinnere ich genau, hatten wir etwas Größeres, womit wir gespielt haben. Dann bin ich kurz ins Haus meiner Eltern gegangen und als ich gerade drinnen war, hörte ich einen Knall draußen. Als ich wieder hinaus wollte, hielten mich die Erwachsenen zurück. Da war diese Granate oder was es war explodiert, und einer meiner Freunde war tot.«

Hans-Christian Ströbeles Vater ist in den Buna-Werken in Schkopau als Chemiker beschäftigt. Das Werk produziert synthetischen Kautschuk, unter anderem für Fahrzeugreifen. Es macht den Import von natürlichem Kautschuk überflüssig und ist als »kriegswichtig« eingestuft. Außerdem werden dort PVC und weitere neuartige Kunststoffe hergestellt. So muss auch Ströbeles

Vater erst zum Kriegsende im letzten Aufgebot an die Front. Die Buna-Werke haben Schwesterwerke im westfälischen Marl am Nordrand des Ruhrgebiets und in Ludwigshafen sowie ein weiteres in Auschwitz-Monowitz. Es ist das erste von einem Privatunternehmen geplante und finanzierte Konzentrationslager, das ausschließlich für die Zwangsarbeit von Häftlingen vorgesehen ist. Zehntausende Menschen werden hier zunächst ausgebeutet und schließlich »durch Arbeit vernichtet«, wie es in der nationalsozialistischen Begrifflichkeit heißt.

Auch im Stammwerk Schkopau setzt das Unternehmen Zwangsarbeiter ein, von über 10 000 Arbeitskräften sind rund 6000 Häftlinge und Zwangsarbeiter. Hans-Christian Ströbele weiß nicht viel über die Rolle seines Vaters in dem Unternehmen: »Es wurde immer erzählt, dass Buna in Schkopau eine Neugründung war, praktisch eine Ausgründung von der BASF in der Mitte Deutschlands. Ich weiß heute, dass man dachte, dass da feindliche Flugzeuge nicht so gut hinkommen. Mein Vater war dort mit Ende 20 schon an verantwortungsvoller Stelle tätig und während des ganzen Kriegs. Weil es kriegswichtige Industrie war, musste er, außer zum Volkssturm, nicht in den Krieg. Meine Eltern haben auf unsere Fragen erzählt, dass Chemiker aus Schkopau, Kollegen meines Vaters, zeitweise in Auschwitz in der Chemiefabrik gewesen sind. Mein Vater war nie dort. Er hatte nichts damit zu tun, wurde immer wieder gesagt. Als der Krieg zu Ende war und das Zwangsarbeiterlager in Schkopau geöffnet wurde, gab es die Befürchtung, dass sie gegen die Deutschen vorgehen könnten. Aber meinem Vater ist nichts geschehen. Das hat meine Mutter erzählt. Ich selbst erinnere mich weder daran, ein Lager noch Zwangsarbeiter gesehen zu haben, nur daran, dass wir bei Fliegerangriffen in einen Bunker im Werk fuhren. Vermutlich bin ich in das Lager nie gekommen. Ich war dazu noch zu klein.«

Hans-Christian Ströbele wächst in Schkopau bei Halle an der Saale auf.

Trotz des Kriegs erfährt Hans-Christian Ströbele eine unbeschwerte Kindheit mit seinem Fohlen »Hansel«.

Im Frühjahr 1945 wird der Saalekreis, und damit auch Schkopau, von der US-Armee erobert. Die Amerikaner ziehen sich jedoch im Sommer desselben Jahres bis zur Zonengrenze zurück, die im Vertrag von Jalta festgeschrieben ist. Sie übergeben die Region im Juli an die Rote Armee, nehmen aber zuvor viele qualifizierte Fachkräfte und Wissenschaftler mit in den Westen. So auch die Familie Ströbele: »Im Nachhinein gesehen war das natürlich Glück, weil ich dadurch in sehr viel besseren ökonomischen und freiheitlicheren Verhältnissen aufwachsen konnte. Aber als Sechsjähriger von den Freunden und der gewohnten Umgebung getrennt zu werden, war natürlich ein Problem. Wir wurden in einer Nacht auf Lastwagen verfrachtet und dann in den Westen gefahren. Ich bin dann in sehr geordneten Verhältnissen in einer Werkssiedlung im westfälischen Marl aufgewachsen. Was sicher eine wichtige Voraussetzung dafür war, dass ich später im Leben eine gewisse persönliche Sicherheit entwickelt habe.«

In Marl bekommt der Chemiker beim früheren Schwesterunternehmen seines alten Arbeitgebers eine Stelle. Seine Mutter ist – wie auch die Eltern von Otto Schily – anthroposophisch eingestellt. Der Juristin verdankt der Sohn ein hoch entwickeltes Gerechtigkeitsempfinden, das ihn Zeit seines Lebens prägt: »Ich erinnere mich daran, dass ich durch nichts so aufgewühlt wurde – es hat mich manchmal tagelang beschäftigt – wie Ungerechtigkeiten, die entweder mir selber passiert sind oder anderen. Ich erinnere mich, dass ich mich brüllend in mein Zimmer eingeschlossen habe und erwartete, dass das gelöst wurde. Meine Mutter hat dann meistens die Vermittlerin gespielt und hat das aufgelöst. Irgendwann und irgendwie muss mir ein Gerechtigkeitsempfinden anerzogen worden oder gekommen sein. Dass ich mich über nichts so sehr erregen kann wie eine Ungerechtigkeit, auch wenn sie mir selber zugefügt wurde, wenn ich für irgendetwas geradestehen musste, was ich gar nicht gemacht hatte.«

1946 wird der Junge eingeschult, seine weitere Kindheit und Jugend verlaufen ohne nennenswerte Brüche. 1959 macht der knapp 20-Jährige am Marler Albert-Schweitzer-Gymnasium sein Abitur: »Ich hatte nicht, wie viele andere in meiner Generation, die große Auseinandersetzung mit den Eltern, und ich sage heute: leider! Es gab immer eine Scheu, da richtig detailliert nachzufragen. Bei mir und offenbar bei meinen Eltern auch. Und im Nachhinein habe ich das sehr bedauert, jetzt, da die Eltern tot sind, und auch ganz zuletzt, als meine Mutter noch lebte, aber es schwierig war, mit ihr darüber zu reden. Es gibt schwierige Fragen, die so unbeantwortet bleiben. Natürlich haben wir darüber geredet: ›Was habt ihr gewusst, und habt ihr denn nicht gesehen, wie die Juden behandelt wurden? Wie ist erklärlich, dass ihr von der Vernichtung nichts gemerkt oder nichts gesehen habt?‹ Solche Fragen wurden schon gestellt. Aber so richtig und immer wieder beharrlich nachgehakt habe ich leider nicht. Bei uns wurde eigentlich mit den Eltern wenig politisch beredet. Mein Vater las eine Tageszeitung, *Die Welt*, die habe ich auch gelesen. Bis zum Abitur und zur Bundeswehrzeit war ich überhaupt nicht politisch links oder gar engagiert. Ich kann mich nicht erinnern, mit meinem Vater intensiv über Politik oder über Adenauer geredet zu haben. Ich wusste auch nicht, welche Partei er wählt. Es ist nicht so, dass ich mich nicht politisch interessiert hätte. Ich habe mit vielen Freunden durchaus über vieles diskutiert, Koreakrieg und so. Hoch und runter und immer wieder. Aber nicht mit den Eltern, daran kann ich mich jedenfalls nicht erinnern.«

Ströbele leistet bei der Bundesluftwaffe in Aurich seine einjährige Wehrpflicht ab: »Wir sind gar nicht auf die Idee gekommen, zu verweigern. Ich war und bin Kanonier der Reserve! Als Abiturient wurde ich von vielen, die mit dem Schreibkram nicht so zurechtkamen, in Anspruch genommen, wenn sie Ärger mit den Vorgesetzen hatten.« Dass der Wehrdienst auch seine Berufswahl und damit sein ganzes Leben beeinflussen wird, kann er seinerzeit noch nicht ahnen: »Ich habe mir als Einziger des ganzen Bataillons damals die Wehrgesetze gekauft. Die hatte ich in meinem Spind stehen, zum Ärger meiner Vorgesetzten, und habe mich da eingelesen. Und ein bisschen versucht, das zu verstehen und daraus für mich selber und für andere Argumente zu gewinnen. Ich habe bei der Bundeswehr die Beförderung zum Gefreiten abgelehnt, wegen einer Ungerechtigkeit, gegen die ich ein Signal setzen wollte. Ich habe gesagt: ›Von denen lasse ich mich nicht befördern vom Kanonier zum Gefreiten.‹ So wurde ich Vertrauensmann bei der Bundeswehr und habe für viele andere in Disziplinarangelegenheiten Unterstützung geleistet und das dann als Beruf gewählt: Ich habe erst in Heidelberg zwei Semester und dann in Berlin Jura und politische Wissenschaften studiert.«

Rechtsbeistand will der Jurist mit dem ausgeprägten Gerechtigkeitssinn aber eigentlich gar nicht werden, berichtet er später: »Ich wollte gar nicht Rechtsanwalt werden, sondern Richter. Von den Noten her hätte es gepasst, aber die Justiz wollte mich nicht: Mir wurde übel genommen, dass ich im Büro des damaligen Anwalts der Außerparlamentarischen Opposition (APO), Horst Mahler, als Referendar tätig war.«

Wer Mitte der 1960er-Jahre zwischen 20 und 30 Jahre alt ist, wurde während des Kriegs oder in der unmittelbaren Nachkriegszeit geboren. Mit dem Erwachsenwerden erkennen die Frauen und Männer dieser Jahrgänge, dass Teile der Elterngeneration während der Naziherrschaft ungeheuere Verbrechen begangen und schwerste Schuld auf sich geladen haben. Für viele

Hans-Christian Ströbele (rechts) mit Freunden im westfälischen Marl.

junge Leute stellt sich neben der Frage nach der allgemeinen Verantwortung auch die der konkreten Schuld und Verstrickung der eigenen Eltern ins Nazisystem.

Doch nur in wenigen Familien kann darüber offen gesprochen werden. Das Thema ist meist vollkommen tabuisiert. Viele Väter schwelgen allenfalls in Anekdoten über angebliche Heldentaten im Krieg oder über Erlebnisse in der Gefangenschaft. So findet in den ersten 20 Jahren nach Kriegsende weder auf breiter gesellschaftlicher noch auf individueller Ebene eine ehrliche Aufarbeitung der Zeit beziehungsweise der Verbrechen zwischen 1933 und 1945 statt.

Für Otto Schily war dies sicherlich unproblematisch. Er hatte die Gewissheit, dass der inzwischen tote Vater ein Nazigegner war. Horst Mahlers Vater hingegen hatte sich mit seiner Verzweiflungstat der Auseinandersetzung um seine nationalsozialistische Gesinnung und einer möglichen Verantwortung entzogen. Und Hans-Christian Ströbele bekennt, eine gewisse Scheu gehabt zu haben, den Eltern die entsprechenden Fragen zu stellen, ehe diese gestorben sind.

Bereits 1965 erklärt der Bundeskanzler Ludwig Erhard die Nachkriegsära für beendet: »Alle Generationen unseres Volkes tragen zwar an den Folgen einer im deutschen Namen von 1933 bis 1945 geübten Politik. Die Bezugspunkte in der Arbeit des 5. Deutschen Bundestages und der Politik der Bundesregierung dürfen dennoch nicht mehr der Krieg und die Nachkriegszeit sein … Die Nachkriegszeit ist zu Ende.« Die 92-jährige Psychoanalytikerin Margarete Mitscherlich, die zusammen mit ihrem Mann eines der wichtigsten Bücher dieser Zeit – *Die Unfähigkeit zu trauern* – schrieb, hierzu im Mai 2009: »Man stand einer Schuld gegenüber, die nicht zu verarbeiten war, nach der totalen materiellen und ideellen Zerstörung. Und das hat auch zu diesem Verdrängen geführt … Man wollte sich absolut nicht damit beschäftigen, weder in den Schulen noch in den Familien.«

Die bundesdeutsche Nachkriegsgesellschaft konzentriert sich auf den Wiederaufbau der Wirtschaft und die Mehrung des Wohlstands. Ein historisch beispielloses Wachstum nach den großen Kriegszerstörungen belohnt diese Bemühungen. Auch die Väter von Ströbele und Schily beteiligen sich aktiv am Wiederaufbau. Familie Ströbele lebt in einer Werkssiedlung, die Chemiebranche boomt. Schilys Vater ist nicht nur Vorstandsvorsitzender der Bochumer Verein AG, sondern auch Funktionär in Wirtschaftsverbänden, teilweise sogar auf internationaler Ebene.

Wichtig ist den meisten Menschen auch die Wiederherstellung des deutschen Ansehens in der Welt. Der Jubel um die gewonnene Fußball-Weltmeisterschaft 1954, das »Wunder von Bern«, belegt dies auf besondere Weise. Das »Wir-sind-wieder-wer-Gefühl« der Deutschen zeugt zwar von einem neuen Selbstbewusstsein, aber eben auch von Verdrängung und Leugnung der Verbrechen in der Nazizeit.

Konrad Adenauer, vor 1933 Kölner Oberbürgermeister und Vorsitzender des Preußischen Staatsrates, ist von 1949 bis 1963 Bundeskanzler. Er gewinnt seine Wahlen mit dem Slogan »Keine Experimente«. Er bindet die junge Bundesrepublik fest in den Westen ein, indem er zahlreiche enge wirtschaftliche, politische und militärische Kooperationen aufbaut. Ein Angebot der Sowjetunion, über die deutsche Wiedervereinigung zu verhandeln, Deutschlands Neutralität vorausgesetzt, lehnt Adenauer mit der Begründung ab, es sei nur ein Störmanöver gegen die West-Integration. Nach Ansicht vieler Kritiker verstößt er damit gegen das Wiedervereinigungsgebot des Grundgesetzes. Er gründet mit Frankreich und anderen westeuropäischen Staaten 1952 die Montanunion, den Vorläufer der heutigen Europäischen Union. Die von ihm selbst und auch von den Westmächten gewünschte Wiederbewaffnung der Bundesrepublik gegen die Bedrohung durch die Sowjetunion setzt Adenauer 1955 gegen heftigen innenpolitischen Widerstand um und führt das Land mit der neu gegründeten Bundeswehr in die NATO. Gemeinsam mit seinem Verteidigungsminister Franz Josef Strauß will er das westdeutsche Militär auch atomar aufrüsten. Dabei verharmlost er die taktischen Atomwaffen als eine »Weiterentwicklung der Artillerie«. Eine breite, auch außerparlamentarische Opposition stellt sich gegen diese Pläne, es kommt sogar zu Streiks. Umfragen ergeben, dass mehr als 80 Prozent der Bürger die nukleare Bewaffnung ablehnen. Ein entsprechendes Gesetz wird 1958 im Bundestag dennoch beschlossen. Es ist die NATO, die sich letztlich dafür entscheidet, in Westdeutschland Atomwaffen nur unter einem US-Kommando zu stationieren.

Wirtschaftspolitisch setzen Adenauer und sein Minister und Nachfolger Ludwig Erhard das Konzept der Sozialen Marktwirtschaft um. Ihre Zielsetzung lautet »Wohlstand für alle«. Dieses Programm führt tatsächlich zu einem unvergleichlichen Wirtschaftsaufschwung. In gut zehn Jahren verdoppelt sich das Einkommen der Menschen, die Preise bleiben dabei weitgehend stabil, und die Arbeitslosigkeit wird derart abgebaut, dass sogar ein Arbeitskräftemangel entsteht. Die zerstörten Städte werden bis in die 60er-Jahre weitgehend wieder aufgebaut, Deutschland entwickelt sich zu einer der führenden Exportnationen.

Adenauer, strikter Antikommunist, sorgt dafür, dass 1956 die Moskau-orientierte Kommunistische Partei Deutschlands (KPD) verboten wird. Zahlreiche Kommunisten, die sich danach illegal weiter aktiv politisch betätigen, werden verfolgt und teilweise zu Haftstrafen verurteilt. Erst 1968 gründet sich als Nachfolgeorganisation die Deutsche Kommunistische Partei (DKP).

In der Spiegel-Affäre 1962 werden Rudolf Augstein, Herausgeber des wöchentlich erscheinenden Magazins *Der Spiegel*, und mehrere Journalisten aufgrund einer Veröffentlichung der Zeitschrift zur Verteidigungsstrategie von NATO und Bundeswehr teilweise mehrere Monate lang in Untersuchungshaft genommen. Der Grund: angeblicher Landesverrat. Die Redaktion wird durchsucht, was von vielen Kommentatoren als Verstoß gegen die Pressefreiheit angeprangert wird. Die verbleibenden Redakteure ermöglichen weiterhin das Erscheinen des Blattes. Die Affäre führt zum Rücktritt von fünf FDP-Ministern, dem CSU-Verteidigungsminister Strauß und der Bildung eines neuen Bundeskabinetts. Erst 1965 entscheidet der Bundesgerichtshof, dass der Vorwurf des Geheimnisverrats unbegründet war. Der Anschlag gegen die Pressefreiheit erweist sich für die Bundesregierung als Bumerang, das Grundrecht geht gestärkt aus der Krise hervor.

Frankfurter Studenten solidarisieren sich im Oktober 1962 mit Rudolf Augstein und den Redakteuren des *Spiegels*, nachdem diese wegen einer Veröffentlichung zur Verteidigungsstrategie der NATO und der Bundeswehr in U-Haft genommen worden waren.

Zu dieser Zeit ist von den drei Anwälten nur Horst Mahler bereits politisch aktiv. Er ist Mitglied im SDS, tritt aus der SPD aus und fällt bei antiamerikanischen Demonstrationen auf. Schily hingegen steht gerade im zweiten Staatsexamen und Ströbele wechselt den Studienplatz von Heidelberg nach Berlin. Beide politisieren sich deutlich später.

Mit Adenauer dominiert in der Regierungspartei CDU der »rheinische Katholizismus«, der die Normen, Werte und Einstellungen der Gesellschaft in den 50er- und 60er-Jahren prägt. Die Moralvorstellungen der katholischen Kirche werden breit akzeptiert: Man kann nicht unverheiratet zusammenleben; Homosexualität ist unter Strafe gestellt; Scheidungen sind grundsätzlich zwar möglich, aber selten; uneheliche Kinder und ihre nicht verheirateten Mütter werden ins gesellschaftliche Abseits gestellt; Frauen gehören an den Herd, ihre Berufstätigkeit ist verpönt und daher allenfalls toleriert, solange sie (noch) keine Kinder haben. Die *Zeit* charakterisiert den autoritären Kanzler, nach dem eine ganze Epoche benannt wird, im Februar 2009 so: »Adenauer ist ein konservativer Katholik mit rheinischer Abmilderung. Er lässt zwar zu, dass Rudolf Augstein 1962 während der Spiegel-Affäre in Untersuchungshaft kommt, und billigt in seinen Wahlkampfreden, dass westdeutsche Kommunisten zu Gefängnisstrafen verurteilt werden. Aber er weiß letztlich doch die Grenzen des Rechtsstaates zu achten – auch wenn es dazu gelegentlich energischer Nachhilfe durch die höchsten Gerichte im Land bedarf.«

Viele junge Leute nehmen die bundesdeutsche Wohlstandsgesellschaft als spießig, muffig, konsumorientiert und konservativ-autoritär wahr. Diskussionen etwa über eine fehlende demokratische Beteiligung an Schulen und Universitäten, aber auch über die gerade in den Handel gelangte Antibabypille und sexuelle Freizügigkeit, über lange Haarmode bei Männern, Beatmusik, Miniröcke oder das Tragen der als »Nietenhosen« bezeichneten Jeans tragen ebenfalls zur Distanz zwischen dem sogenannten Establishment und einer zunehmend rebellischer werdenden Jugend bei. Eine wachsende antiautoritäre Haltung richtet sich gegen sogenannte und zuvor niemals infrage gestellte Respektspersonen.

Eine bittere Erkenntnis für die junge Generation in den 60er-Jahren ist auch, dass im westlichen Nachkriegsdeutschland zahlreiche NS-Größen Karriere machen. Nur wenige werden hingegen zur Verantwortung gezogen. Die Alliierten beginnen 1946 den halbherzigen Versuch einer Bewältigung des Nationalsozialismus, den sie als »Entnazifizierung« bezeichnen. Von 2,5 Millionen Deutschen, die bis 1951 das Verfahren durchlaufen, werden jedoch nur 1,4 Prozent als Hauptschuldige oder Belastete bezeichnet. Der große Rest gilt als minderbelastet, als Mitläufer oder als entlastet. Sie erhalten massenhaft die Unbedenklichkeitsbescheinigung, mit der sie nachweisen können, keine Kriegsverbrechen begangen zu haben. Mit diesem Dokument, umgangssprachlich »Persilschein« genannt, können sie Arbeit bekommen und eine Wohnung beantragen. Später können sie sich damit auch für den öffentlichen Dienst der jungen Bundesrepublik bewerben. Dies gilt auch für Beamte, die zunächst aus dem öffentlichen Dienst entfernt worden waren.

Zahlreiche frühere Parteimitglieder und Parteifunktionäre der NSDAP gewinnen wieder an Einfluss auf den Staat und finden zu Wohlstand. NS-Juristen werden wieder eingestellt, ehemals hohe Wehrmachtsoffiziere und SS-Größen erhalten, auch angesichts des Kalten Kriegs, in Bundesgrenzschutz, Geheimdiensten und ab 1955 in der Bundeswehr wieder eine Stelle. Öffentliche Diskussion erregt beispielsweise der Fall von Hans Globke. Er war als hoher Beamter im Reichsinnenministerium für die Umsetzung der Nürnberger Rassengesetze mitverantwortlich. Ungeachtet dessen ist er ab 1953 zehn Jahre lang Staatssekretär im Bundeskanzleramt und einer der engsten Vertrauten von Bundeskanzler Konrad Adenauer. »Gerade diese Diskrepanzen haben zu der zeitweise großen Entfremdung der Jugend von der demokratischen Entwicklung in Deutschland geführt. Dass ein Herr Globke Staatssekretär im Kanzleramt werden konnte! Ich könnte Ihnen unzählige andere Fälle nennen, die in der Nazizeit stattgefunden haben, die man falsch beurteilt hat«, skizziert Otto Schily die Auswirkungen dieser fatalen Kontinuität auf viele junge Leute.

Die Journalistin Ulrike Meinhof, die sich später in der Roten Armee Fraktion (RAF) radikalisiert, kritisiert 1962 in der linken Zeitschrift *konkret*: »Den Beamtenstab hat die Bundesrepublik –

nolens volens – vom Faschismus übernommen, die Bundeswehr Offizieren unterstellt, die nach Alter und Reife notwendigerweise unter Hitler marschiert sind, die Lehrerschaft behalten, die schon mit deutschem Gruß den Unterricht eröffnet hatte. Sie hat auch im Interesse ihres Wohlstandes jene Industriekonzerne wieder groß werden lassen, die Schlechteres schon als Christ-Demokraten unterstützt, sprich finanziert, hatten.«

Otto Schily beschreibt heute sein damaliges Deutschlandbild so: »Das war sehr kritisch damals – als Reaktion auf die Nazizeit, aber auch als Reaktion auf das, was nach dem Krieg geschehen ist. Ich denke da vor allem an die Reaktivierung von alten Nazis. Wir haben sehr viel über Schuld debattiert und die Frage, inwieweit die älteren Generationen überhaupt diskussionsfähig sind.«

Ein krasser Fall ist der des früheren Richters am berüchtigten NS-Volksgerichtshof, Hans-Joachim Rehse. Er wirkte nachweislich und unbestritten an über 230 Todesurteilen der Nazijustiz mit. Seinen Prozess verfolgt der junge Jurist Hans-Christian Ströbele. Er meint heute, dass es für die revolutionären Umwälzungen damals viele Gründe gegeben habe: »Für mich war 1968 einer, dass der einzige Richter vom Volksgerichtshof, der jemals vor Gericht gestanden hatte, freigesprochen wurde. Ausgerechnet von dem Richter, der mich in Strafsachen ausbildete. Das hat mich sehr beschäftigt.«

Ein Flugblatt aus dieser Zeit fordert »endlich eine richtige Ent-Nazifizierung«: »Wir haben sogar einen ehemaligen Nazipropagandisten als Bundeskanzler! (gemeint ist Bundeskanzler Kurt Georg Kiesinger) … Machen wir Schluss damit, dass nazistische Rassenhetzer, dass die Juden-Mörder, die Slawen-Killer, die Sozialisten-Schlächter, dass die ganze Nazi-Scheiße von gestern weiterhin ihren Gestank über unsere Generation bringt. Holen wir nach, was 1945 versäumt wurde: Treiben wir die Nazi-Pest zur

Stadt hinaus ... Nazi-Richter, Nazi-Staatsanwälte, Nazi-Gesetzgeber aller Coleur (sic!), Nazi-Polizisten, Nazi-Beamte, Nazi-Verfassungsschützer, Nazi-Lehrer, Nazi-Professoren, Nazi-Pfaffen, Nazi-Journalisten, Nazi-Propagandisten, Nazi-Bundeskanzler, und nicht zuletzt gegen Nazi-Kriegsgewinnler, Nazi-Fabrikanten, Nazi-Finanziers. Verweigern wir uns total den Nazis ... Damit legen wir den gesamten Apparat dieser miesen Gesellschaft lahm, denn er besteht – bezeichnenderweise! (sic!) zu einem lebenswichtigen Teil aus den alten Nazis.«

Otto Schily wird noch heute leidenschaftlich, wenn die Sprache auf nicht verfolgte NS-Verbrechen, NS-Urteile und die dafür Verantwortlichen kommt: »Herr Filbinger (ehemaliger Marine-Richter und späterer Ministerpräsident von Baden-Württemberg) hat das völlig missverstanden, um es einmal sehr freundlich zu sagen. ›Was damals rechtens war, kann heute nicht Unrecht sein‹, ist natürlich ein völlig fehlerhaftes Verständnis. Und Ähnliches gibt es etwa in dem Freispruch von Rehse, dem Beisitzer im Volksgerichtshof, wo man formal gesagt hat, das war das Recht. Es war aber bitteres Unrecht. Für mich waren die Mitglieder dieses Volksgerichtshofs Mörder in Roben. Das waren Mörder!«

Die NS-Vergangenheit von Repräsentanten des Staates wurde aber auch geschickt ausgenutzt und instrumentalisiert, um sie zu desavouieren, wie Hans-Christian Ströbele berichtet: »Ich erinnere mich an ein Verfahren, in dem ein Mandant angeklagt war wegen Druckens eines Plakats mit dem Inhalt ›Freiheit für alle politischen Gefangenen‹. Der Vorsitzende Richter in diesem Prozess war einer, von dem wir wussten, dass er Mitglied der NSDAP gewesen war, auch die Partei-Nummer kannten und auch zum Teil wussten, was er in der Nazizeit gemacht hat. Dann habe ich in dem Prozess den Richter wegen Befangenheit abgelehnt und gesagt: ›Ein Richter mit einer solchen Vergangenheit kann nicht in einem solchen Verfahren zu einem gerechten Urteil kommen.‹«

Die Bundesrepublik übernimmt – im Unterschied zur DDR, die den Gründungsmythos einer Republik in der Tradition von Widerstandskämpfern aufbaut und pflegt – völkerrechtlich die Rechtsnachfolge des Deutschen Reichs. Damit übernimmt sie auch die Verpflichtungen für finanzielle Entschädigung und Wiedergutmachung. Die Perspektive darauf ist unterschiedlich: Die einen denken, dass spätestens mit der Neufassung der entsprechenden Gesetze 1965 ein Schlussstrich unter die deutsche Nazivergangenheit gezogen werden könne. Bezeichnend hierfür ist die von Minister Franz Josef Strauß verbürgte Aussage aus dem Jahr 1969: »Ein Volk, das diese wirtschaftlichen Leistungen vollbracht hat, hat ein Recht darauf, von Auschwitz nichts mehr hören zu wollen.« Andere kritisieren, dass genau diese Haltung dazu führe, sich durch – überschaubare – finanzielle Leistungen vor der historischen Verantwortung für Krieg und Holocaust zu drücken.

In ihrem Buch *Die Unfähigkeit zu trauern* erklären Alexander und Margarete Mitscherlich 1967 verschiedene innere und gesellschaftliche Mechanismen der Verdrängung: »Zu den Mitteln der Schuldleugnung gehört die seither häufig vertretene Auffassung, das Hereinbrechen einer Diktatur sei ein Naturereignis, das sich getrennt von Einzelschicksalen vorbereite und gleichsam über sie hinweggehe.«

1966 wird Kurt Georg Kiesinger zum Bundeskanzler einer CDU/SPD-Koalition gewählt. Seine frühere Mitgliedschaft in der NSDAP und seine Propagandatätigkeit im Reichsaußenministerium sind zwar bekannt, werden aber von den Medien weitgehend totgeschwiegen. Beim CDU-Parteitag am 7. November

1968 in Berlin nutzt die deutsch-französische Journalistin Beate Klarsfeld, deren Schwiegervater in Auschwitz vergast wurde, die Gelegenheit aus, Kiesinger eine Ohrfeige zu geben, und ruft dabei laut: »Nazi, Nazi!« Zuvor hatte sie auf einem Tonband die geplante Tat begründet: »Ich habe Bundeskanzler Kiesinger geohrfeigt, weil ich der öffentlichen Meinung in der ganzen Welt beweisen wollte, dass ein Teil des deutschen Volkes, ganz besonders aber seine Jugend, sich dagegen auflehnt, dass ein Nazi an der Spitze der Bundesregierung steht.« Beate Klarsfeld wird noch am selben Tag von einem Schnellgericht zu der extrem hohen Strafe von einem Jahr Gefängnis verurteilt. Sie muss die Haft allerdings vorerst nicht antreten. Auf Betreiben ihres Rechtsanwalts Horst Mahler wird das Urteil später zu vier Monaten Gefängnis auf Bewährung gemildert. Bei beiden Urteilen gehen die Gerichte kaum auf die Motive von Beate Klarsfeld ein, wohl um die braune Vergangenheit des Bundeskanzlers nicht allzu genau untersuchen zu müssen. Ähnlich werden Gerichte bei späteren Prozessen versuchen, etwa in Stammheim gegen die RAF, politische Motive für Straftaten möglichst zu ignorieren.

40 Jahre später sagt Beate Klarsfeld dazu der Zeitschrift *Vanity Fair*: »Ich bereue nichts. Das war eine gut vorbereitete Aktion. Ich galt als Nestbeschmutzerin. Kiesinger hatte die Deutschen ja rehabilitiert. Mit ihm als Kanzler musste sich der kleine Nazi keine Selbstvorwürfe machen. Heinrich Böll schickte mir Rosen. Mein Ziel habe ich erreicht: Bei den nächsten Wahlen gewann Willy Brandt.«

Zwischen 1963 und 1968 werden in Frankfurt am Main drei Prozesse gegen Verantwortliche und Aufseher im deutschen Konzentrationslager in Auschwitz geführt. Es sind nicht die ersten und nicht die einzigen Prozesse, die sich mit NS-Verbrechen beziehungsweise den Vernichtungslagern befassen. So gibt es in

Israel 1961 den Prozess gegen Adolf Eichmann, einen der verantwortlichen Organisatoren des Holocaust. Er hatte nie persönlich getötet, war Schreibtischtäter, hatte »böse, aber banal« gehandelt und die Befehle erteilt. In Frankfurt stehen nun Angeklagte vor Gericht, die den Massenmord mit eigenen Händen betrieben hatten. Das Grauen bekommt ein Gesicht, das Unfassbare wird angesichts der Täter etwas greifbarer.

Die Frankfurter Auschwitz-Prozesse finden ein ungewöhnlich großes öffentliches Echo in der Bundesrepublik. Die Berichterstattung ist breit und schildert anhand von zahlreichen erschütternden Zeugenaussagen sehr konkret das unfassbare Leid der Opfer. Viele junge Leute erfahren, oft zum ersten Mal, vom riesigen Ausmaß, der industriellen Perfektion und der Brutalität der Verbrechen. Die Verdrängung hatte in Westdeutschland 20 Jahre lang funktioniert, aber nun will die junge Generation mehr wissen über die Vergehen, über die Kriegsschuld und über die individuelle und kollektive Verantwortung.

Ein Artikel in der *Zeit* beschreibt den Eindruck der Prozesse auf die etablierte Generation: »Jedermann weiß, dass diese Prozesse im Volk unbeliebt sind, dass ein großer Teil der Deutschen ›die Dinge ruhen lassen‹ möchte. Im Ausland trägt uns diese Einstellung bittere Kritik ein; Fremde können nicht verstehen, dass wir uns mit den NS-Verbrechern ›arrangieren‹ wollen, sie sehen in dieser Abwehrstimmung nur böswillige Verstocktheit und Neonazismus. Tatsächlich entspringt der Ruf nach Ruhe oft moralisch fragwürdigen Motiven – falsch verstandener Kameradschaft, der Angst, ›das eigene Nest zu beschmutzen‹, manchmal auch der Geistesverwandtschaft mit den Tätern.«

Sensibilisiert für das Thema beginnen viele Jüngere, ihren Eltern unbequeme Fragen zu stellen. Von manchen wird die ganze Elterngeneration pauschal wegen dieser Taten, ihres fehlenden

Widerstands und wegen der oft mangelnden Bereitschaft zu ehrlicher Aufklärung angeklagt. Selten nur wird die Frage gestellt, ob die Anschuldigungen individuell zu Recht oder zu Unrecht erhoben werden.

Die Elterngeneration hingegen, konfrontiert mit den Vorwürfen, sieht sich unter einem nie gekannten, vielfach jedoch befürchteten Rechtfertigungsdruck. Ihre jahrzehntelange Verdrängung von Verantwortung und etwaiger individueller Schuld wird ausgerechnet von den eigenen Kindern angeprangert. Vielfach sind die Eltern damit völlig überfordert und reagieren mit Abwehr oder Schweigen. Ihre häufigste Ausrede ist: »Davon haben wir nichts gewusst.«

Doch die jungen Leute wollen sich damit nicht zufrieden geben. Ihnen ist klar, dass der Holocaust nicht von einer Minderheit begangen wurde.

Dennoch hält sich der Mythos vom »Nichts-gewusst-Haben« hartnäckig über viele Jahrzehnte. Der Historiker Peter Longerich muss den Skeptikern und Leugnern noch 2006 mit *Davon haben wir nichts gewusst* nachweisen, dass Informationen über die Judenvernichtung unter den Deutschen viel weiter verbreitet gewesen waren, als dies zugegeben wurde. Ein Großteil der damaligen Bevölkerung habe vom Holocaust gewusst und seine Methoden und seinen Umfang in etwa wirklichkeitsnah eingeschätzt.

Zumindest auf zwei Väter der drei Anwälte dürfte diese These vom Wissen über Zwangsarbeit und Konzentrationslager zutreffen: Die Väter von Otto Schily und Hans-Christian Ströbele sehen in ihren Fabriken täglich die geschundenen Häftlinge und nehmen deren qualvolles Leid unmittelbar wahr. Sie können vermutlich auch die Situation in Osteuropa angemessen einschätzen und wenn sie – was sehr wahrscheinlich ist – Informationen über die Vernichtung der Juden erhalten, diese auch als wahrheitsgemäß einordnen.

Eine andere weit verbreitete, teils unbewusste, teils aber auch politisch bewusst eingesetzte Abwehrstrategie ist ein gegenseitiges Aufrechnen. Das Leid der Opfer von SS, NS-Polizei und Wehrmacht, vor allem in Osteuropa, wird mit dem Leid deutscher Vertriebener, Deportierter, Vergewaltigungsopfer, Kriegsgefangener und den Opfern der alliierten Bombardierungen verglichen und damit relativiert.

Dies führt zu einer lang anhaltenden Sprachlosigkeit zwischen Konservativen und Linken in dieser Frage. Die einen heben das Leid der Deutschen gegenüber den jüdischen, polnischen, russischen und anderen Opfern hervor. Die anderen negieren und ignorieren es mehr oder weniger. Auf niedrigstem Niveau tabuisieren sie mit der Frage, wer denn wohl mit den Verbrechen begonnen habe, die vielfachen Traumatisierungen in der deutschen Gesellschaft – und vielleicht auch in der eigenen Familie. Die einen werden als Reaktionäre und Revisionäre, die anderen als Kommunistenfreunde diffamiert.

Horst Mahler erinnert sich 2009 an all diese Debatten und wie sie den damaligen revolutionären Zeitgeist prägten: »Wir waren hoch motiviert und moralisch sensibilisiert, dass sich so etwas wie von 1933 bis 1945 nie wiederholen darf. Gleichzeitig das Bewusstsein, dass die Deutschen gegen dieses Unrechtsregime, wie es damals dargestellt wurde, nicht genügend Widerstand geleistet hätten, obwohl sie, wenn sie moralische Persönlichkeiten gewesen wären, diesen Widerstand hätten leisten sollen. Das war die Grundhaltung, und jetzt kommen diese Ereignisse auf uns zu: Algerien, Vietnam, dann das Verhalten der Polizei, den demokratischen Widerstand gegen diese Politik mit brutalsten Mitteln bis hin zur Androhung des Schusswaffengebrauchs zu unterdrücken. Daraus ergab sich eine Melange von moralischer Empörung, angereichert mit revolutionärer Theorie.«

Auch Margarete Mitscherlich erinnert sich: »Wir waren sehr zufrieden, als die Studenten kamen und sagten: ›Wir können doch nicht weiter so tun, als wäre da nichts gewesen.‹ … Die 68er waren ja zum Teil durchaus auch, ich würde nicht sagen stalinistisch, aber schon sehr kommunistisch begeistert. Ich war ja auch immer eher links gesonnen. Aber jede Diktatur, jede Gewalt, das war etwas, was mir physisch unerträglich war. Und manche 68er übten auch in ihrem Denken eine gewisse Gewalttätigkeit aus.«

Otto Schily heute über den Umgang der 68er mit dem Nationalsozialismus: »Die kritische Auseinandersetzung mit der Nazizeit war notwendig und hat nichts mit Gnadenlosigkeit oder Dialogunfähigkeit zu tun. Wer nach 1945 geboren wurde, hat aber einen anderen Blick auf die Naziherrschaft und den Zweiten Weltkrieg. Das ist nichts Ungewöhnliches. Junge Deutsche müssen keine Schuldgefühle haben, mit denen wir und unsere Eltern oft noch auf eine sehr schmerzhafte Art und Weise konfrontiert waren. Aber Jugend sollte ihre Verantwortung kennen, die sie als Erbe übernommen hat.«

Die Bundesrepublik wird von der Studentenbewegung nicht nur als offizieller völkerrechtlicher Nachfolger des Dritten Reichs wahrgenommen. Durch die zahlreichen personellen Kontinuitäten, eine unzureichende juristische Aufarbeitung und den mangelnden gesellschaftlichen Aufklärungswillen wird sie in der Linken oft als faschistisch oder faschistoid bezeichnet. Zusätzlich werden auch die Besitzverhältnisse mancher Unternehmen, die im Krieg hohe Gewinne erzielt hatten, die »arisiert« worden waren oder die von Zwangsarbeit und der Ausbeutung von KZ-Opfern profitiert hatten, infrage gestellt. Die junge Generation in Gestalt der Studentenbewegung wirft der Bundesrepublik damit im Gesamten die personelle, politische, ideologische und wirtschaftliche Nachfolgerolle des NS-Regimes vor.

Alle drei Anwälte sind Mitte der 60er-Jahre – aus unterschiedlichen Lebensläufen heraus – an ähnlichen Punkten angelangt. Sie sind sensibilisiert für die brisanten gesellschaftlichen Herausforderungen, die laut nach Veränderung schreien. Die marxistisch-leninistische Weltanschauung scheint all diese Fragen mit der Forderung nach Revolution richtig zu beantworten.

In ihrem Beruf sind alle drei unglaublich talentiert und motiviert. Selbstbewusst – jeder von ihnen besitzt diesen Wesenszug – sind sie sich darüber im Klaren. Sie sind entweder bereits arriviert oder stehen mit glänzenden Karriereaussichten kurz davor. Und alle drei leben und arbeiten in Westberlin – der geteilten deutschen Stadt, die sich gerade zum politischen Hexenkessel der linken Studentenbewegung entwickelt.

Es ist offenbar nur noch eine Frage der Zeit, bis sie sich begegnen.

## Kapitel 2

# Der 2. Juni

Horst Mahler und Otto Schily begegnen sich zum ersten Mal in einem völlig unpolitischen Rahmen. Eine Familienstreitigkeit, die vor Gericht ausgefochten wird, bringt die beiden als Vertreter der Parteien zueinander. Schily spottet heute über den damaligen Kontrahenten: »Dann bin ich in einem Erbrechtsverfahren mit einem Anwalt zusammengekommen, der auf der anderen Seite war. Dieser Anwalt hieß Horst Mahler. Er war damals schon eine Berühmtheit und zog immer einen Rattenschwanz von Journalisten hinter sich her. Er kam mit der großen Pose: ›Also, wo ist die Wanze, die ich zertreten darf?‹ So kam der herein, und die Wanze war ich. Zu seinem großen Erstaunen habe ich, also die Wanze, den Prozess gewonnen und nicht der berühmte Anwalt Mahler.«

Auch Horst Mahler erinnert sich noch sehr gut an die Begegnung: »Die Verhandlung begann damit, dass der Vorsitzende sich an Schily wandte. Er fragte ihn, ob er die Klage nicht zurücknehmen wolle, da könnte er seiner Partei Kosten sparen. Dann legte Schily los und nahm sich die Argumente vor, die der Vorsitzende ihm ausgebreitet hatte. Am Ende dieses Vortrags wandte sich der Vorsitzende an mich, ob ich die Berufung nicht zurücknehmen wolle. Schily hatte den richtigen Punkt gefunden und da war nichts mehr zu machen. Ich hatte Respekt vor ihm, vor seiner Art, wie er das vorgetragen hat. Das hat mir gefallen.«

Später begegnen sich die beiden zufällig auf dem Postscheckamt und kommen kollegial ins Gespräch. Der Kontakt vertieft sich im Lauf der Zeit, und Mahler bemerkt, »dass er ein sehr engagierter, zwar liberaler, aber doch sehr rechtsstaatlich gesonnener Kollege war. Der Umgang mit ihm war mir angenehm. Ich habe versucht, ihn auch zum Republikanischen Club zu bringen, er war eine Bereicherung. So war mein Verhältnis zu ihm sehr positiv.«

Der Republikanische Club wird von etlichen linksgerichteten Intellektuellen im Frühjahr 1967 gegründet, etwa von dem bekannten Publizisten Hans Magnus Enzensberger und dem prominenten Kabarettisten Wolfgang Neuss. In ihrer Gründungseinladung schreiben sie: »Es fehlt ein Ort, an dem sich, frei von Vereinsmeierei und institutioneller Betriebsamkeit, jene Leute treffen können, deren Horizont noch nicht auf den der Springer-Zeitungen geschrumpft ist: linke Leute, Leute, die im Parlament niemand mehr vertritt, Leute, die dennoch politisch etwas bedeuten und deren Einfluss, deren Aktionsmöglichkeiten erheblich wachsen könnten, gäbe es einen Ort, an dem sie sich von selber einfänden, zwanglos, zum Vergnügen, weil es ihnen dort gefiele. Der Kaffee müsste gut, der Obstschnaps nicht zu teuer sein ... Wer ein Zimmer braucht, um politische Fragen zu diskutieren oder Aktionen vorzubereiten, müsste dort finden, was er sucht: ohne Stammtischgeruch, ohne Erlaubnis.«

Ganz im Sinne der Initiatoren wird der Republikanische Club in Berlin ein Informations- und Kommunikationszentrum der außerparlamentarischen Linken nach dem Vorbild der Pariser Kunst- und Polit-Salons. Während der SDS sich auf Aktivitäten in den Hochschulen konzentrierte, trafen sich hier die nichtstudentischen Aktivisten. Einer von ihnen, und bereits bei der Gründungsversammlung in den Vorstand gewählt, ist der Rechtsanwalt Horst Mahler. In den Folgejahren gehen vom Republikanischen Club zahlreiche politische Initiativen aus, so die Kampagne zur Enteignung des Medienkonzerns von Axel Cäsar Springer (*Bild*, *Die Welt*) und eine Initiative zur Unterstützung von Bundeswehr-Deserteuren in Westberlin, wo die bundesdeutsche Wehrpflicht nicht gilt.

Nicht nur Mahler ist in der Berliner Wielandstraße, wo der Club seine Räume betreibt, oft zu sehen, auch Schily verschlägt es häufig dorthin: »In dieser Atmosphäre bin ich mit vielen Schauspielern und Künstlern und vielen anderen bekannt geworden. Dann ergab sich eine Entwicklung, die auch zur Gründung des sogenannten Republikanischen Clubs geführt hat. Es war mehr eine liberal-sozialdemokratisch, teilweise auch kommunistische Gruppierung, die sich als Debattierclub zusammenfand. Man dachte, man kann so ein bisschen das gute Leben genießen, mit Savoir-vivre und Diskussion.« Schilys häufige Präsenz und seine scharfzüngigen Argumentationen bei politischen Diskussionen vertiefen seine Kontakte in die linksintellektuelle Szene Berlins. Und sie bringen dem immer überkorrekt gekleideten Großbürgersohn später den Ruf ein, ein »Salonmarxist« gewesen zu sein. Der *Spiegel* charakterisiert ihn so: »Er tat sich schwer mit studentischen Versammlungen, wo schlecht gekleidete Leute saßen, die schlecht tranken und schlecht aßen; Leute, die nach vielen Stunden in der Enge auch noch schlecht rochen. Schily ging lieber in schicke Bars und trug gute Anzüge und Krawatte. Vielleicht fand er es ein bisschen schick, links zu sein, aber noch schicker war es für ihn, in einer linken Szene nicht ganz und gar links zu sein.«

Seine erste Frau Christine Hellwag, die sich als Studentin politisch engagiert, trägt ebenfalls zu Otto Schilys Politisierung bei. Über sie entstehen viele Kontakte zum SDS und ohne sie wäre er wohl kaum zu Demonstrationen gegangen. Die Schilys sind somit in Berlin bestens vernetzt. Eine Anekdote aus dieser Zeit wird gern kolportiert: Im Anschluss an eine der vielen Demonstrationen lädt Christine zahlreiche Teilnehmer in die großräumige Wohnung ein. Das Treffen entwickelt sich zur Spontanparty. Die feiernden Genossen nutzen den wertvollen Flügel von Otto Schily, um ihre Würstchenteller und halbvollen Biergläser darauf abzustellen. Der Hausherr kommt abends abgearbeitet aus der Kanzlei nach Hause und trifft auf die Feucht-Fröhlichen. Entrüstet schaut Schily dem Treiben zu und entdeckt den Missbrauch des geliebten Instruments. Und er sagt dazu kein einziges Wort.

Die 60er-Jahre sind geprägt durch den Kalten Krieg. Die Sowjetunion und die USA wetteifern um politischen und militärischen Einfluss. Zahlreiche Konflikte werden in der ganzen Welt ausgefochten, oft zwischen Regierungen und Befreiungsbewegungen, blutige Bürgerkriege allesamt. Mehrere Länder auf der Welt sind zweigeteilt, in eine kommunistische, von Moskau oder Peking unterstützte, und in eine westlich orientierte Hälfte, die von Washington gesteuert wird. Hierzu zählen Korea, Jemen, Vietnam und Deutschland. Mit dem Bau der Mauer erleben die Berliner 1961 selbst einen der Höhepunkte dieser Konflikte. Bereits 1948, als die Stadt von der Sowjetunion abgeriegelt wird und von den Westmächten nur über eine Luftbrücke versorgt werden kann, bekommen die Westberliner den Status Berlins als Frontstadt in dem weltweiten Systemkonflikt zu spüren. Noch dramatischer ist 1962 die Kubakrise, die die Welt an den Rand eines Atomkriegs führt. Selbst die Mondlandung der Amerikaner im Sommer 1969 ist weniger wissenschaftlich als politisch motiviert. Nachdem die

Sowjetunion 1961 mit Juri Gagarin den ersten Menschen in den Weltraum und auch wohlbehalten zurückgebracht hatte, versprach US-Präsident John F. Kennedy, innerhalb von zehn Jahren Menschen auf den Mond zu bringen.

Ein Stellvertreterkonflikt zwischen den Systemen findet auch in Persien statt (so wird Iran damals in Deutschland meist genannt). Im Grunde genommen ist dieser Konflikt nicht besonders virulent, aber er wird von den linken Studenten aufgegriffen, als der Kaiser des Landes 1967 Deutschland besucht.

In den 50er-Jahren kommt es zur Krise, als Persien die britische Ölindustrie im Land verstaatlicht. In der Folge wird der linksgerichtete, demokratisch gewählte und populäre Premierminister Mossadegh gewaltsam entmachtet und der ins Exil geflohene Schah Reza Pahlevi wieder eingesetzt. Die Fäden dieses Putsches ziehen die britischen und US-amerikanischen Geheimdienste MI6 und CIA, weil sie eine zu große Einflussnahme der Sowjetunion auf Mossadegh befürchten. Der Schah hingegen setzt bedingungslos auf die westliche Karte.

Das Schah-Regime bekämpft die Opposition im Land mit seinem berüchtigten Geheimdienst SAVAK, der mit großer Brutalität gegen alle vermeintlichen Gegner vorgeht. Zusätzlich zu dieser skandalösen Menschenrechtslage sind große Teile der Bevölkerung des Landes extrem verarmt. Der Schah und seine Frau Farah Diba hingegen führen ein ausschweifendes Luxusleben, das von der deutschen Regenbogenpresse ausführlich dokumentiert und verbreitet wird. Die Bundesregierung und die deutsche Wirtschaft stehen kritik- und vorbehaltlos hinter der amerikanischen Iran-Politik und dem Schah. Sie knüpfen gute politische und wirtschaftliche Beziehungen zu Persien. Als der Kaiser und seine Frau 1967 zum Staatsbesuch nach Deutschland kommen, verfasst die prominente Journalistin Ulrike Meinhof einen offenen Brief an die persische Kaiserin, in dem sie die Situation anprangert. Der Text wird von Berliner Studenten auch in einem Aufruf zu den Demonstrationen am 2. Juni gegen den Besuch des Herrscherpaares verwendet. Meinhof klagt »ein paar Milliarden Dollar Unterschlagungen, Opiumhandel, Schmiergelder für Geschäftsleute, Verwandtschaft und Geheimdienstler« an. Der Schah sei »der Garant dafür, dass kein Dollar in Schulen fließt, die das persische Volk lehren könnten, seine Geschicke selbst in die Hand zu nehmen«. Rebellische Studenten und Schüler würden zusammengeschossen und aufrechte Parlamentsabgeordnete verhaftet, gefoltert und ermordet. Fast 300 000 Mann Armee, Geheimdienst und Polizei hielten das Land in Schach, angeleitet von amerikanischen Militärberatern, um eine erneute Verstaatlichung des Öls zu verhindern. »Was sind die Millionen, die der Schah in St. Moritz verprasst, auf Schweizer Banken überweist, gegen die Milliarden, die sein Öl der British Petroleum Oil Comp. (BP), der Standard Oil, der Caltex, der Royal Dutch Shell und weiteren englischen, amerikanischen und französischen Gesellschaften einbringt?«

Meinhof ist mit dem Exil-Iraner Bahman Nirumand befreundet, der ihr mit seinem gerade erschienenen Buch *Persien. Modell eines Entwicklungslandes oder Die Diktatur der Freien Welt* die Hintergrundinformationen liefert. Für den 1. Juni ist an der Universität abends eine Informationsveranstaltung mit Nirumand geplant. Der Schriftsteller erinnert sich an die dramatische Situation: »Der Berliner Senat wollte meinen Vortrag verbieten. Aber die Universität sagte, wir sind eine souveräne Einrichtung, wir lassen uns das nicht gefallen. Dadurch eskalierte alles. Die Zeitungen waren jeden Tag voll von Nachrichten: Kommt der Schah, kommt er nicht? Die Botschaft drohte mit einer Absage des Schah-Besuchs. Dadurch wurde das Thema in den Medien hochgekocht, und das

Ganze war die beste Werbung für mein Buch. Ich habe 150 000 bis 180 000 Exemplare innerhalb weniger Monate verkauft.«

Das Audimax, so Nirumand, sei brechend voll gewesen. Man musste seinen Vortrag nach außen übertragen, er hatte weit über 3000 Zuhörer. Es war die größte Versammlung, die es bis dahin an der Universität gegeben hatte. Selbstverständlich ist Horst Mahler anwesend. Und auch Otto Schily ist einer der vielen Besucher: »Bahman Nirumand hat sehr eindrucksvoll die Situation im Iran geschildert, mit den Foltermethoden der SAVAK, dem Geheimdienst, und natürlich hatte sich eine Stimmung aufgeladen. Dass jetzt der Schah, der dafür verantwortlich ist, als Ehrengast ausgerechnet zu einem sozialdemokratischen, protestantischen Bürgermeister kam, der ja eigentlich ein Ehrenmann war, hat ein Empörungspotenzial aufgebaut.«

Der Schah nebst kunstsinniger Gattin kommt tatsächlich nach Berlin. Am 2. Juni steht abends ein Besuch von Mozarts *Zauberflöte* in der Deutschen Oper auf dem Besuchsprogramm. Zahlreiche junge Leute, überwiegend Studenten, protestieren gegen das undemokratische Regime des Monarchen und seinen wohlwollenden Empfang durch die Bundesregierung und den Westberliner Senat. Es kommt schon am Vormittag zu Demonstrationen vor dem Schöneberger Rathaus. Dort beginnen gewaltsame Auseinandersetzungen zwischen Demonstranten und Mitarbeitern des persischen Geheimdienstes, die mit langen Schlagstöcken auf die Demonstranten einprügeln. Die Polizei toleriert das tatenlos und offensichtlich bewusst.

Am Abend setzen sich die Gewalttätigkeiten vor der Oper fort, nachdem das Kaiserpaar gemeinsam mit Bundespräsident Heinrich Lübke und dem Berliner Regierenden Bürgermeister Heinrich Albertz den Veranstaltungssaal betreten hat. Wieder schlagen die sogenannten Jubelperser zu. Auch die Berliner Polizei greift die Studenten brutal an, setzt Wasserwerfer, Hunde und eine Reiterstaffel ein. Sie wendet ein vom damaligen Berliner Polizeipräsidenten Erich Duensing stolz als »Leberwurst-Taktik« bezeichnetes aggressiv-provozierendes Vorgehen an: »Nehmen wir die Demonstranten wie eine Leberwurst. Dann müssen wir in die Mitte hineinstechen, damit sie an den Enden auseinanderplatzt.« Den etwa 800 Demonstranten stehen etwa gleich viele Polizisten gegenüber.

Demonstranten werden niedergeschlagen und noch wehrlos am Boden liegend weiter misshandelt. Hunderte Teilnehmer, die die Demonstration verlassen wollen, werden von Polizisten verfolgt und verprügelt. Von der Polizeiführung wird offenbar bewusst über Lautsprecher die Falschinformation verbreitet, dass ein Beamter erstochen worden sei, was die Konfrontation weiter eskalieren lässt.

Im Lauf der Auseinandersetzungen erschießt Karl-Heinz Kurras, Beamter der politischen Polizei, den Studenten Benno Ohnesorg mit einem Schuss in den Hinterkopf. Ohnesorg hatte an den Auseinandersetzungen nicht aktiv teilgenommen, eher als Randgestalt, und irgendwann war er in einen Arkadenhof geflohen. Kurras, von dem erst 2009 bekannt wird, dass er damals ein Agent der DDR war, wird in den folgenden Prozessen »aus Mangel an Beweisen« freigesprochen. Es sind Urteile, bei denen viele Fragen unbeantwortet bleiben und die von den meisten Beobachtern als bewusste Fehlurteile zugunsten der Berliner Polizei betrachtet werden. Immerhin gab Kurras über den Ablauf der Tat vier unterschiedliche Versionen an. Benno Ohnesorgs Witwe Christa wird bei den Prozessen von Horst Mahler vertreten, Ohnesorgs Vater von Otto Schily. Die *Berliner Zeitung*, zum Springer-Konzern gehörend, titelt einen Tag später gnadenlos: »Wer Terror produziert, muss Härte in Kauf nehmen«

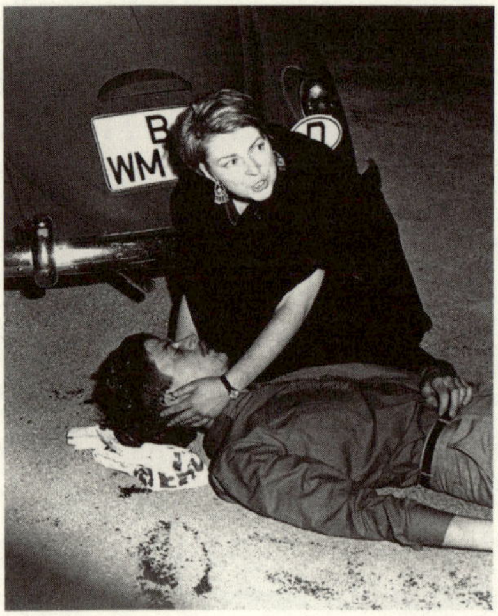

Der Student Benno Ohnesorg wird am 2. Juni 1967 bei den Demonstrationen gegen den Schah-Besuch vom Polizeibeamten Karl-Heinz Kurras tödlich in den Hinterkopf geschossen.

*Bild* verschärft am 3. Juni: »Ein junger Mann ist gestern in Berlin gestorben. Er wurde Opfer von Krawallen, die politisch Halbstarke inszenierten. Gestern haben in Berlin Krawallmacher zugeschlagen, die sich für Demonstranten halten. Ihnen genügt der Krawall nicht mehr. Sie müssen Blut sehen. Sie schwenken die rote Fahne. Hier hören der Spaß und der Kompromiss und die demokratische Toleranz auf. Wir haben etwas gegen SA-Methoden. Die Deutschen wollen keine rote und keine braune SA. Sie wollen keine Schlägerkolonnen, sondern Frieden.«

Die fortgesetzte Hetzkampagne der Springer-Presse gegen die Studenten sorgt für Wut. Die vom Republikanischen Club schon zuvor begonnene Kampagne »Enteignet Springer« erhält bundesweiten Zuspruch, die Empörung über die unhaltbare Berichterstattung ist ebenso hoch wie die über den Tod von Benno Ohnesorg. Die Kampagne hat zum Ziel, die reaktionäre politische Manipulation der Bevölkerung durch den publizistischen Marktführer zu beenden. Ausgerechnet dieses stramm konservativ ausgerichtete und privatwirtschaftlich geführte Familienimperium unter gesellschaftliche Kontrolle zu bringen, soll revolutionäres Symbol werden.

Die Studenten mit ihrem Anwalt Horst Mahler gründen noch in der Nacht des 2. Juni einen Ermittlungsausschuss, der mehrere Tage lang Zeugenaussagen, Fotos und anderes Beweismaterial sichert, nicht nur zum Tod von Benno Ohnesorg, sondern auch zum Vorgehen der Staatsgewalt. In einer Studentenvollversammlung berichtet Mahler dann der Öffentlichkeit von den Gewaltexzessen: »Es ist leider aber auch festzustellen, dass in so und so viel Fällen mehrere Beamte sich auf Kommilitonen stürzten, die teilweise schon am Boden lagen, und sie so zusammenschlugen, dass sie blutüberströmt das Weite suchten und dann noch auf dem Weg zum Krankenwagen von Polizeibeamten beschimpft wurden. Man stellte ihnen ein Bein, sodass sie noch einmal auf den Boden hinschlugen. Auch diese Szene ist eindeutig belegt, in dieser Situation hat sich auch ein anderer Beamter gegen seine Kollegen gestellt und sie aufgefordert, diesen Unfug sein zu lassen. Das alles sind Dinge, die sich unter den Augen der höchsten Polizeioffiziere und unter den Augen des Polizeipräsidenten vollziehen konnten. Wir haben zahlreiche fotografische Aufnahmen, wie Polizeioffiziere völlig unbeteiligt danebenstehen, wo andere Beamte niederen Ranges mit Gummiknüppel am Boden liegende Demonstranten misshandelten. Ich glaube, dass der Charakter dieser Aktion eindeutig den Schluss zulässt, dass es der Polizei darauf ankam, hier ein abschreckendes Exempel zu statuieren mit Mitteln, die diese unsere Rechtsordnung einfach nicht kennt.«

Mehr als 40 Jahre danach erinnert Horst Mahler sich noch sehr genau, wie er an der Autopsie von Ohnesorgs Leichnam teilnimmt: »Ich habe dann der Obduktion von Ohnesorg beigewohnt;

Noch in der Nacht des 2. Juni bildet sich in Berlin ein studentischer Ermittlungsausschuss. Mit dabei: Die Anwälte Horst Mahler (stehend) und Otto Schily (Mitte).

man wollte es vertuschen. Man redete von stumpfer Gewalteinwirkung, bedauerlich, Schädelbruch mit Todesfolge. Ich war bei der Obduktion dabei und höre noch das Klicken in der Nierenschale. Wie die Kugel aus der Kopfschwarte in diese Schale fällt. Dann rief mich Professor Krauland direkt an den Seziertisch und hat mir geschildert, was da passiert war: Einschuss hier hinten (Mahler zeigt auf den Nacken), und das geht bis hier oben und da trat die Kugel nicht aus, sondern sie blieb stecken und wurde herausoperiert. Also war klar, Ohnesorg war von hinten erschossen worden.«

Bereits am Tag nach den dramatischen Vorfällen meldet sich auf einen Aufruf hin ein junger Rechtsreferendar bei Mahler, der den

Anwalt bei der juristischen Betreuung der Opfer unterstützen möchte. Es ist Hans-Christian Ströbele: »Der 2. Juni 1967 war für mich fast ein Schicksalstag, ein Schlüsselerlebnis, weil er geradezu der Anlass meiner Politisierung und Teilnahme an der Außerparlamentarischen Opposition war. Ich hatte es am Vormittag nicht mehr geschafft, zu der Anti-Schah-Demonstration vorm Schöneberger Rathaus zu kommen. Und ich war abends auf dem Weg zur Deutschen Oper, wo ich wusste, dass da eine große Demonstration stattfinden sollte. Da kamen mir schon erste Demonstranten entgegen, die offenbar von der Polizei gejagt wurden. Ich bin dann weitergegangen und habe noch das Ende der Demonstration mitbekommen. Ich habe erfahren, dass die Polizei äußerst brutal in die Demonstranten reingeschlagen hat und dass der Student Ohnesorg erschossen worden war. Ich wusste natürlich damals noch nichts von Ohnesorg, ganz im Gegenteil, uns wurde ein Gerücht mitgeteilt, ein Polizist sei von einem Demonstranten mit einem Messer erstochen worden. Das stellte sich schon im Lauf der Nacht als falsch heraus. Am nächsten Morgen habe ich auf der ersten Seite in einem Boulevardblatt eine junge Frau gesehen, die blutüberströmt im Gesicht war und sich den Kopf hielt. Darunter stand sinngemäß: ›Getroffen von einem Stein der Chaoten‹. Im Lauf des Tages meldete sich diese Frau und teilte mit, dass sie nicht von einem Stein der Chaoten getroffen worden war, sondern von einem Polizeiknüppel. Das hat mein Gerechtigkeitsempfinden im höchsten Maß mobilisiert. Ich war empört, und das war eigentlich der Anlass für meinen Entschluss, mich jetzt auf die Seite der Demonstranten zu stellen und diesen zu helfen. Ich habe mich noch am selben Tag bei Horst Mahler, dem damaligen APO-Anwalt, gemeldet und habe gesagt, ich bin bereit, ihn als Referendar bei seiner Arbeit zur Verteidigung der Studenten und der APO-Angehörigen zu unterstützen.«

Dieses Foto, abgedruckt in einer Boulevardzeitung mit der falschen Behauptung, die Frau sei von den Demonstranten verletzt worden, empört Hans-Christian Ströbele und mobilisiert sein Gerechtigkeitsempfinden.

Auch ein weiterer Anwaltskollege, Otto Schily, ist mit seiner damaligen Frau am Ort des Geschehens, wenn auch nicht direkt am Konflikt beteiligt: »Dann gab es eine große Demonstration vor der Oper, ich war auch in der Nähe, habe aber immer etwas Distanz gehalten. Die Polizei ist mit ungeheurer Brutalität vorgegangen, wie der damalige Polizeipräsident Duensing gesagt hat, mit der ›Leberwurst-Taktik‹. Als dann bekannt wurde, dass der Herr Benno Ohnesorg erschossen wurde, war natürlich die Empörung sehr groß: ein Todesfall! Auch bei mir war die Empörung sehr groß.«

Schily und seine Frau hatten erst zwei Wochen zuvor ihre Tochter Jenny Rosa bekommen, benannt nach der Ehefrau von Karl Marx, Jenny, und der ermordeten deutschen Kommunistin Rosa Luxemburg. Der Besuch der Demonstration ist der erste größere Ausflug der politisch engagierten jungen Eltern nach der Geburt des Kindes. Schily ist in großer Sorge um seine Frau, das Paar hält Abstand von den Geschehnissen. Und er ist überaus erleichtert, dass sie einen wichtigen Grund hat, den Schauplatz der bald eskalierenden Gewalt zu verlassen: »Meine Frau ist erfreulicherweise nicht in die schlimmen Sachen hineingeraten, sie musste nach Hause gehen. Meine Tochter war damals noch ganz klein und sie musste gestillt werden.«

Hans-Christian Ströbele analysiert die Ereignisse heute nicht anders als damals: »Man wollte diesen Demonstranten Denkzettel verteilen mit Knüppeln und dem Ausufern polizeilicher Gewalt. Das Schlimme war, dass es nicht nur die Polizei war, die militärisch gedrillt vorgegangen ist, sondern dass dieses Vorgehen von der gesamten Politik, von den Medien verteidigt worden ist. Selbst als klar war, dass nicht ein Polizist von einem Studenten erstochen worden ist, sondern ein Student von einem Polizeibeamten erschossen worden ist, gab es zunächst kein Wort der Reue, der Kritik oder Ähnliches.«

Der Abend des 2. Juni, der ganz Deutschland aufwühlt, legt in seiner Tragik auch den Grundstein zu Schilys politisch motivierter Anwaltsarbeit. Er ist der Beginn eines öffentlichen Otto Schily, auch wenn dieser in seinem ersten Prozess erfolglos bleibt. Mehr als 40 Jahre später ist er immer noch nicht von den damaligen Urteilen überzeugt: »Über Horst Mahler habe ich dieses Mandat bekommen, im Kurras-Ohnesorg-Prozess, in dem gegen den Polizeibeamten Kurras verhandelt wurde. Was übrigens mein erster politischer Prozess war, der keine Verteidigung war, sondern eine Anklage. Er wurde zweimal freigesprochen. Ich muss das Urteil ja respektieren, ich bin rechtsstaatlich genug, um das so zu sehen. Die Frage ist eben: ›Hat er den Ohnesorg willentlich erschossen oder hat sich da nur ein Schuss gelöst?‹ Was den Fall so düster macht, ist die Tatsache, dass viel Beweismaterial verschwunden ist. Es gab ja Filmaufnahmen, die sind merkwürdigerweise vernichtet worden. Deshalb bleibt natürlich ein großer Zweifel, was wirklich geschehen ist und wer was zu verantworten hat.«

Horst Mahler sagt heute über die Zusammenarbeit mit Otto Schily im Kurras-Ohnesorg-Prozess: »Wir haben uns politisch und juristisch sehr gut verstanden und wir haben auch voneinander einiges gehalten als Juristen. Wir haben versucht, uns mit verteilten Rollen zu ergänzen, den Ball nach vorn zu bringen. Das ist uns auch gelungen. Es war völlig offensichtlich, das gewisse Zeugen aus dem Polizeibereich logen und nicht bei der Wahrheit geblieben sind. Wer aufmerksam das Prozessgeschehen verfolgt hat, für den setzte sich das Bild zusammen, dass es ein Mord durch die Polizei war. Das hat damals Furore gemacht. Die Öffentlichkeit war mit großer Aufmerksamkeit auf unserer Seite.«

Der gewaltsame Tod von Benno Ohnesorg löst in der kritischen Öffentlichkeit und in der Studentenbewegung Bestürzung und Wut auf den deutschen Staat aus. Er wird als Zeichen der gewaltsamen Repression des faschistischen Staates gegen die Außerparlamentarische Opposition gedeutet. Die Ereignisse vom 2. Juni 1967 führen zu einer heftigen Krise in Westberlin, in deren Verlauf der Regierende SPD-Bürgermeister, der Pastor Heinrich Albertz, zurücktritt. Er hatte zunächst das Vorgehen der Polizei zu rechtfertigen versucht: »Die Geduld der Stadt ist am Ende ... Ich sage ausdrücklich und mit Nachdruck, dass ich das Verhalten der Polizei billige.«

Das Todesdatum von Ohnesorg erhält für die Linke Symbolcharakter, die Terroristen der »Bewegung 2. Juni« beziehen sich mit ihrem Namen auf das Ereignis. Während der Polizist Karl-Heinz Kurras freigesprochen wird, wird der bekannte Spaß-Anarchist Fritz Teufel, der bei der Schah-Demonstration einen Stein geworfen haben soll, ein halbes Jahr lang in Untersuchungshaft festgehalten. Erst kurz vor Weihnachten wird er freigesprochen. Ein äußerst langsam gesprochenes »Wenn's denn der Wahrheitsfindung dient«, während er ebenso langsam aufsteht,

Der Anarchist Fritz Teufel (links) wird in Untersuchungshaft festgehalten, weil er bei der Schah-Demonstration einen Stein geworfen haben soll. Die Abbildung zeigt ihn im März 1968 zusammen mit Rainer Langhans (Mitte) und Anwalt Horst Mahler auf dem Weg zur Gerichtsverhandlung. Angeklagt werden sie wegen der Verteilung eines Flugblatts.

ist beim Prozess Teufels Antwort auf einen Richter, der ihn zwingen will, sich vor dem Gericht zu erheben. Dieser Satz machte Justizgeschichte, er zeigt, wie es der antiautoritären Bewegung gelingt, den Obrigkeitsstaat lächerlich zu machen. Teufels Verteidiger in dem Prozess: Horst Mahler.

Mahler und Schily interpretieren die Ereignisse des 2. Juni 1967 unterschiedlich: »Ich glaube, da gibt es einen Unterschied zwischen Otto Schily und mir. Für mich war es die Bestätigung der marxistischen Theorie über die Rolle des Staates als Instrument der herrschenden Unterdrückung der ausgebeuteten Mehrheit.

Für Schily war es der Zusammenbruch rechtsstaatlicher Illusionen. Er hat sich da als Liberaler radikalisiert und meinte, wenn der Missstand aufgedeckt ist, wird er auch behoben. Während ich sagte, nein der Missstand muss zwar aufgedeckt werden, aber der wird nicht behoben. Es ist ein Schritt zur Bewusstmachung hin zu dem Punkt, dass da die Massen begreifen, sie müssen eine Revolution machen. Wir haben uns nicht abgegrenzt voneinander, sondern unterschiedlich positioniert, auch im Republikanischen Club. Er wollte nicht eine Revolution, sondern er wollte eine Evolution innerhalb des Systems durch guten Willen. Da habe ich immer gesagt: ›Otto, das bringt nichts!‹, und irgendwann war das Thema erschöpft. Er sagte: ›Ja, das bringt doch was.‹«

Mahler zieht heute vom Tod Benno Ohnesorgs über den in mehreren Instanzen sehr zweifelhaften Freispruch von Kurras eine direkte Linie zur Radikalisierung eines Teils der Studentenschaft: »Kurras meinte, er habe in Notwehr geschossen. Es war allen klar, es ist eine Lüge. Diese Lüge wurde offiziell gedeckt. Was müssen wir jetzt in dieser Situation tun? Der Staat verlässt alle rechtlichen Formen und wendet unmittelbare Gewalt an, und was halten wir dagegen? Und das hat dann zu endlosen Debatten und auch Entschlüssen geführt. Von da aus ging es in den bewaffneten Kampf nach der Guerilla-Taktik. Dieses Erlebnis hat schlagartig die Situation und die Atmosphäre verändert. Die Studenten wollten es wissen: ›Erklärt uns das mal, was geht hier vor?‹ Das ist der Ausgangspunkt der Radikalisierung, auch meiner Radikalisierung. Denn hier hat der Staat vorgeführt, was er vom Recht und von der Freiheit hält, er hat sich eindeutig als Büttel einer zerstörerischen Macht betätigt. Das ist ja nach der kommunistischen Doktrin die Rolle, die der Staat spielt, und das ist bestätigt worden. Deswegen hat diese Idee so eingeschlagen. Das war die griffige Erklärung für das, was man selbst erlebt hatte.«

Ein anderer internationaler Konflikt tobt in Südostasien. Um die westlich orientierte südvietnamesische Regierung vor der kommunistischen und von Nordvietnam unterstützten Guerilla Vietcong zu schützen, schicken die USA zunächst Militärberater und ab 1964 auch Kampftruppen in das geteilte Land. Bis 1969 steigt ihre Zahl auf über eine halbe Million Soldaten an. Trotz dieser massiven Aufrüstung können sie keine nachhaltigen militärischen Erfolge am Boden erringen. Die hochgerüstete amerikanische Luftwaffe greift das auch von der Sowjetunion und China unterstützte kommunistische Nordvietnam an, ab 1970 auch die Nachbarländer Laos und Kambodscha. Damit sollen dem Vietcong die kriegsentscheidenden Versorgungswege in den Süden, der sogenannte Ho-Chi-Minh-Pfad, abgeschnitten werden.

Hans-Christan Ströbele erinnert sich, wie aufgewühlt die Studenten in Deutschland darüber waren: »Wir haben protestiert, sehr häufig, das war eines der zentralen Themen, gegen die ungeheure mörderische Gewalt des Vietnamkriegs. Wir sahen jeden Abend im Fernsehen, mit welcher brutalen, geradezu Völker vernichtenden Gewalt, mit Flächenbombardements, die US-Amerikaner gegen das vietnamesische Volk in Nordvietnam vorgegangen sind. Und dann die Gewalterfahrung, die auch in Deutschland da war – da haben wir einen Zusammenhang gesehen: ›Die wollen den Protest gegen einen solchen Krieg unterdrücken, damit ein solcher Krieg auch weitergeführt werden kann.‹ Sodass das eine mit dem anderen verbunden dann auch zu Einschätzungen der deutschen Gesellschaft, des deutschen Staates, der führenden Repräsentanten des Staates, der Spitzen, Kanzler, Bundesregierung, Parlament, führte, dass wir sagten: ›Das ist nicht unser Staat!‹ Ich hatte Verständnis dafür, dass man sich über die ständige Eskalation in Vietnam erregte, dass man danach suchte, was dagegen zu unternehmen ist. Ich bin selber 1970 in die SPD eingetreten. Ich habe darunter gelitten, dass der damalige SPD-Vorsitzende Willy Brandt, der spätere Friedensnobelpreisträger, kein kritisches Wort zu diesem mörderischen Krieg in Vietnam gebracht hat.« Auch Mahler ist vom Bundeskanzler enttäuscht: »Warum hat Willy Brandt nicht – wie Olof Palme als schwedischer Regierungschef – früh und eindeutig gegen die amerikanische Vietnampolitik Stellung bezogen? Er hat versagt. In seiner Regierungserklärung forderte er, mehr Demokratie zu wagen; was kam, war der Radikalenerlass.«

Die mächtigste Militärmacht der Welt wirft in kurzer Zeit mehr Bomben auf die kleinen Bauernländer, als während des gesamten Zweiten Weltkriegs in Europa fielen. Sie vergiftet die Regenwälder mit einem Entlaubungsmittel, »Agent Orange« genannt, damit die Gegner dort keine Deckung mehr finden. Dieses enthält Dioxin, das zu den giftigsten Stoffen überhaupt zählt und das starke Schäden beim Erbgut des Menschen verursacht. Einige Komponenten des Gifts werden von deutschen Chemie-Unternehmen hergestellt und an die US-Streitkräfte geliefert. Die Verstrickungen der deutschen Wirtschaft in den Krieg sind schon damals kein Geheimnis. In einem *Spiegel*-Interview 1967 fordert Rudi Dutschke: »Wann endlich, meine Damen und Herren, sehen wir uns die Fabriken in Frankfurt, München, Hamburg oder Westberlin genauer an, die direkt und unmittelbar die amerikanische Armee in Vietnam mit chemischen und elektronischen Anlagen vorsorgen?«

Auch setzen die USA das stark brennbare Napalm in riesigen Mengen gegen militärische, aber auch gegen zivile Ziele ein. Wenige Jahre nach dem Ende des Vietnamkriegs wird Napalm als »unmenschliche Waffe« international verboten. Schwere Kriegsverbrechen der Amerikaner, wie etwa das grausame Massaker an 500 Bauern im Dorf My Lai, kommen nur durch Zufall und die Courage einzelner Soldaten, Reporter oder Fotografen ans Licht.

»Ich war ja ein begeisterter Freund Amerikas, bin es auch letzten Endes bis heute geblieben«, erklärt Otto Schily rückblickend, »aber umso größer war die Enttäuschung über das, was die Amerikaner in der Fortsetzung des Kolonialkriegs der Franzosen in Vietnam gemacht haben. Als Kennedy 1961 nach Berlin kam, nach dem Bau der Mauer, habe ich ihm vor dem Schöneberger Rathaus zugejubelt. Wir waren alle begeistert. ›Ich bin ein Berliner‹ war für mich ein großes Erlebnis.«

Schily und viele andere sind erschüttert über das, was die Amerikaner, die bis dato als Befreier und Schutzmacht gegen den Kommunismus gelten, in Südostasien anrichten: »Dann haben wir die napalmverbrannten Kinder in Vietnam vor uns gesehen. Das sind Kontraste, die nicht erträglich waren. Das war für uns Terror, die Bombenangriffe auf Vietnam, die Napalmbomben.« Otto Schily schlägt sogar heute noch den Bogen von der berechtigten Empörung über den Vietnamkrieg hin zur RAF, die zahlreiche Bombenanschläge gegen amerikanische Militäreinrichtungen in Deutschland verübte: »Die ganzen Aktionen der Roten Armee Fraktion waren frontal gegen die Amerikaner gerichtet, auf die Rückzugsorder für den Vietnamkrieg, das kann man ja nicht übersehen, dass das so war.«

Die USA werden von vielen Seiten für diesen Krieg scharf kritisiert, auch in den Vereinigten Staaten selbst wächst ein starker innenpolitischer Widerstand in der Bürgerrechts- und Antikriegsbewegung. Die deutsche Bundesregierung hingegen steht fest zur Indochina-Politik ihres wichtigsten Alliierten. *Spiegel*-Herausgeber Rudolf Augstein kritisiert bissig die deutsche »Realpolitik«, als er über den Krieg schreibt: »Die Sympathien der meisten Kabinettsmitglieder gehören der amerikanischen

Kriegsmaschinerie, weil es gegen Kommunisten geht, gegen ›Feinde der Freiheit‹ also. Man möchte den Verbündeten nicht enttäuschen oder verstimmen. So empfiehlt sich die Bundesregierung den Vereinigten Staaten als eine der wenigen Mächte, die das amerikanische Vorgehen nicht nur nicht kritisieren, sondern gelegentlich sogar ein wohlwollendes Verständnis durchblicken lassen. Bundesverkehrsminister Georg Leber, SPD-Mann, brachte es sogar über sich, die Verteidigung der Freiheit in Vietnam mit der amerikanischen Garantie für Westberlin zu verknüpfen.«

Der Vietnamkrieg ist der erste Konflikt, der von den Medien bis in die Wohnzimmer hineingetragen wird, nachdem sich in den 60er-Jahren viele deutsche Familien einen Fernseher leisten können. Engagierte Journalisten zeigen täglich in den Abendnachrichten schonungslos die Brutalität des Kriegs, die Öffentlichkeit reagiert schockiert. Gerade in Deutschland, das ja vor gerade einmal zwei Jahrzehnten ebenfalls massiv zerstört wurde, sind das Entsetzen und die Empörung groß. Gleichwohl stellen sich die Bundesregierungen, sowohl die Große Koalition unter Kanzler Kurt Georg Kiesinger als auch die sozial-liberale Regierung unter Willy Brandt, kritiklos hinter die USA.

Die Studentenbewegung brandmarkt den US-Einsatz und die dahinterstehende Politik als aggressiv-imperialistisch und protestiert mit zahlreichen Aktionen. Ein wichtiges Datum ist der Internationale Vietnam-Kongress in Berlin am 17. und 18. Februar 1968, der von Rudi Dutschke mitorganisiert wird. Zusätzlich zum Geschehen in Fernost diskutieren die Teilnehmer auch Strategien zur Übertragung des antiimperialistischen Kampfes in Vietnam und anderen Ländern der »Dritten Welt« auf Europa.

Ho Chi Minh, der kommunistische Führer Nordvietnams, hatte bereits in den 40er- und 50er-Jahren erfolgreiche Guerilla-Kriege

Rudi Dutschke argumentiert beim Internationalen Vietnam-Kongress im Februar 1968 in Westberlin.

gegen die japanischen Besatzer des Landes im Zweiten Weltkrieg und gegen die Kolonialmacht Frankreich geführt. Er wird von den revolutionär gesinnten Studenten gerade zu kultisch gefeiert. Legendär ist das Skandieren seines Namens bei den Demonstrationen gegen den Krieg: »Ho-Ho-Ho Chi Minh«. Die rot-blaue Flagge mit gelbem Stern des Vietcongs ist zeitweise auch inoffizielle Fahne der Studentenbewegung. Die erfolgreiche Guerilla-Strategie Ho Chi Minhs begeistert die jungen Deutschen, die darüber nachdenken, eine »Stadtguerilla« in den großen Städten Westeuropas aufzubauen.

In der Schlusserklärung des Vietnam-Kongresses in Westberlin heißt es: »Heute versucht der US-Imperialismus, über die NATO die westeuropäischen Metropolen in seine Politik der kolonialen Konterrevolution einzubauen. Aber der Befreiungskampf der

Völker in der Dritten Welt verschärft die Widersprüche zwischen und innerhalb der imperialistischen Metropolen. Es kommt darauf an, diese Widersprüche zu analysieren und auszunutzen. Die militärische Zusammenarbeit zwischen dem Haupt der kolonialen Konterrevolution, den USA, und den westeuropäischen Ländern muss zerbrochen, ihre Agentur, die NATO, muss zerschlagen werden. Der Kampf gegen die US-Aggression in Vietnam muss zugleich ein Kampf gegen die imperialistische Politik der kapitalistischen Länder Westeuropas sein. Eine zweite revolutionäre Front gegen den Imperialismus in dessen Metropolen kann nur dann aufgebaut werden, wenn die antiimperialistische Oppositionsbewegung lernt, die spätkapitalistischen Widersprüche politisch zu aktualisieren und den Kampf um revolutionäre Lösungen in Betrieben, Büros, Universitäten und Schulen aufzunehmen.«

Die Solidarität mit der »Dritten Welt« und gegen ihre Ausbeuter im Westen wird zu einem Hauptmotiv der APO und später auch der RAF. Der Vietnam-Kongress ist eine Zäsur, der Protest geht danach weit über die Universitäten hinaus. Man will eine revolutionäre Praxis in den Mittelpunkt rücken, sich dem Proletariat zuwenden und entsprechende Kampagnen beginnen.

Der Krieg in Vietnam fordert enorme Opfer. Von geschätzten drei bis vier Millionen Toten sind rund zwei Drittel Zivilisten. Vier Millionen Menschen werden schwer verletzt und bleiben teils dauerhaft schwer behindert. Ungezählte werden vertrieben oder verlieren ihr Hab und Gut. Das Land und die Menschen haben noch 35 Jahre nach Kriegsende an den Folgen schwer zu tragen. Rund 58 000 amerikanische Soldaten sterben im Krieg. Etwa genauso viele nehmen sich im oder nach dem Kriegseinsatz aufgrund ihrer traumatischen Erlebnisse das Leben, 40 000 GIs kommen heroinsüchtig nach Hause. 1973 verlassen die US-Truppen das Land, als der innen- und außenpolitische Druck steigt und als auch den Hardlinern klar wird, dass der Krieg militärisch nicht zu gewinnen ist. 1975 endet der Krieg mit dem Sieg der Kommunisten über die südvietnamesische Armee und ihrem Einmarsch in Saigon, der Hauptstadt des südlichen Landesteils. Kurz darauf wird das Land unter der Kommunistischen Partei wiedervereinigt.

Doch all dies interessiert die deutsche Linke zu diesem Zeitpunkt nur noch am Rande. Sie konzentriert sich inzwischen auf die Auseinandersetzung zwischen der militanten Roten Armee Fraktion und dem bundesdeutschen Staat.

Kapitel 3

# Notstand

Es ist die Zeit der Großen Koalition, CDU und SPD regieren von 1966 bis 1969 gemeinsam. Regierender Bundeskanzler ist das ehemalige NSDAP-Mitglied Kurt Georg Kiesinger, sein Vizekanzler und Außenminister ist der frühere Gegner des NS-Regimes Willy Brandt. Die einzige Oppositionspartei im Deutschen Bundestag ist die kleine FDP mit nur 49 von über 400 Sitzen im Parlament. Die Große Koalition plant die Verabschiedung der sogenannten Notstandsgesetze und sie kann mit ihrer großen Stimmenmehrheit dafür sogar das Grundgesetz ändern.

Diese Gesetze sollen Regelungen für den Verteidigungsfall, den Spannungsfall, den inneren Notstand und den Katastrophenfall enthalten. Der Gesetzgebungsnotstand wird für den Fall definiert, dass Bundestag und Bundesrat nicht mehr zusammentreten können. In der Folge tritt ein Notparlament zusammen, das Gesetze erlassen und ändern kann, allerdings nicht das Grundgesetz. Auch weil bei der Anwendung der Notstandsgesetze individuelle Grundrechte eingeschränkt werden können, muss der Bundestag eine Grundgesetzänderung beschließen. Sowohl die Bewegungsfreiheit als auch das Brief- und Telefongeheimnis können beschränkt werden, eine Dienstpflicht kann eingeführt werden. Vor allem wird in den neuen Gesetzen auch der Einsatz der Bundeswehr im Innern geregelt, der ansonsten verfassungsrechtlich untersagt ist, da sie nur zur Verteidigung gegen einen äußeren Feind eingesetzt werden darf.

Teile der Studentenschaft, aber auch Gewerkschaften, Bürgerrechtsorganisationen und Intellektuelle fürchten, dass über die Notstandsgesetze wesentliche Grundrechte der Bürger beschnitten werden. Sie gemahnen an die Zeit der Weimarer Republik, als der Reichspräsident versuchte, das Land mit Notverordnungen zu regieren. Sie haben Angst davor, dass die Demokratie erneut autoritäre Züge annimmt, wenn bei echten oder vorgeblichen Krisen der »innere Notstand« ausgerufen wird. Ihre Sorge ist, dass die Gesetze eine diktatorische Machtübernahme erleichtern könnten, wie Hitlers Ermächtigungsgesetz es 1933 ermöglicht hatte.

Da die FDP als kleine Opposition im Parlament weitgehend machtlos ist, erneuert sich 1966 unter der Führung des SDS eine Bewegung, die sich Außerparlamentarische Opposition (APO) nennt. Bereits in den 50er-Jahren hatte ihr Vorläufer mit Demonstrationen etwa gegen die Wiederbewaffnung der Bundesrepublik und ihre Ausstattung mit Atomwaffen demonstriert. Beide Ziele waren ihr verwehrt geblieben – die Bundeswehr wurde 1955 gegründet, und auch für die Atombewaffnung fand sich im Bundestag eine Mehrheit. Es waren die NATO und die Amerikaner, die Deutschland letztlich den Weg zur Atommacht verstellten.

Die APO, mitgesteuert vom SDS, bezieht mit einer großen Kampagne, zahlreichen Protesten, Großdemonstrationen, Sit-Ins, Go-Ins und Uni-Streiks Stellung gegen die Notstandsgesetze (später auch zu vielen anderen politischen Fragen). Am 30. Oktober 1966 demonstrieren in Frankfurt 21 000 Menschen gegen die geplanten Gesetze der Bundesregierung. In einer Rede heißt es unter anderem: »Die Notstandsgesetze treffen Vorsorge für einen neuen Faschismus, Vorsorge für Zwangs- und Dienstverpflichtung, für Schutzhaft und Arbeitslager.« In einem SDS-Aufruf zu einer anderen großen Demonstration ist Ähnliches zu lesen: »Wer das Ermächtigungsgesetz von 1933 am eigenen Leibe erfahren will als zweite vermehrte und verbesserte Auflage 1968, der darf weiterhin darauf vertrauen, dass wir gerecht und gut verwaltet und regiert werden. Wer aber gegen Faschismus und Polizeistaat ist, der nimmt teil am Sternmarsch auf Bonn.«

Rudi Dutschke, Führungs- und Symbolfigur im SDS und in der APO, bereitet im Frühjahr 1968 von Berlin aus die Großdemonstration gegen die Notstandsgesetze für den 11. Mai in der Bundeshauptstadt Bonn vor. Er ist oft Gast im Republikanischen Club, ist freundschaftlich mit Otto Schily verbunden, kennt Horst Mahler gut. Genau einen Monat vor der geplanten Demonstration, am Gründonnerstag, dem 11. April 1968, wird Rudi Dutschke von einem Attentäter lebensgefährlich angeschossen. Elf Jahre später stirbt er an den Spätfolgen seiner Verletzungen. Es ist bereits der zweite Mordanschlag auf einen Studenten, nachdem ein dreiviertel Jahr zuvor am 2. Juni 1967 Benno Ohnesorg bei der Anti-Schah-Demonstration durch eine Polizeikugel getötet wurde.

Die Stimmung in der Öffentlichkeit ist durch Anschläge von jungen Leuten aus der linken Berliner Szene aufgeheizt. Einige haben in Frankfurt am Main nur eine Woche zuvor mit Zeitzündern zwei Kaufhäuser angesteckt. Ihre Namen sind Andreas Baader, Gudrun Ensslin, Thorwald Proll und Horst Söhnlein. Sie werden rasch festgenommen. Die Anschläge beherrschen die Schlagzeilen, wahrheitswidrig heißt es, die Beschuldigten seien SDS-Mitglieder. Der SDS distanziert sich von den Anschlägen. Er zeigt sich »zutiefst bestürzt« und bezeichnet sie als »unbegründbare Terroraktionen«. Doch offenbar bleiben die Vorwürfe hängen.

Der junge Hilfsarbeiter Josef Bachmann, erst am Morgen des Gründonnerstags aus München angereist, geht am frühen Nachmittag zur SDS-Zentrale am Kurfürstendamm, fragt an der Tür nach Rudi Dutschke und verlässt das Gebäude wieder. Als Dutschke das Haus um 16 Uhr 35 verlässt und sein Fahrrad über den belebten Kurfürstendamm schiebt, spricht er ihn an: »Sind Sie Rudi Dutschke?« »Ja«, antwortet der. »Du dreckiges Kommunistenschwein«, entgegnet Bachmann, zieht einen Trommelrevolver und schießt dreimal auf Dutschke. Er flüchtet mit seiner Waffe und versteckt sich auf einer Baustelle. Einem Großaufgebot der Polizei gelingt es, ihn mit dem Einsatz von Tränengas und Schusswaffen zu überwältigen und verletzt festzunehmen. In einem Krankenhaus ringen derweil die Ärzte um Dutschkes Leben, er hat unter anderem einen Schuss in den Kopf erhalten. Er überlebt nur knapp.

Bei Bachmann werden Ausschnitte aus der rechten *Deutschen Nationalzeitung* vom 22. März gefunden. Dort steht: »Stoppt Dutschke jetzt! Sonst gibt es Bürgerkrieg.« Daneben sind fünf Fotos wie Fahndungsbilder abgedruckt. In Bachmanns Wohnung hängt ein selbst gemaltes Hitler-Porträt. Von Rechtsradikalen in seiner Heimatstadt Peine soll er die Tatwaffe erhalten haben, angeblich plante er ursprünglich ein Attentat auf den DDR-Staatsratsvorsitzenden Walter Ulbricht.

Bei den Studenten im SDS und in der APO spricht sich die Nachricht vom Anschlag auf ihre Führungsfigur wie ein Lauffeuer herum. Spontan wird eine ohnehin geplante Versammlung im Auditorium Maximum der TU Berlin umfunktioniert, um das Geschehene zu beratschlagen. Über tausend Studenten strömen dorthin. Die SDS-Anwälte Horst Mahler und Otto Schily lassen alles stehen und liegen. »Ich bin mit Schily zusammen ins Krankenhaus gefahren, habe mit dem Arzt gesprochen«, so Mahler. »Wir haben dann auch gesehen, wie Rudi Dutschke mit einem Verband, blutverschmiert, zu einer Untersuchung irgendwohin gebracht wurde. Da stand es sehr tragisch, sehr ernst. Es war die Frage: ›Kommt er durch oder kommt er nicht durch?‹ Der Arzt meinte aber, er könnte es schaffen. Wir sind mit dieser Nachricht in die Versammlung gegangen, haben da kurz berichtet. Es wurde beschlossen, spontan gegen den Springer-Konzern zu demonstrieren und in die Kochstraße zu ziehen. Ich war bekannt, also war es logisch, dass ich vorne weg gehe, denn es sollte ja auch gesehen werden.«

In der Demonstration gegen den Konzern entlädt sich die Wut auf den Verleger Axel Springer, dessen in Berlin dominierende Medien seit Jahren in Artikeln und Karikaturen einen publizistischen Feldzug gegen die Studenten und die APO führen. Sie werden als »Linksmob«, »Eiterbeule«, »akademische Gammler«, »Pöbel«, »geistige Halbstarke«, »Neurotiker«, »Schreier« und »Schwätzer« verunglimpft, wie zahlreiche Intellektuelle kritisieren, darunter Heinrich Böll, Alexander Mitscherlich und Theodor W. Adorno.

Rudi Dutschke wird zum Feindbild aufgebaut. Der gläubige Christ unterstützt Weihnachten 1967 eine Aktion in der Kaiser-Wilhelm-Gedächtniskirche. Zunächst gehen acht Kommilitonen mit Plakaten von Vietnam-Opfern und Bibel-Versen – etwa »Was ihr getan habt einem unter diesen meinen geringsten Brüdern, das habt ihr mir getan.« (Mt 25,40) – in die Kirche. Als sie gewaltsam hinausgedrängt werden, springt der bis dahin unbeteiligte Dutschke von der Kirchenbank auf, geht auf die Kanzel und will eine Rede zu den Ereignissen beginnen. Doch er kommt über die

Die Demagogie der Boulevard-Presse gegen Rudi Dutschke zeigt Wirkung: eine bürgerliche Demonstration vor dem Schöneberger Rathaus im Februar 1968, sechs Wochen vor dem Mordversuch an dem Studentenführer.

ersten Sätze nicht hinaus: »Es ist Heuchelei, hier von Frieden zu reden …« Auch er wird hart bedrängt und muss zwei Meter tief von der Kanzel springen. Unten schlägt ihn ein Rentner mit seinem Gehstock blutig, die Wunde muss im Krankenhaus genäht werden. Später wird der Rentner zu 200 Mark Geldstrafe verurteilt. Die Polizei behauptet, Dutschke habe unter Alkohol gestanden, die Junge Union bezeichnet »das Auftreten der kommunistischen Störenfriede und Radaubrüder« als »Terror«. Die Anwälte Mahler und Schily sind – wohl kaum zufällig – Zeugen der Aktion. »Schily berichtet später angewidert von Kirchenbankrutschern, die nur ihre Festtagsgänse mit dem entsprechenden Wohlgefühl verdauen und von scheußlichen Napalmbomben-

Am Abend des 11. April 1968, nach dem Attentat auf Rudi Dutschke, ziehen Studenten zum Springer-Verlag. In der ersten Reihe: Horst Mahler (Mitte, mit Brille).

Zeugnissen nicht behelligt werden wollten«, schreibt sein Biograf Reinhold Michels über das Ereignis.

Besonders die Springer-Presse verfasst üble Artikel. Die *Berliner Morgenpost* schließt sich einem Urteil des Berliner Propstes an und nennt Dutschke einen »geltungsbedürftigen Psychopathen«. *Die Welt* zitiert den CSU-Bundestagsabgeordneten Franz Xaver Unertl, der die demonstrierenden Studenten als »Rotzlöffel« bezeichnet und Rudi Dutschke eine »ungewaschene, verlauste und verdreckte Kreatur« nennt.

Noch heute kann Horst Mahler seinen Zorn über die damalige Kampagne der Springer-Zeitungen gegen Dutschke nicht verbergen: »Die Hetze des Springer-Konzerns war vom Übelsten. Angefangen bei den Karikaturen, die richtig menschenvernichtend waren, bis hin zu den Texten, mit denen er als bösartig bis ins Innerste dargestellt wurde. Und das vor dem Hintergrund der berechtigten Kritik an der Rolle der Bundesregierung im Zusammenhang mit den USA in Vietnam.« Am 7. Februar titelt *Bild* etwa »Stoppt den Terror der Jung-Roten jetzt!« Neben einem Foto von Rudi Dutschke kommentiert sie: »Man darf über das, was zur Zeit geschieht, nicht einfach zur Tagesordnung übergehen. Und man darf auch nicht die ganze Dreckarbeit (sic) der Polizei und ihren Wasserwerfern überlassen.« Mahler weiter: »Rudi Dutschke musste sich ja verstecken, der lebte dann bei Professor Gollwitzer. Wenn der sich auf der Straße zeigte, wurde er gejagt. Das war die Wirkung der Springer-Presse.«

Die Überzeugung der Studenten im Audimax der TU ist: »Springer schoss mit!« Als sie erfahren, dass das Springer-Gebäude von der Polizei abgesichert wird, entschließen sie sich zur Konfrontation. Ihre Demonstration zur Berliner Kochstraße ist der Beginn der blutigsten und schwersten Unruhen, die die Bundesrepublik bisher erlebt hat. Auch in vielen Städten Westdeutschlands entlädt sich die aufgestaute Wut der Studenten gegen den Verlag. Tausende Demonstranten versuchen bei den später so genannten Osterunruhen, das Springer-Haus in Berlin zu stürmen, sie blockieren die Zufahrten, setzen Auslieferungsfahrzeuge des Verlags in Brand und werfen Fensterscheiben ein.

Mahler erinnert sich an die dramatische Situation und dass er im Lauf der Demonstration in das Gebäude hineingelangt: »Als wir dort ankamen, sahen wir schon, dass Steine gegen die Fassade flogen. Ich glaube, es brannten auch schon die Auslieferungsfahrzeuge. Wie durch ein Wunder öffnete sich vor mir die Polizeikette. Ich wurde durchgelassen und mit mir mein Freund Manfred Kienle. Plötzlich waren wir in diesem Windfang. Rechts und links Polizei, davor die geschlossene Polizeikette, es konnte niemand nachdrängen. Im Gebäude stand eine Gruppe von Arbeitern, die hatten Schlagwerkzeug in der Hand und sagten: ›Kommt doch näher‹. Das haben wir vermieden, wir dachten, wir müssen es ja nicht auf die Spitze treiben. Dann kam der stellvertretende Chefredakteur der B.Z. in diesen Windfang und bat uns nach oben. Das haben wir abgelehnt.«

Wie sich später herausstellt, hatte der Berliner Senat sich nicht nur mit Polizeihundertschaften am Verlagshaus auf die Krawalle vorbereitet, sondern auch auf eine ganz andere Weise. »Der Verfassungsschutzagent Peter Urbach«, so schildert es Stefan Aust in *Der Baader-Meinhof-Komplex*, »hatte einen großen geflochtenen Weidenkorb dabei, vollgepackt mit zündfertigen Molotowcocktails. Er fand unter den Demonstranten bereitwillige Abnehmer für seine heiße Ware. Wenig später brannten die Auslieferungsfahrzeuge des Springer-Verlags, angesteckt mit Peter Urbachs Molotowcocktails. Die Fotos der lodernden Lastwagen gingen als Beleg für die Gewalttätigkeit der Berliner Studenten durch die Zeitungen.«

Die Hamburger Druckerei wird ebenfalls belagert, um die Auslieferung der *Bild* zu verhindern, dasselbe geschieht in Köln. Die Redaktion in München wird von Studenten besetzt. Bundesweit sollen es mehrere hunderttausend Menschen sein, die auf die Straßen gehen. Der *Spiegel* schreibt hierzu: »Wo immer in Berlin demonstriert und diskutiert wurde, war Mahler dabei. Er zog zum Schöneberger Rathaus und vor den RIAS, begleitete eine Delegation der Aufrührer zu Bürgermeister Klaus Schütz, ließ sich dreimal von Wasserwerfern durchnässen (›Ich hatte langsam keinen Anzug mehr‹), wand Steinewerfern vor dem Rathaus die Munition aus der Hand, lieh sich auf dem Kurfürstendamm von seinen Genossen ein Megaphon und belehrte die schlagfertige Polizei über die Rechtslage (›Dies hier ist eine spontane Demonstration und nicht genehmigungspflichtig‹).«

Das Resultat einer Protestaktion vor dem Springer-Verlag nach dem Attentat auf Rudi Dutschke.

Die Polizei ist von dem Ausmaß und der Vehemenz der Proteste kaum überrascht, sie schlägt rüde zurück. Wasserwerfer, zahlreiche Hundertschaften, Hunde- und Reiterstaffeln sind bereits positioniert und werden eingesetzt, um die Auslieferung der Druckerzeugnisse des Verlags durchzusetzen. Autos der Studenten, die vor den Ausfahrten der Druckereien als Barriere geparkt werden, werden von Polizisten umgeworfen und auf dem Dach weggeschoben.

Auch an den darauffolgenden Feiertagen wird in Berlin und anderswo heftig demonstriert. 20 000 Polizisten sind im Einsatz, Tausende Demonstranten werden festgenommen, mehr als 800 Ermittlungsverfahren werden eingeleitet. Rund 400 Demonstranten werden teils schwer verletzt. In München sterben sogar zwei Menschen, der Pressefotograf Klaus Frings wird versehentlich von einem Stein getroffen, der Student Rüdiger Schreck wird unter nie vollständig geklärten Umständen von einer Bohle tödlich verletzt und stirbt im Krankenhaus. Fast zynisch bagatellisiert dies Horst Mahler: »Wenn ich mich an das Steuer meines Wagens setze, muss ich damit rechnen, dass mir der Reifen platzen

12. April 1968 vor dem Schöneberger Rathaus: Anwalt Horst Mahler als Wortführer einer weiteren Demonstration.

kann.« Später rechtfertigt er sich für den Vergleich: »Das war weder eine Drohung noch war es weise, es war ein recht ungeschickt gewähltes Bild … Ich glaubte, die Studenten aufrütteln zu können, indem ich sagte, wer die Revolution macht, muss mit so etwas rechnen.« Während Mahler sich bei den Osterdemonstrationen an exponierter Stelle betätigt, halten Otto Schily und Hans-Christian Ströbele sich weitgehend im Hintergrund. Sie übernehmen die rechtliche Vertretung verletzter und verhafteter Demonstranten und dokumentieren das Ereignis.

Die Politik reagiert auf die Geschehnisse widersprüchlich. Viele Politiker, etwa die Berliner SPD-Größen Heinrich Albertz und Klaus Schütz, heizen weiter an: »Wir lassen uns nicht länger von einer Minderheit terrorisieren« und »Ihr müsst diesen Typen nur ins Gesicht schauen«. Franz Josef Strauß erklärt: »Diese Personen … benehmen sich wie Tiere, auf die die Anwendung der für Menschen gemachten Gesetze nicht möglich ist.« Nachdenkliches kommt eher selten. Bundesjustizminister Gustav Heinemann (SPD), der bald darauf zum Bundespräsidenten gewählt wird, erklärt im Fernsehen: »Wir haben uns alle zu fragen, was wir selber in der Vergangenheit dazu beigetragen haben, dass Antikommunismus sich zum Mordanschlag steigerte und dass Demonstranten sich in Gewalttaten der Verwüstung bis zur Brandstiftung verloren haben.«

Der APO-Anwalt Mahler wird überrascht, als Axel Springer ihn allein für die gesamten Schäden der Berliner Demonstration haftbar machen will. Er legt Mahler eine Rechnung von über einer Viertelmillion D-Mark vor. In der Klageschrift wirft Springer ihm vor, »an der Spitze eines mit Steinen, Brandfackeln und Molotowcocktails bewaffneten Haufens in die Geschäftsräume eingedrungen« zu sein und dabei »Verwüstungen« angericht zu haben.

Vordergründig will er den »Rädelsführer« Mahler zwingen, die Schäden an dem Gebäude, an den Auslieferungsfahrzeugen und an entgangenen Verkaufserlösen zu tragen. Eigentlich jedoch will er den damals 33-jährigen linken Anwalt finanziell ruinieren. Mahler wird in einem Strafverfahren vor Gericht gestellt. Sein Verteidiger in beiden Prozessen ist Otto Schily: »Mahler war natürlich eine exponierte Figur. Man brauchte jemanden, an dem man das exemplarisch vollziehen konnte. Bei ihm war vielleicht auch etwas zu holen, bei den Studenten war nichts zu holen. Er war ja damals ein gut verdienender Anwalt, soweit ich das beurteilen kann.« Mahler selbst sagt hierzu: »Es gab dann einen Zivilprozess auf Schadensersatz und einen Strafprozess wegen Landfriedensbruch. Ich bin damals auf Bewährung verurteilt worden, neun Monate, das war damals die Grenze, und letztlich zur Zahlung von 71 000 D-Mark Schadensersatz. Springer wollte mehr, das klappte aber nicht. Er hat den Schadensersatz zugesprochen bekommen für die lädierte Fassade, nicht einmal für die Fahrzeuge. In dem Strafprozess hat Otto Schily die Zeugenvernehmung von Axel Springer durchgesetzt. Das war ein bravouröses juristisches Kabinettstückchen. Der Vorsitzende konnte nicht anders, als Springer eine Vorführung anzudrohen. Die Strategie war, die Rolle des Springer-Konzerns als auslösendes Moment der Osterunruhen darzustellen und nachvollziehbar zu machen. Das ist ihm gelungen«, bewundert Mahler heute noch seinen damaligen Kollegen.

Otto Schily bringt den Zeugen Axel Springer durch das Vorhalten von Schlagzeilen aus seinem Haus so sehr in Verlegenheit, dass der sich von Formulierungen distanziert, in denen vom »Ausmerzen der Störenfriede« die Rede ist. Schily gewinnt sogar Springers Respekt, der erklärt: »Dieser Mann ist großartig. Schade, dass er auf der anderen Seite steht. Den würde ich sofort zu meinem Justitiar machen.« Davon allerdings hätte der Freigeist Schily niemals etwas wissen wollen. Ein bisschen stolz ist er aber immer noch auf den juristischen Coup: »Springer als Zeugen zu laden war natürlich ein Höhepunkt des Prozesses. Es war wichtig, dass wir ihn selber dort vor Gericht haben konnten. Ich glaube, dass wir ihn fair behandelt haben. Die Springer-Presse hatte in der Zeit nicht unbedingt ein Lob verdient. Es war gut, dass wir das im Gericht zur Sprache bringen konnten. Erstaunlicherweise konnte ich Springer auch zu einigen nachdenklichen Sätzen bringen.«

Auch in dem aufsehenerregenden Prozess gegen Josef Bachmann, den Attentäter Dutschkes, wird der Springer-Konzern als eigentlicher Täter dargestellt. Das Opfer wird natürlich von Horst Mahler vertreten. Rudi Dutschke und er setzen im Frühjahr 1969 ihre Strategie erneut um, das öffentliche Forum des

Zwangsweise im Zeugenstand: Axel Springer. Im Hintergrund der Angeklagte Horst Mahler und seine Verteidiger Klaus Eschen, Kurt Groenewold und Otto Schily (v.l.n.r.).

spektakulären Prozesses für ihre politischen Botschaften zu nutzen. Sie treten unkonventionell auf: »Ich war der eigentliche Verteidiger von Bachmann. Der Auftrag von Rudi Dutschke war: ›Den Mann verteidigst du!‹ Das habe ich auch getan. Die Verteidiger, die er bestellt hatte, haben sich in offener Szene für das Verteidigungsplädoyer bedankt. Wir haben Bachmann als das verhetzte Opfer der Springer-Presse dargestellt. Die hat ihn praktisch zum Mörder präpariert, um Rudi Dutschke als die Führungsfigur des Protests auszuschalten. Wir haben dann Zuspruch und Zulauf bekommen aus Kreisen, das hätte man nicht für möglich gehalten.« Wegen versuchten Mordes wird Josef Bachmann zu sieben Jahren Gefängnis verurteilt. Rudi Dutschke nimmt aus einer christlichen Motivation heraus mit dem Täter sporadischen Kontakt auf. Als der sich ein knappes Jahr nach der Verurteilung im Gefängnis das Leben nimmt, macht sich Dutschke Vorwürfe, dass er sich nicht intensiver um Bachmann gekümmert habe.

Horst Mahler wird nach den Ereignissen vor dem Springer-Haus auch einem standesrechtlichen Verfahren unterzogen. Der Berliner Generalstaatsanwalt will ihm die Erlaubnis zur Ausübung des Anwaltsberufes entziehen. Am 4. November 1968 wird der Antrag vor dem Landgericht verhandelt. Der Staranwalt der APO erfährt eine breite Solidarität, mehr als tausend Demonstranten fordern: »Hände weg von Mahler!« Mit einer zuvor nicht gekannten Militanz greifen sie die Polizei an. Zu den Studenten stoßen Schüler, Lehrlinge, junge Arbeiter, von der Presse als »Rocker« bezeichnet. Erstmals solidarisieren sich andere Bevölkerungsgruppen aktiv mit den Studenten. Gemeinsam erringen sie einen Sieg. Bei der »Schlacht am Tegeler Weg« werden 130 Polizisten und 21 Demonstranten verletzt. Es werden zwar 46 Demonstranten festgenommen, Hunderte von Polizisten müssen aber vor Steinwürfen, Farbbeuteln und Molotowcocktails fliehen. Die mit Regenjacken und Bauarbeiter- und Motorradhelmen ausgestatteten Demonstranten erobern sogar einen Wasserwerfer. *Bild* bezeichnet die Auseinandersetzungen als die »bisher schwersten Krawalle zwischen Demonstranten und Polizei in Berlin«.

Horst Mahler befindet sich im Gerichtssaal, während draußen über Stunden die Kämpfe toben: »Ich war zwar vorinformiert, dass eine Demonstration stattfinden sollte. Die Einzelheiten wusste ich aber nicht. Ich war mit Otto Schily und Josef Augstein, dem Bruder des Medien-Augsteins, in der Verhandlung. Der Vorsitzende fragte mich, ob ich denn wüsste, was sich da ereignete. Ich wusste es wirklich nicht. Ich hatte mich bewusst aus den Vorbereitungen herausgehalten, um nur von der Sache her zu argumentieren und nicht aufgrund des Drucks der Straße einen sogenannten Freispruch zu bekommen. Sondern einen motivierten Freispruch, weil ich einfach im Recht war.« Bundesweit sorgt der Fall für Aufsehen und sogar der *Spiegel* berichtet: »Jurist Mahler verteidigte sich vor den Standesrichtern gegen die politische Anklage mit politischen Argumenten: ›Auch ein Anwalt bleibt Bürger dieses Staates. Ich hätte es nicht ertragen, zu Ostern zu Hause zu bleiben.‹ Und Mahler-Verteidiger Dr. Josef Augstein: ›Ich folge nicht in allen Punkten der politischen Auffassung meines Mandanten. Aber ob es uns allen passt oder nicht: Er muss das Recht haben, dort mitzumarschieren.‹« Der Antrag der Staatsanwaltschaft wird trotz der Krawalle vor den Türen des Gerichts schließlich abgelehnt, Mahler darf weiterhin als Anwalt tätig sein.

Dieser erklärt sich das aggressive Vorgehen der Demonstranten vor dem Landgericht damit, dass sie »ihren Anwalt verteidigt hätten, der ja in diese Situation gekommen ist, weil er sich voll und ganz mit ihnen identifizierte. Wir waren ja damals in einer vorrevolutionären Phase. Die Stimmung an der Universität wäre für jede Revolution ideal gewesen.« Der Berliner Innensenator habe sogar den Einsatz von scharfen Waffen erwogen: »Neubauer hat das klar angesagt. Die Polizei ist umgerüstet worden. Am Vormittag hatten sie noch Tschakos, diese Papphelme. Nachmittags kamen sie in die zweite Runde mit dicken weißen Helmen, mit Plastikscheiben und Plastikschilden und langen Holzknüppeln. Dahinter stand auch die Androhung des Schusswaffengebrauchs.«

Der »militärische« Sieg der Demonstranten bei der »Schlacht am Tegeler Weg« wird sowohl bei den Sicherheitsbehören als auch in der APO heiß diskutiert. Bei der Polizei, nicht nur in Berlin, führt er zu einer Aufrüstung mit Nahkampfwaffen und Schutzkleidung. Die linke Szene in Berlin spaltet sich in der Gewaltfrage. SDS-Vertreter Christian Semler etwa erklärt, »dass dieser Apparat nur militant bekämpft werden kann«. Andere wollen allenfalls »Gewalt gegen Sachen« tolerieren. Die übergroße Mehrheit jedoch will mit Gewaltanwendung gar nichts zu tun haben. Der APO fehlt der integrierende Rudi Dutschke, der nach dem Attentat zur Genesung in der Schweiz weilt. Sie zerfällt langsam an politischen und strategischen Fragen, eben auch an den nicht zu vereinbarenden Einstellungen zur Gewaltfrage.

In dieser Diskussion über den Einsatz von Gewalt spielt auch die große Demonstration gegen die Notstandsgesetze in Bonn am 11. Mai 1968 eine entscheidende Rolle, die Rudi Dutschke bis zum Attentat mit vorbereitet hatte. Gut 60 000 Teilnehmer finden sich in der damaligen Bundeshauptstadt am Rhein ein, sie bieten ein eindrucksvolles Bild. Im Unterschied zu den gewalttätigen Osterunruhen vier Wochen zuvor ist der Sternmarsch in Bonn durchgehend friedlich.

Der Schriftsteller Heinrich Böll ist einer der Redner bei der Kundgebung: »Als Person aufgrund meiner Erfahrungen mit verschiedenen Notständen der deutschen Geschichte bin ich der Überzeugung, dass Notstände – was hier bedeutet: Krieg oder Bürgerkrieg – durch Gesetze nicht zu regeln sind. Das Bösartige an dieser Gesetzesvorlage ist außerdem, dass ihre letzte Fassung bis vor wenigen Tagen fast geheimgehalten, dass die Öffentlichkeit fast gar nicht informiert wurde. Das Gesetz erscheint den meisten Bürgern dieses Staates als eine Art Verkehrsregelung bei Naturkatastrophen, während es in Wahrheit fast alle Vollmachten für eine fast totale Mobilmachung enthält.«

Ungeachtet solch starker Proteste und der politisch aufgeheizten Stimmung nach dem Dutschke-Attentat und den Osterunruhen verabschiedet die Koalitionsmehrheit die neuen Gesetze am 30. Mai 1968 im Deutschen Bundestag. 49 Abgeordnete der FDP sowie 53 der SPD votieren dagegen, doch ihre Stimmen reichen nicht aus, um die Grundgesetzänderung zu verhindern. Es sei bei der Abstimmung auch um den Bestand der Großen Koalition und der Beteiligung der SPD an der Regierung gegangen, berichtet anschließend der *Spiegel*: »Es war schließlich der ohne Ministeramt gebliebene Helmut Schmidt, der die Genossen mit einem harten Argument weich machte: Eine Ablehnung der Notstandsvorlage durch die SPD würde den Bruch der Koalition bedeuten; darauf aber spekuliere die CDU/CSU gerade, um den Sozialdemokraten wieder einmal Versagen in nationalen Fragen anhängen zu können. Schmidts Fazit: ›Wir können uns ein Nein nicht leisten.‹ ... Dem Koalitionsfrieden zuliebe wichen die Genossen damit sogar von den Notstandsbeschlüssen ihres Nürnberger Parteitags ab – so im Fall des inneren Notstands, den sie dort als ›bereits heute im Grundgesetz ausreichend geregelt‹ bezeichnet hatten. Während sich in der Notstands-Klausur der SPD-Fraktion im Januar noch 80 Prozent gegen jeglichen Einsatz der Bundeswehr im Landesinnern entschieden hatten, verharrten am Dienstag letzter Woche nur noch 53 Genossen bei dieser Meinung, also gerade noch ein Viertel der Fraktion.« Die APO fühlt sich wieder einmal von der SPD verraten.

Es ist eine herbe, wenn auch absehbare Niederlage der Studentenbewegung und der APO, die bei vielen Anhängern zu einer großen Enttäuschung, bei anderen aber zur weiteren Radikalisierung führt. Letztere sehen sich in ihrer Analyse bestätigt, dass die herrschende reaktionäre Elite, gesteuert vom Kapital, ihre Macht festigt und die Bundesrepublik auf den Weg in einen faschistischen Staat führt. Dazu verabschiede sie gegen den Willen des Volkes die Notstandsgesetze, die ihr formal das legale Weiterregieren auch im Falle einer sozialistischen Revolution ermöglichen soll, die die Linke herbeisehnt und für die sie sich engagiert.

Trotz des Misserfolgs bei der Verhinderung der Gesetze erreichen der inner- und außerparlamentarische Protest allerdings, dass das Recht auf Verfassungsbeschwerde im deutschen Grundgesetz verankert wird und dass dort auch ein Widerstandsrecht aufgenommen wird. Seitdem lautet Artikel 20, Absatz 4, des Grundgesetzes: »Gegen jeden, der es unternimmt, diese Ordnung zu beseitigen, haben alle Deutschen das Recht zum Widerstand, wenn andere Abhilfe nicht möglich ist.«

Weitsichtig rät damals die *Zeit* zu Gelassenheit: »Mit der Verabschiedung der Gesetze ist die Demokratie gewiss nicht aus den Angeln gehoben. Manche Gegner der Gesetze werden überrascht sein, wenn in Zukunft das geschieht, womit sie am wenigsten gerechnet haben: nämlich nichts. Sehr beruhigend ist dieser Trost freilich nicht, denn die eigentliche Gefahr besteht darin, dass die Parteien jene Grundstimmung des radikalen Misstrauens gegen die etablierten politischen Institutionen, die in der Notstandsdiskussion ihr Vehikel fand, nun für erledigt ansehen. Die Entfremdung der Parteien von der Bevölkerung jedoch ist der eigentliche Notstand der Demokratie. Solange dieser Notstand nicht beseitigt ist, wird auch der Argwohn gegenüber den Gesetzen nicht verschwinden.«

Tatsächlich sind die Notstandsregelungen seit den Beschlüssen des Bundestags bis heute nicht angewandt worden, selbst dann nicht, als sich die Regierung 1977 mit dem »Deutschen Herbst« in ihrer größten innenpolitischen Krise befindet. Heute distanziert sich Otto Schily von seinem damaligen Protest und betrachtet ihn als ungerechtfertigt: »Ich habe zum Beispiel mit Rudi Dutschke gegen die sogenannten Notstandsgesetze demonstriert. Wir waren der Meinung – aus der damaligen sehr verengten Sicht –, das sei der Untergang der Demokratie. Aus der Rückschau sehe ich das sehr selbstkritisch. Wir waren auf dem Holzweg. Die Notstandsverfassung hat nicht im Geringsten die Auswirkungen auf unsere Staatsordnung gehabt, die wir damals befürchtet hatten.«

Den Studenten bereiten die 18 Monate von Mitte 1967 bis Ende 1968 ein Auf und Ab an Erfolgen und Ohnmachtserfahrungen: Benno Ohnesorg wird am 2. Juni 1967 erschossen. Der beamtete Täter Karl-Heinz Kurras wird im November in erster Instanz freigesprochen. Fritz Teufel hingegen, der am 2. Juni lediglich einen Stein geworfen haben soll, wird deswegen für ein halbes Jahr in U-Haft gehalten (auch er erhält schließlich einen Freispruch). Weihnachten 1967 empört sich Rudi Dutschke im Gottesdienst in der Kaiser-Wilhelm-Gedächtniskirche über die Gleichgültigkeit vieler Deutscher angesichts des Massensterbens in Vietnam. Ein Rentner, der ihn mit einem Regenschirm blutig schlägt, muss wegen Körperverletzung 200 D-Mark Strafe zahlen. Beate Klarsfeld wird für ihre Ohrfeige, die etwa ein Jahr später Bundeskanzler Kiesinger trifft, in erster Instanz zu zwölf Monaten Gefängnis ohne Bewährung verurteilt. Dem Feldzug der Springer-Medien stellen die Studenten und die APO ihre eigene Kampagne »Enteignet Springer« gegenüber, die aber oberflächlich bleibt und ihr Ziel nicht erreicht. Der Mordversuch an Rudi Dutschke führt zu den Osterunruhen, mit zahlreichen Festnahmen und Verletzten. Die Schäden an Springers Verlagshaus, an seinen Fahrzeugen und am Verkaufserlös werden einem einzelnen Demonstranten angelastet, Horst Mahler. Er muss sie teilweise tragen und leidet unter den finanziellen Folgen. Die Erzwingung des Auftritts von Axel Springer vor Gericht und dessen Distanzierung von einzelnen Schlagzeilen feiern die Studenten als moralischen Erfolg. Die publizistische Kampagne seiner Zeitungen gegen die APO und die Studenten geht jedoch weiter. Es gelingt der APO, starke öffentliche Proteste und große friedliche Demonstrationen gegen die Notstandsgesetze zu organisieren. Diese werden jedoch seitens des Parlaments ignoriert. Bei der gewaltsamen »Schlacht am Tegeler Weg« gelingt es Studenten gemeinsam mit anderen jungen Leuten erstmals, der Polizei eine Niederlage beizubringen. Sie stellen fest: Auch der Staat ist nicht allmächtig. Die nahe liegende Schlussfolgerung einiger junger Leute daraus ist, dass friedlicher Protest ohnmächtig bleibt. Gewalttätiger Aufruhr hingegen bringe nicht nur breite Publizität in allen Medien, sondern – wenn er nur militant genug ist – auch den Rückzug des Staates.

Der durch Presse und Fernsehen bereits bundesweit bekannte Horst Mahler ist zu diesem Zeitpunkt unangefochtene Führungsperson unter den Berliner APO-Juristen. Hans-Christian Ströbele absolviert sein Referendariat bei ihm. Über seine »Lehrjahre« sagt er: »Er war für mich der bekannte Rechtsvertreter, APO-Anwalt ist der richtige Ausdruck, der Außerparlamentarischen Opposition. Er war damals schon häufig in den Medien, wurde stark angegriffen von vielen. Ich habe ihn dann sehr bald auch als Juristen, als Anwalt kennengelernt und festgestellt, dass er ein exzellenter Jurist ist, ein ganz toller Strafverteidiger. Ich habe von ihm im Lauf der Zeit sehr viel gelernt, obwohl es selten Verfahren gab, bei denen wir gemeinsam aufgetreten sind.«

Der aufstrebende Otto Schily rückt langsam in die erste Reihe vor – insbesondere als derjenige Anwalt, der die Verteidigung übernimmt, wenn der berühmte Horst Mahler selbst auf der Anklagebank sitzt. Letzterer wird bei einem Streitgespräch über seine Haltung zur Gewalt in Widersprüche verwickelt. Er gibt sich verbal gern radikal, handelt aber immer noch im Rahmen der Legalität. Er ist als Anwalt und »Organ der Rechtspflege« ein Teil des verhassten Systems. Er spürt die versteckte Kritik, eigentlich ein Feigling zu sein – dieser Vorwurf trifft in seinem Innersten auf eine offene Wunde. Aber er hatte in der schlagenden Verbindung Thuringia auch schon Erfahrungen mit Waffen gemacht. Er weiß, dass er seine Angst überwinden kann. An die Gewalt-Diskussion, die er 1969 nach zwei Brandanschlägen mit den Tätern führt, erinnert er sich gut: »Die mich schlechthin entwaffnende Antwort lautete: ›Ja, wenn du so genau Bescheid weißt über den richtigen Einsatz von Gewalt, warum machst du's dann nicht?‹ Das war der Moment, da ich an konkrete Vorbereitungen gegangen bin und Leute gesammelt habe. Ich bin mit dieser Geschichte überhaupt nie ins Reine gekommen. Eine traumatische Geschichte, aber wir haben uns darauf eingelassen.« Horst Mahler hatte sich bereits zuvor illegal bewaffnet, zum Selbstschutz, doch kannte er die tatsächliche Herkunft der Pistole damals noch nicht: »Das erste Erlebnis war, dass die von allein losgegangen ist. So etwas passiert. Wenn man diesen Kampf als Teil einer weltrevolutionären Entwicklung, als Notwendigkeit sieht, muss man alles tun, was dazu gehört. Das war der Weg zur Waffe. Wobei das Kuriose ist: Die erste Waffe kam aus den Arsenalen des Verfassungsschutzes, die wurde mir von Peter Urban zugespielt nach dem Attentat auf Rudi Dutschke.«

Auch Hans-Christian Ströbele macht sich Gedanken über die Gewaltfrage: »Ich verhehle nicht, dass ich die revolutionäre Veränderung Ende der 60er-Jahre für notwendig und machbar gehalten habe.« Zwar lehnt der junge Jurist letztlich Militanz als Mittel zur politischen Veränderung ab, kann aber nachvollziehen, dass angesichts von Gewalterfahrungen manche Genossen zu anderen Schlüssen kommen: »Das und viele andere Gewalterfahrungen in den Monaten und Jahren danach haben mit dazu beigetragen, dass sich auf der anderen Seite Teile der Außerparlamentarischen Opposition radikalisiert haben: ›Also einfach nur auf die Straße gehen und sich einen blutigen Kopf holen oder von Wasserwerfern getroffen und umgeworfen zu werden, das kann es nicht sein. Sondern wir müssen uns dagegen wehren. Wir müssen organisieren, dass wir trotzdem weiter auf der Straße bleiben und uns durchsetzen können.‹ Das waren die Vorläufer der späteren Militantenbewegungen, die aus der Außerparlamentarischen Opposition entstanden sind.«

Für Otto Schily, der sich in seinen Prozessen stets aggressiv für die Interessen seiner Mandanten einsetzt, stellt sich persönlich die Gewaltfrage nie. Stets bleibt er distanziert von seinen Klienten – im Unterschied zu manchem Kollegen. Er erklärt: »Schon bei einem Versuch von Mandanten, mich auf Terrorlinie zu erpressen, würde ich das Mandat niederlegen.« Schily lehnt politische Gewalt Zeit seines Lebens ab und gesteht dem Staat das Gewaltmonopol zu – streng innerhalb rechtsstaatlicher Normen. Die sieht er zeitweise deutlich überschritten.

Schily ist im Interesse seiner Mandanten allerdings bemüht, einen politischen Charakter von Gewalt nicht nur als Ausdruck, sondern auch als Motiv für Straftaten vorzutragen. In einem Plädoyer für Horst Mahler stellt er im Februar 1973 vor Gericht angesichts des Vietnamkriegs die rhetorische Frage: »Was aber, wenn die Verhältnisse, die mit reaktionärer Gewalt aufrechterhalten werden sollen, ungerecht sind? Kann dann revolutionäre Gewalt, die die ungerechten Verhältnisse ändern will, selber ungerecht sein?« Grundsätzlich ist seine Haltung als Strafverteidiger: »Es ist selbstverständlich, dass es das Ziel der Verteidiger ist, für seinen Mandanten das Optimale herauszuholen – sei es ein mildes Urteil oder einen Freispruch. Aber das kann nicht um jeden Preis geschehen, nicht um den Preis der politischen Identität der Angeklagten.«

Kapitel 4

# Untergrund

Im deutschen Wirtschaftswunderland der 60er-Jahre steht nach Auffassung vieler kritischer linker Studenten und APO-Anhänger der Konsum über allem. Er ist den Menschen wichtiger als die Veränderung ungerechter Strukturen, als politisches Engagement und als eine ehrliche Aufarbeitung der Nazizeit. Konsum wird von der Linken wahrgenommen als Narkosemittel der herrschenden Klasse, aufgrund dessen das Proletariat nicht gegen seine kapitalistische Ausbeutung revoltiert. Das Establishment halte die Massen durch »Konsumterror« still, so die Analyse.

Antiautoritäre Aktivisten schließen sich gegen das sogenannte Establishment zusammen. Unter dem Motto »Das Private ist politisch« gründen am 1. Januar 1967 einige linksgerichtete junge Leute, die gegen bürgerliche Konventionen und die Institution Kleinfamilie protestieren wollen, in Berlin die Wohngemeinschaft Kommune I. Die bekanntesten Namen sind Dieter Kunzelmann, Fritz Teufel und Ulrich Enzensberger. Später kommen Rainer Langhans und dann auch das Model Uschi Obermaier hinzu. Mit spektakulären und provokanten Aktionen bringen sie sich in die Schlagzeilen. So werden sie im April 1967 wegen einer angeblichen Attentatsplanung auf den US-Vizepräsidenten Hubert H. Humphrey festgenommen. *Bild* hierzu: »Die ersten Untersuchungen der sichergestellten Chemikalien durch die Kriminaltechnische Untersuchungsanstalt hat ergeben: In einem bestimmten Mischungsverhältnis kann man aus diesen Chemikalien hochexplosiven Sprengstoff herstellen.« Weil die Festgenommenen zunächst die Aussage verweigern, titelt Springers B.Z.: »Verschwörer schalten auf stur«. Die »unbekannten Chemikalien«, mit denen sie Humphrey attackieren wollten, stellen sich allerdings als Mehl, Puddingpulver und Rauchkerzen heraus. Die Kommune I, die mit dem sogenannten Pudding-Attentat gegen den Vietnamkrieg protestieren will, macht damit vor aller Welt die Berliner Polizei lächerlich – sogar New Yorker Zeitungen berichten.

Die Kommunarden inszenieren sich als Bürgerschreck. Ihnen fallen immer neue medienwirksame antibürgerliche Provokationen ein, die auch ihr Zusammenwohnen betreffen, etwa das Aushängen der Toilettentüren oder sexuelle Freizügigkeiten. Bei der Beerdigung des ehemaligen Reichstagspräsidenten Paul Löbe tragen sie einen zweiten Sarg heran und veranstalten auf dem Friedhof ein Happening. Mit dabei: Gudrun Ensslin und Andreas Baader. Die konservativen bürgerlichen Medien – allen voran die des Springer-Verlags – reagieren auf die Gruppe reflexartig mit scharfen publizistischen Attacken.

Belgische Antivietnamkriegsaktivisten zünden in Brüssel am 22. Mai 1967 ein Kaufhaus an, das eine USA-Woche vorbereitet. Bei dem Brand kommen mehr als 300 Menschen ums Leben. Auf Flugblättern wollen auch die Kommunarden Fritz Teufel und Rainer Langhans gegen die Abgestumpftheit vieler Bürger angesichts des Vietnamkriegs und des Napalm-Bombardements protestieren. Zwei Tage später greifen Teufel und Langhans in mehreren Flugblättern den Brüsseler Brand auf. Darin bringen sie

Dieter Kunzelmann (2. v. l.), Fritz Teufel (3. v. r.) und Rainer Langhans (rechts) in der Kommune I beim gemeinschaftlichen Essen (Kaiser-Friedrich-Straße, Berlin, 1968).

ihre Freude an der Zerstörung des Symbols des Kapitalismus und des Konsumterrors zum Ausdruck. Sie ziehen den Vergleich zu Vietnam: »Ein brennendes Kaufhaus mit brennenden Menschen vermittelte zum ersten Mal in einer europäischen Großstadt jenes knisternde Vietnamgefühl (dabeizusein und mitzubrennen), das wir in Berlin bislang noch missen müssen.« Und in einem anderen Flugblatt: »Wann brennen die Berliner Kaufhäuser? ... Unsere belgischen Freunde haben endlich den Dreh heraus, die Bevölkerung am lustigen Treiben in Vietnam wirklich zu beteiligen: sie zünden ein Kaufhaus an, dreihundert saturierte Bürger beenden ihr aufregendes Leben und Brüssel wird Hanoi ... Burn warehouse, Burn!« Sie legen dem Leser nahe, dass man sich in einer Umkleidekabine ja mal »eine Zigarette anzünden« könne.

Die beiden Autoren dieser zynischen Zeilen werden wegen der Aufforderung zur menschengefährdenden Brandstiftung angeklagt. Ihre Verteidigung übernimmt Anwalt Horst Mahler. Zehn Monate später, am 22. März 1968, erreicht er einen Freispruch für Teufel und Langhans. Den Inhalt der Schriften stellt er erfolgreich als Satire dar, die nicht strafbar ist.

Nur wenige Tage nach dem Freispruch, am 2. April, brennen auch in Frankfurt am Main zwei Kaufhäuser. Die Brandstifter kommen aus Berlin, sind regelmäßige Besucher und Freunde der Kommune I und des Republikanischen Clubs. Sie zählen sich zur APO und stehen dem SDS nahe. Sie wollen offenbar den Freispruch von Langhans und Teufel nicht gefährden und warten das Urteil ab, ehe sie zur Tat schreiten. Sie bauen in München mehrere Brandbomben, besuchen Stuttgart und fahren dann zu einer flüchtigen Bekannten nach Frankfurt am Main. Dort platzieren sie die Brandsätze mit einem Zeitzünder in den Kaufhäusern Schneider und Kaufhof. Allerdings sorgen sie dafür, dass sich die Katastrophe von Brüssel nicht wiederholt und Menschen nicht zu Schaden kommen. Sie lassen die Brandsätze kurz vor Mitternacht zünden, als garantiert keine Kundschaft im Haus ist. Durch die Feuer verbrennen Waren von eher geringem Wert, aber das Löschwasser der Sprinkleranlagen und der Feuerwehr richtet einen hohen Sachschaden an. In einem Bekenner-Anruf um Mitternacht bezeichnen sie die Brandstiftungen als »politischen Racheakt«. Auch sie wollen mit der Aktion gegen die Teilnahmslosigkeit protestieren, mit der die Menschen in der Bundesrepublik den Krieg in Vietnam hinnehmen.

So perfekt sie ihre Tat organisatorisch-technisch planen und umsetzen, so dilettantisch gehen die Brandstifter bei ihrer Tarnung vor. Daniel Cohn-Bendit, der französisch-deutsche Protagonist der Studentenbewegung und spätere grüne Europaabgeordnete, sagt Jahre danach, dass er schon in der Brandnacht von den Tätern selbst erfahren habe, dass sie die Kaufhäuser angesteckt hätten. Im Club Voltaire, dem Frankfurter Pendant des Republikanischen Clubs, hätten sie mit der Tat geprahlt.

Keine 24 Stunden nach den Bränden werden Andreas Baader, Gudrun Ensslin, Horst Söhnlein und Thorwald Proll gefasst. Bei ihnen werden nicht benötigte Teile der Zeitzünder und Quittungen über die Materialien der Brandsätze gefunden. Zeugen erkennen sie als Besucher des Kaufhauses Schneider. An ihrer Täterschaft gibt es keinen Zweifel. Baader nimmt sich Horst Mahler als Anwalt, Ensslin entscheidet sich für Otto Schily und den renommierten Strafrechtsprofessor Ernst Heinitz. Auch der linke Anwalt Klaus Eschen und andere übernehmen Verteidigeraufträge.

Mahler hat offenbar zunächst nicht viel Interesse, das Mandat zu übernehmen, aber er lässt sich dazu drängen: »Politisch habe ich das, was diese Gruppe in Frankfurt gemacht hat, als individuellen Terror verurteilt. Aus Lenin'scher Sicht hat der Anschlag die Massenlinie verlassen und konnte deshalb nichts werden. Als Anwalt bin ich aber schlicht und ergreifend vom SDS verdonnert worden, die Verteidigung zu übernehmen. Irgendwie gehörten sie ja dazu und mussten von jemandem verteidigt werden. Von jemandem, der auch dazugehörte, das alles nachvollziehen und auch darstellen kann.«

Von Andreas Baader, den er aus der Berliner Szene schon kennt, hält Mahler nicht besonders viel, lässt sich aber zunehmend von ihm faszinieren: »Er ist für mich eine schwer nachvollziehbare komplexe Persönlichkeit. Viele Seiten, die ich strikt ablehnte, ein Schuss Zynismus, aber dann auch wieder eine Weichheit. Gudrun Ensslin war der politische Typ und er war der Transmissionsrie-

»Es ist mit Sicherheit zu erwarten, dass sie keine Straftaten mehr begehen wird.« Otto Schily und seine Mandantin Gudrun Ensslin im Herbst 1968.

men in die Aktion. Er hat aber die politische Motivation mitgetragen, das Mitgefühl mit unterdrückten und massakrierten Völkern. Er passte überhaupt nicht in das Bild des Sozialrevolutionärs. Er war etwas dandyhaft, hatte einen Sinn für Luxus, für schnelle Autos, für schöne Frauen. Er hat aber auch handwerkliche Fähigkeiten gehabt, wie man die Dinge praktisch anpackt, damit sie auch gelingen. Das war kolossal für die Studenten, die ja von der Theorie kamen. Sie hatten das Problem, ihre Ideen ins Gelingen umzusetzen; er hatte das drauf. Aus dieser Mischung heraus, die eine bestimmte Faszination ausstrahlte, war er auch eine Autorität.« Die 27-jährige Lehrerin und Germanistik-Studentin Ensslin hatte ihren Partner und Vater des gemeinsamen Kindes Felix, den Publizisten und Verleger Bernward Vesper, wegen dem 24-jährigen Gelegenheitsarbeiter und notorischen Verkehrssünder Baader verlassen. Am 2. Juni, der für so viele in Berlin zum Fanal wird, sitzt er allerdings in Bayern im Knast, wegen wiederholten Fahrens ohne Führerschein und anderer Verkehrsdelikte. Gemeinsam verüben beide aber schon am 7. August 1967, einige Wochen nach dem Tod von Benno Ohnesorg, einen symbolischen Rauchbombenanschlag auf die Kaiser-Wilhelm-Gedächtniskirche, ein Wahrzeichen Westberlins.

In der Diskussion über die Gewaltfrage radikalisieren sich beide, wollen sich künftig nicht mehr nur symbolhaft engagieren. Mit den theorielastigen marxistisch-leninistischen Diskussionen der Berliner Studentenschaft hatte Baader noch nie etwas im Sinn. Es geht ihm um rebellische Aktion, um den Beginn einer Revolution. In der von ihm gern besuchten Kommune I war er nur Statist, nun will er die Hauptrolle. Ensslin ist von dem gut aussehenden und charmanten Revolutionär hingerissen. »Die quatschen und ich bring's«, sagt Baader mit geringschätzigem Blick auf die Studenten. Ensslin schwärmt vor ihren Freundinnen über ihn: »Der hat nix geschrieben, der hat alles im Kopf.« Die beiden bilden eine perfekte revolutionäre Symbiose: Er ist der Praktiker, sie steuert die Theorie bei. Er wird künftig den Ton angeben.

Verteidiger Horst Mahler über seinen damaligen Mandanten: »Was ihn in dieser Rolle gemindert hat, war seine Sprachbehinderung. Wenn er in einer Gruppe sprach, war er kaum zu verstehen und dann übersetzte Gudrun Ensslin immer: ›Andreas meint ...‹ Letztendlich wusste man nicht genau, ist das Gudrun, die sich der Autorität von Andreas bedient? Oder ist es wirklich Andreas im Originalton, den sie nur übersetzt? Wenn man dann mit Baader unter vier Augen sprach, war er nicht sprachbehindert. Es muss also ein Hemm-Mechanismus gewesen sein; er konnte sich ganz klar und ruhig ausdrücken und war auch überzeugend. Ich möchte nichts Schlechtes über ihn sagen und er ist sicherlich jemand, an den man mit Liebe zurückdenken sollte.«

Mahler kann die Gruppe der Frankfurter Brandstifter natürlich nicht allein verteidigen. Ströbele, der Baader schon lange kennt (»Ich hatte einen Freund, der wohnte in der Niebuhrstraße, Ecke Schlüterstraße, im obersten Stock. Da bin ich ein- und ausgegangen, und der Hauptmieter dieser Wohnung hieß Andreas Baader. Der bewohnte dort das größte Zimmer, das war eine richtig große Berliner Wohnung. Da habe ich hin und wieder Andreas Baader im Morgenmantel gesehen.«), ist in Berlin nicht abkömmlich und hat auch noch nicht ausreichend Erfahrung für einen solchen Prozess. Mahler gewinnt dann unter anderem Otto Schily dafür, sich ebenfalls an dem Prozess zu beteiligen. Der emanzipiert sich – auch in der Wahrnehmung der Öffentlichkeit und in der linken Szene – zunehmend von dem Staranwalt: »Durch den Ohnesorg-Prozess hatte ich eine gewisse Bekanntheit gewonnen. Auch Horst Mahler habe ich in mehreren Gerichtsverfahren verteidigt und eine ganze Reihe von Demonstrationsprozessen als Verteidiger wahrgenommen. Insofern galt ich als Verteidiger, der etwas kann. Dann kam dieses Mandat über Horst Mahler auf mich zu. Er hatte das Mandat für Herrn Baader in dem Kaufhausbrandstifter-Prozess. Ich habe dann das Mandat für Frau Ensslin übernommen, zusammen mit Professor Heinitz. Natürlich war das ein interessanter Prozess in Frankfurt, der damals großes Aufsehen erregte.« Schily beruft sich noch heute auf seine anwaltliche Verschwiegenheitspflicht, wenn er die Pfarrerstochter Gudrun Ensslin einschätzen soll. Er lässt sich nur Allgemeines entlocken: »Ensslin kam aus einem rigorosen protestantischen Elternhaus. Ihren Vater habe ich noch kennengelernt: sehr sympathischer Mann, ein schwäbischer Pietist. Sie war eine hochintelligente Frau, die sich anfangs für Willy Brandt engagiert hat. Weder Ensslin noch Meinhof sind ja als Terroristen geboren worden. Daher muss man sich fragen: Wie kommt es, dass Menschen, die ursprünglich überzeugte Pazifisten waren, einen solchen Weg einschlagen? Das ist ja der äußerste Grad von Entfremdung von einer Gesellschaft.«

Der Brandstifter-Prozess verläuft chaotisch und entgegen allen Konventionen, die üblicherweise vor Gericht gelten, ganz wie es die Verteidiger und andere Angeklagte in Berlin bereits vorgemacht hatten. Schon die Befragungen zur Person enden mit Ordnungsstrafen, weil die Angeklagten versuchen, daraus eine Posse zu machen. Auch stehen sie nicht auf, als das Gericht es verlangt, Rechtsanwalt Mahler weigert sich ebenfalls. Er erinnert sich heute noch an eine Voraussage: »Gudrun Ensslin prophezeite mir beim Prozess, dass ich auch einmal die Robe ausziehen und mit der Maschinenpistole in der Hand argumentieren würde.« Er weigert sich bereits in der Verhandlung, seine Robe zu tragen, und will damit seine Solidarität ausdrücken. Er erklärt dem Richter: »Ich meine, dass die Robe ein antiquiertes Requisit ist. Die Robe hat mit der Wahrheits- und der Rechtsfindung nichts zu tun.« Die Strafprozessordnung sieht keine Ordnungsstrafen gegen Anwälte vor, der Vorsitzende Richter kann ihn nicht zwingen, meldet ihn aber bei der Anwaltskammer in Berlin. Otto Schily macht solche Mätzchen nicht mit. Er kleidet sich korrekt mit Robe, weißem Hemd und weißer Krawatte. Aber er ist mit Mahler auch nicht unsolidarisch, fällt ihm nicht in den Rücken.

Auf Anraten von Verteidiger Heinitz legen die Angeklagten nach einigen Verhandlungstagen Teilgeständnisse ab, um die kommenden Strafen zu mildern. Ensslin erklärt dem Gericht dabei die politischen Motive der Gruppe: »Protest gegen den Krieg in Vietnam nur mit Worten: Das bedeutet nichts. Wir haben gelernt, dass Reden ohne Handeln Unrecht ist. Ich interessiere

**»Kann ich bitte Feuer haben?« Die Angeklagten im Frankfurter Brandstifter-Prozess Gudrun Ensslin, Andreas Baader, Horst Söhnlein und Thorwald Proll (mit Zigarre) bei der Urteilsverkündung am 31. Oktober 1968.**

mich nicht für ein paar verbrannte Schaumstoffmatratzen. Ich rede von verbrannten Kindern in Vietnam!« Baader weist darauf hin, dass es nur um Gewalt gegen Sachen ging und dass keine Menschen zu Schaden gekommen seien.

Mahler lässt zur Verteidigung mehrere politische Schriften im Saal verlesen, darunter Auszüge aus *Das Vietnam-Tribunal oder Amerika vor Gericht* von Bertrand Russel und Jean-Paul Sartre, die Protokolle des sogenannten Russel-Tribunals, das kurz zuvor die Kriegsverbrechen der USA in Vietnam untersucht hatte. Baader verweist auch auf Herbert Marcuses Veröffentlichung *Repressive Toleranz*, die ein Naturrecht auf Widerstand begründet, das der Angeklagte für sich in Anspruch nimmt.

Nach sechs Verhandlungstagen fordert der Staatsanwalt sechs Jahre Gefängnis für jeden der Angeklagten. Die Verteidiger hingegen plädieren auf Freispruch. Otto Schily identifiziert sich mit dieser Forderung total. Er ist so bewegt, dass ihm die Stimme versagt und er weinen muss. »Er hat dargestellt, aus welchen Motiven heraus Gudrun Ensslin diesen Weg gegangen ist, und er war sehr betroffen von dieser Politik gegen das vietnamesische Volk. Es hat ihn innerlich so aufgewühlt, dass er während des Plädoyers in Tränen ausbrach. Das erlebt man nicht häufig. Es war ein ganz anderer Schily: offen, ein weiches Gesicht, auch in der Argumentation, den anderen Standpunkt einbeziehend und dann in fairer Weise darstellend und widerlegend«, erinnert Horst Mahler sich an die Situation. Er selbst plädiert an diesem Tag: »Das Zuchthaus ist nicht der richtige Aufenthalt für diese Angeklagten. Wenn sie trotzdem ins Zuchthaus geschickt werden, so könnte man die Schlussfolgerung ziehen, dass in dieser Gesellschaft das Zuchthaus der einzige Aufenthaltsort für anständige Menschen sei.« Würden die Richter Verständnis für die Motive der Angeklagten zeigen, »hätten auch sie längst die Robe ausgezogen«.

Das Urteil der 4. Großen Strafkammer des Landgerichts Frankfurt am Main lautet auf drei Jahre Gefängnis. Es wird am 31. Oktober 1968 in einer Sitzung voller Tumulte verkündet. Daniel Cohn-Bendit fordert, die Angeklagten vor ein Studentengericht zu stellen. Er fliegt aus dem Saal und muss drei Tage Ordnungshaft verbüßen. Zuschauer werfen Rauchbomben, die Angeklagten springen über Tische und laufen im Zickzack durch den Saal. Das Gericht wird geräumt, die Sitzung unterbrochen. Die Reaktionen in der Öffentlichkeit auf das Urteil zeugen – zumindest bei der liberalen Presse – von deutlicher Kritik an der Justiz. Die *Zeit* empört sich, dass der Staatsanwalt »die Stirn hatte, für ein paar verkohlte Sachen 24 Jahre Zuchthaus zu fordern«. Der *Spiegel* schreibt: »So bat der Berliner Strafrechtler Professor Heinitz, der Gudrun Ensslin in Frankfurt neben anderen verteidigte, der Angeklagten Überzeugung und Gewissen zuzugestehen. Das Gericht folgte ihm nicht, obwohl auch der psychiatrische Sachverständige Gudrun Ensslin ›altruistische Motive‹ zugebilligt hatte. Lediglich ›ideelle Motive‹ räumten die Richter ein – die aber seien nicht geeignet, ›den Bürger zu überzeugen‹. Das Gericht, das nach dem Ergebnis der Beweisaufnahme durchaus nach Paragraf 308 auf ›einfache Brandstiftung‹ und ein geringeres Strafmaß hätte erkennen können, entschloss sich, den Paragrafen 306 zu handhaben, und verurteilte wegen ›versuchter menschengefährdender Brandstiftung‹.«

Angesichts der harten Strafen legen die Anwälte Revision beim Bundesgerichtshof ein. Wegen »Fluchtgefahr« bleiben die vier Angeklagten jedoch in Untersuchungshaft. Erst 14 Monate nach der Verhaftung, am 13. Juni 1969, wird auf Antrag der Verteidiger der Haftbefehl aufgehoben. Das Oberlandesgericht Frankfurt am Main sieht die Fluchtgefahr nicht mehr begründet. Immerhin haben sie von der – noch nicht rechtskräftigen – Haftstrafe bereits mehr als ein Drittel in Untersuchungshaft abgesessen. Da nach »herkömmlicher Praxis« den meisten Gefangenen das letzte Drittel ohnehin erlassen würde, bliebe nur noch eine Reststrafe von weniger als einem Jahr. Alle vier werden entlassen, Ensslin und Baader kümmern sich in den folgenden Monaten in einem Sozialprojekt um Frankfurter Jugendliche, die unter schrecklichen Bedingungen in Kinderheimen leben.

Die Stimmung in der linken Szene heizt sich zunehmend auf. Hans-Christian Ströbele berichtet aus der Zeit: »Ende des Jahres 1969, Anfang 1970 war die Außerparlamentarische Opposition in einer Situation, wo sie sagte: ›Nützt das eigentlich noch was, dass wir jetzt schon seit Jahren demonstrieren? Beispielsweise gegen den Vietnamkrieg, und nichts ändert sich? Es wird kaum noch wahrgenommen, das bringt doch nichts!‹ Es gab dann die Gewalt-Diskussion: ›Können und dürfen und müssen wir Gewalt anwenden?‹ In allen Kreisen ist die Diskussion geführt worden. Einige haben heimlich Gewaltmaßnahmen gegen Gerichtsgebäude, gegen Polizei, gegen das Springer-Haus und Ähnliches durchgeführt. Die RAF ist dann entstanden aus Überlegungen heraus: ›Das kann man nicht nur spontan machen, sondern das muss man systematisch organisieren.‹ Ich hatte Verständnis dafür, dass man sich über die ständige Eskalation in Vietnam erregte, dass man danach suchte, etwas dagegen zu unternehmen.«

Ein halbes Jahr nach der ersten Instanz, im November 1969, lehnt der Bundesgerichtshof entgegen Horst Mahlers Optimismus eine Revision des Verfahrens ab. Das Urteil über drei Jahre Haft wird rechtsgültig. Baader, Ensslin und Thorwald Proll tauchen unter und flüchten nach Paris. Dort herrscht revolutionäre Stimmung, im Vorjahr hatten sich Arbeiter mit Studenten solidarisiert und sich gemeinsam Straßenschlachten mit der Polizei geliefert; die Barrikaden brannten. An der Seine leben die drei Flüchtigen in der Wohnung des inhaftierten Franzosen Regis Debrays, ein Kampfgefährte Che Guevaras.

Horst Söhnlein hingegen tritt seine Strafe an, er wird danach strafrechtlich nicht wieder in Erscheinung treten. Mahler und Schily verfassen für ihre Mandanten Gnadengesuche an den hessischen Justizminister. Schily fordert ihn auf, er solle für Gudrun Ensslin »die Zuchthausstrafe von 3 Jahren bedingt erlassen«. Er formuliert: »Gudrun Ensslin ist Überzeugungs-, ja Gewissenstäterin.« Sie habe die Sinnlosigkeit der Tat erkannt, und er prognostiziert: »Es ist mit Sicherheit zu erwarten, dass sie keine Straftaten mehr begehen wird.« Im Februar 1970 lehnt das hessische Justizministerium das Gnadengesuch ab.

Da hat sich die Gruppe bereits gespalten. Thorwald Proll setzt sich nach England ab, er wird sich ein Jahr später freiwillig stellen und dann unter Anrechnung der Untersuchungshaft frühzeitig entlassen, nach weiteren elf von ursprünglich 36 Monaten Haftstrafe. Seine jüngere Schwester Astrid, die in Paris zu Baader und Ensslin stößt, fährt mit den beiden nach Rom. Für alle drei ist dies mehr ein Ferienausflug in die Illegalität als eine Flucht. Sie treffen sich mit bekannten Schriftstellern wie Peter O. Chotjewitz und Luise Rinser, der späteren Bundespräsidentschafts-Kandidatin. Diese schreibt an Ensslins Vater: »Gudrun hat in mir eine Freundin fürs Leben gefunden.« Chotjewitz wird später einer der Wahlverteidiger von Andreas Baader werden und für ihn seine bereits beendete Juristenkarriere wieder aufleben lassen.

Während ihrer Haft und des Aufenthalts in Paris und Rom hat sich die Stimmung in der deutschen APO und der Studentenbewegung erheblich verdüstert. Als in Frankfurt am Main die Kaufhäuser brennen, riecht es noch überall nach Revolution. Doch eineinhalb Jahre später ist die Stimmung gekippt. Viele der ungeduldigen Studenten haben die Niederlagen nicht einfach so weggesteckt. Ihre Ideen und Visionen sehen sie von der SPD in der sozial-liberalen Koalition verwässert. »Mehr Demokratie wagen« verspricht der neue Kanzler Willy Brandt, lässt in den Augen der ungeduldigen jungen Leute aber zu zögerlich Taten folgen. Viele sind vom anhaltenden Krieg in Vietnam, von den Notstandsgesetzen, dem permanenten Dauerfeuer der konservativen Presse und den mangelnden gesellschaftlichen Veränderungen frustriert und demoralisiert.

Hans-Christian Ströbele zur damaligen Stimmung: »Grundsätzlich sah sich die APO im Herbst 1969 am Ende der Möglichkeiten, mit Demonstrationen noch viel zu erreichen. Im Studentenbund SDS wurde diskutiert, ob Gewalt angewendet werden dürfe und müsse. Einige gingen in den Untergrund. Andere gründeten marxistisch-leninistisch-maoistische Gruppen und wieder andere traten den ›Marsch durch die Institutionen‹ an. Aber es gab auch – was oft vergessen wird – die undogmatische Linke.«

Etliche der Studenten beenden inzwischen ihr Studium und machen sich – durchaus kleinbürgerliche – Gedanken über Karriere und persönliche Lebensplanung. Sie wollen den von Rudi Dutschke bereits 1967 propagierten »langen Marsch durch die Institutionen« gehen. Dahinter steht die Strategie, die Gesellschaft von innen heraus zu verändern. Sie wollen zentrale Machtpositionen in Politik und Gesellschaft erlangen. Andere politische Richtungen sollen zunehmend »mundtot« gemacht werden, indem man die »politische Deutungshoheit« übernimmt. Eine öffentliche Diskussion um eine Amnestie für Demonstrationsdelikte spaltet zudem die Szene. Viele Studenten, die leichtfertig und unüberlegt Rechtsbrüche begingen, sind nun über die harten Konsequenzen erschrocken. Viele, die verurteilt sind oder denen eine Verurteilung droht, sind froh über diese Initiative des sozialdemokratischen Bundesjustizministers Gerhard Jahn. Sie sind erleichtert, dass die Regierung ihnen die Strafe und daraus resultierende Konsequenzen, wie einen Eintrag ins Führungszeugnis, erlässt. Oftmals versöhnen sie sich mit dem Staat und der regierenden SPD.

Horst Mahler reist im Dezember 1969 zu seinen Mandanten in die italienische Hauptstadt. Er bringt ihnen als Weihnachtsgeschenk Geld mit, das er von unbekannten »vermögenden Kulturschaffenden in München« erhalten hat. Und er bringt einen Plan mit. In der Berliner Gewalt-Diskussion hat auch er sich radikalisiert. Er möchte die zusehends zerfallende und zerstrittene APO durch militante und spektakuläre Aktionen radikalisieren, schwankende Genossen zu revolutionärer Aktion ermutigen und durch die zu erwartenden repressiven Polizei-Aktionen neue Solidarität in der Szene erzeugen: »Lenin war für mich eine große und wichtige Leitfigur. Da spielt das Moment der gewaltsamen Erhebung eine ganz bestimmte Rolle. Von daher gesehen war ich durchaus nicht der Gewalt abgeneigt. In der Politik sind das Situationen, wo es ohne Gewalt nicht geht, wenn man frei sein will. Persönlich mit einer Waffe umzugehen, ist immer mein Problem gewesen. Obwohl ich mich als Krieger begreife, aber mehr als Krieger in Gedanken. Widerspruch, wenn es notwendig ist. Das zu sagen, was ich für die Wahrheit halte«, skizziert Mahler sein Verhältnis zu Gewalt.

Er kommt nach Rom, um die flüchtigen Kaufhausbrandstifter zu überzeugen, in Berlin im Untergrund aktiv zu werden. Gudrun Ensslin freut sich, dass sich ihre Prophezeiung aus dem Prozess erfüllt. Denn Mahler hat sich entschlossen, »selbst eine bewaffnete Gruppe aufzubauen«. Mahler will in Westberlin und der Bundesrepublik das Konzept der Stadtguerilla nach dem Vorbild der lateinamerikanischen Tupamaros umsetzen. Aus Rom fährt Mahler freudig mit der Verabredung nach Hause, die heimliche Rückkehr von Ensslin, Baader und Proll logistisch vorzubereiten.

Dabei ist er nicht der Erste, der den Untergrundkampf in Südamerika auf europäische Verhältnisse übertragen will. Dieter Kunzelmann aus der Kommune I und Georg von Rauch aus der befreundeten »Wielandkommune« setzen diese Idee bereits mit einer kleinen Gruppe um. Sie nennen diese »Tupamaros West-Berlin« und versuchen unter anderem einen Anschlag auf das jüdische Gemeindehaus, der nur wegen technischer Probleme scheitert. Eine Brandbombe sollte ausgerechnet am 9. November 1969 bei der Gedenkfeier zur Reichspogromnacht zünden, sie hätte vermutlich zahlreiche der 300 Gäste verletzt oder getötet.

Der Anarchist Dieter Kunzelmann im Oktober 1971 mit seinem Anwalt Hans-Christian Ströbele.

Die Bombe hatte einige Zeit zuvor Peter Urbach vom Berliner Landesamt für Verfassungsschutz besorgt. Andere Anschläge des Zirkels gelingen. Er ist eine der Vorläufergruppen der »Bewegung 2. Juni«. Damaliger Hauptmieter der »Wielandkommune« ist Rechtsanwalt Otto Schily, der dort allerdings nicht wohnt. Nach Auskunft von Nachbarn soll Schily später sogar Eigentümer der Immobilie an der Wielandstraße geworden sein.

Horst Mahler macht sich Ende 1969 und Anfang 1970 zunächst Gedanken über die ideologische Fundierung, über Strategie und Taktik einer antiimperialistischen europäischen Guerilla-Bewegung. Sicherlich sind seine Überzeugungen bereits weitgehend ausgereift, als er nach Rom kommt, auch wenn er sie erst etwa ein Jahr später, Anfang 1971, im Gefängnis zu Papier bringt und konspirativ zwischen harmlos klingenden Buchdeckeln als *Die neue*

*Straßenverkehrsordnung* veröffentlichen kann. In dieser Schrift mit dem eigentlichen Titel »Über den bewaffneten Kampf in Westeuropa« heißt es schon im ersten Kapitel: »Wo immer der Kapitalismus noch über reale Macht verfügt, wird er sie zur Verlängerung seiner Existenz einsetzen.« Mahler postuliert, »dass der bewaffnete Kampf das höchste Stadium des Klassenkampfes ist«. An einer anderen Stelle: »Durch geeignete Aktionen muss die Guerilla klarstellen, dass sich ihre Angriffe grundsätzlich gegen alle Institutionen des Klassenfeindes, alle Verwaltungsdienststellen und Polizeiposten, gegen die Direktionszentren der Konzerne, aber auch gegen alle Funktionsträger dieser Institutionen, gegen leitende Beamte, Richter, Direktoren usw. richten, dass der Krieg in die Wohnviertel der Herrschenden getragen wird. Der Feind wird so gezwungen, seine Kräfte entlang dieser unsichtbaren Front im wahrsten Sinne des Wortes zu zersplittern.« Mahler greift Vorbehalte in der marxistisch-leninistisch geprägten Gewalt-Diskussion der Linken auf. Er sucht und findet Lenin-Zitate, um Terrorhandlungen zu rechtfertigen: »Der Terror muss mit der Massenbewegung faktisch verschmelzen. Möge diese beginnende Verschmelzung des revolutionären Terrorismus und der Massenbewegung wachsen und erstarken, möge die Masse möglichst bald mit terroristischen Kampfmitteln gewappnet auf den Plan treten!« Mahler kommt zu dem Schluss: »Der revolutionäre Terror richtet sich ausschließlich gegen Exponenten des Ausbeutungssystems und gegen Funktionäre des Unterdrückungsapparates, gegen die zivilen und militärischen Führer und Hauptleute der Konterrevolution.«

Horst Mahler verlässt so seine gutbürgerliche Existenz schrittweise und nur teilweise freiwillig. Er gibt seine etablierte Anwaltskanzlei auf, zu der immer weniger der gut zahlenden Wirtschaftsklienten zählen, und will sich fortan nur noch der

Die von Horst Mahler in der Haft verfasste detaillierte Anleitung zum Guerilla-Kampf in den europäischen Metropolen wurde zur Tarnung unter dem Titel *Die neue Straßenverkehrsordnung* veröffentlicht.

politischen Sache widmen. Ein gutes halbes Jahr vor der Reise nach Rom, am 1. Mai 1969, gründete Mahler gemeinsam mit dem bei ihm inzwischen zum Volljuristen ausgebildeten Hans-Christian Ströbele und dem Anwalt Klaus Eschen, einem Freund aus der Schulzeit und ebenfalls linker Verteidiger im Frankfurter Kaufhausbrandstifter-Prozess, das »Sozialistische Anwaltskollektiv«. Finanziell wird Mahler zudem durch das Springer-Urteil hart getroffen, das 1970 rechtskräftig wird. Er muss über 70 000 D-Mark Schadenersatz an den Konzern leisten. Klaus Eschen wird später Vorsitzender des Republikanischen Anwaltsvereins und bringt es 1992 in Berlin bis zum Verfassungsrichter.

Hans-Christian Ströbele zur Gründungsidee und dem Namen des gemeinsamen Projekts: »Wir waren zu viert: Der spätere

Juraprofessor, damals auch junger Anwalt, Ulrich K. Preuß, Klaus Eschen, Horst Mahler und ich. Ich war jünger, Mahler war gestandener Anwalt, als wir zusammentrafen. Ich habe viele Studenten und andere Angehörige der APO in juristischen Angelegenheiten vertreten, meist in Strafprozessen verteidigt. Wir haben Anfang 1969 das Sozialistische Anwaltskollektiv gegründet. Andere haben ein Fahrradkollektiv gegründet oder Buchladenkollektive oder Kneipenkollektive. Das war damals überhaupt nichts Besonderes, das gab es viel, Dutzende, größere und kleinere. Wir wollten schon etwas der neuen Gesellschaft vorwegnehmen, wo es keine Hierarchien gibt, wo es keine unterschiedlichen Bezahlungen gibt.«

Ströbele ist zu Beginn seiner beruflichen Laufbahn sogar derart vom Sozialismus überzeugt, dass er noch nicht einmal eine Rentenversicherung abschließt. Dies würde später gar nicht nötig sein. »Wir wollten damit zum Ausdruck bringen: Erstens, wir sind Sozialisten, die auf der Seite der Benachteiligten, der Unterdrückten stehen. Das hieß ganz konkret, dass wir niemals einen Hauseigentümer gegen einen Mieter vertreten wollten, dass wir niemals einen Arbeitgeber gegen Arbeitnehmer, Arbeiter oder Angestellte vertreten wollen. Das haben wir dann auch so gehandhabt. Wir sahen uns an der Seite der außerparlamentarischen Bewegung, die wir unterstützen sollten an der Seite der Sozialisten oder auf dem Wege zum Sozialismus. Wenn man Ärger hatte mit der Justiz, Behörden oder mit der Univerwaltung, dann ging man da hin. ›Kollektiv‹ hieß, dass in diesem Büro keiner der Chef sein sollte. Alle wichtigen Entscheidungen wurden im Kollektiv getroffen, also gemeinsam. Dazu traf man sich jeden Mittwochnachmittag in der Küche. Da wurden alle wichtigen Entscheidungen von der Übernahme zweifelhafter Mandanten bis ›Wer putzt wann?‹ diskutiert und beschlossen. Jedenfalls war das die Idealvorstellung.«

Immer wieder vom Berufsverbot bedroht: die linken Anwälte Hans-Christian Ströbele und Klaus Eschen 1970 vor einem Berliner Ehrengericht der Rechtsanwaltskammer.

Ganz so gleichberechtigt, wie Ströbele es heute darstellt, scheint es aber zumindest in der Anfangsphase nicht zu sein, eine zumindest informelle Hierarchie herrscht vor. Führungsfigur Mahler qualifiziert seinen ehemaligen Referendar heute ab. Er sei »praktisch als Juniorpartner« bei ihm »aufgelaufen«, auch Klaus Eschen bezeichnet Mahler für diese Zeit als »Star und Zugpferd unseres Kollektivs«. Horst Mahler zur Philosophie der Gründung: »Die Losung damals war: ›Dem Volke dienen!‹ Wir wollten unsere berufliche Qualifikation voll und ganz in den Dienst des Volkes stellen, das war der Gedanke des Sozialistischen Anwaltskollektivs. Also nicht Anwalt sein, um Geld zu scheffeln, sondern Anwalt als fachlicher Berater für die vom Staat zur Verantwortung gezogenen Revolteure sein. Natürlich auch für Menschen, die in sozialen Auseinandersetzungen besondere Probleme mit der Justiz hatten. Das wollten wir sein und deswegen haben wir uns so genannt. Das war nach dem Vorbild der Anwaltskollektive, die sich damals in der DDR so nannten. Das war eine Provokation und das ist bis zum Bundesverfassungsgericht gegangen, dass man sich so in diesem Land nicht nennen darf.«

Das Sozialistische Anwaltskollektiv bekommt eine wichtige Scharnierfunktion in der außerparlamentarischen und studentischen Protestbewegung. Es hilft den bei zahlreichen Demonstrationen und anderen Aktionen festgenommenen und strafrechtlich verfolgten Studenten in Tausenden Fällen mit einer solidarischen juristischen Beratung und Vertretung. Das Können der Anwälte als Strafverteidiger, das ihnen zähneknirschend selbst Richter und Staatsanwaltschaften zubilligen, mildert zahlreiche Strafen ab, die sonst viel härter ausgefallen wären. Für manche antibürgerlich eingestellten und revolutionär gesinnten jungen Leute bietet es eine wichtige, vielleicht sogar letzte Verbindung in die bürgerliche Welt.

Neben den politischen kommen auch viele zivilrechtliche Fälle hinzu. Die Anwälte und ihre Mitarbeiter arbeiten hart, können von ihrer kaum zahlungskräftigen Klientel aber nicht besonders viel Geld erwarten. Wenn ihre Mandanten Prozesse verlieren, können einige neben der Strafe die Anwaltskosten nicht auch noch zahlen. »Wirtschaftlich lebten wir folglich von der Hand in den Mund, am Monatsanfang meist mit leeren Konten, aber immer schuldenfrei«, erinnert sich Eschen.

Ströbele erinnert sich aber auch an andere Kundschaft: »Horst Mahler hat viele Jahre den Inhaber vom Europa-Center vertreten, der ihm auch treu blieb, als er schon ein viel gescholtener, viel diffamierter APO-Anwalt gewesen ist. Er hat ihm offenbar aufgrund seiner Qualitäten die Treue gehalten und ihn weiter als Anwalt behalten. Und so war das bei vielen anderen. Ich habe sogar einmal jemand aus dem CDU-Wirtschaftsrat in einem Strafprozess verteidigt, der wegen Betrugs oder Untreue angeklagt war. Er und andere waren der Meinung: ›Da sind welche, die nehmen es mit der Staatsgewalt auf. Die geben dem Staatsanwalt Kontra und machen nicht gemeinsame Sache mit der Justiz. Den beauftragen wir!‹ Die waren bereit, dafür auch viel Geld zu bezahlen.«

Der Journalist Stefan Reinecke beschreibt die Funktion der linken Anwälte zusammenfassend so: »Wer ein Kneipenkollektiv gründen wollte und nicht wusste, was eine GmbH ist, wer einen Kinderladen in Übereinstimmung mit den geltenden Verwaltungsvorschriften aufmachen wollte, ging in Berlin zu Schily, Eschen und Ströbele. Die Anwälte waren Teil der informellen Struktur der Szene und sie verfügten über das Herrschaftswissen. Anders gesagt: maoistische Positionspapiere gegen die Klassenjustiz, scharfe (und natürlich abgelehnte) Anträge gegen die Isolationshaft waren das eine – ein handfester, sozial engagierter Reformismus war das andere.«

In dieser Zeit definiert sich auch der bürgerliche Anwalt als dritter juristischer Beruf, gemeinsam mit Staatsanwaltschaft und Richtern, wie Reinecke schreibt: »Er war ›Organ der Rechtspflege‹, der eine Brücke zwischen Justiz und Angeklagten bilden sollte. Harte Konfrontation, fundamentale Angriffe gegen Richter waren dabei eher nicht vorgesehen. Rechts- und Staatsanwälte gehörten, in verschiedenen Rollen, der gleichen Welt an.«

Die »Linksanwälte« hingegen, wie die juristischen Vertreter der Protestbewegung bald genannt werden, wollen nicht in einer Art obrigkeitsstaatlicher Kumpanei mit Richtern und Staatsanwälten gemeinsame Sache machen. Sie wollen stattdessen, so wie es in den USA seit Langem üblich ist, strikt und solidarisch die Interessen ihrer Mandanten vertreten. Diese Berufsauffassung ist im Deutschland der 60er- und 70er-Jahre selten. Hier sind noch viele Juristen tätig, die in der NS-Zeit geprägt wurden. Kollektiv-Mitgründer Klaus Eschen über das Besondere an Horst Mahler: »Seine Stärke bestand darin, dass er den beschriebenen Grundkonsens der Juristen aufkündigte, anstatt die Gestaltung des Verfahrens durch das Gericht kritiklos hinzunehmen, Verfahrenskonflikte mit Richtern und Staatsanwälten nicht scheute und die Zivil- wie die Strafprozessordnung als auch für den Rechtsanwalt geltende und zugunsten seines Mandanten streitende Gesetze wahrnahm.«

Mahler selbst über das antiautoritäre Aufbegehren vor Gericht: »Wir wollten deutlich machen, dass dieses Zeremonienspiel nicht ungebrochen so fortgesetzt werden darf. Wir haben diese Obrigkeit attackiert, ihre Formen infrage gestellt. Das konnte man nur, wenn man fitter war als die anderen. Wir haben die Strafprozessordung in die Gerichtssäle zurückgebracht. Vorher ging es immer nur nach Gunst des jeweiligen Vorsitzenden. Der hat das nach Gefühl und Wellenschlag gemacht und Widerspruch autoritär unterdrückt. Wir haben gesagt: ›Das lassen wir mit uns nicht machen‹; und sind wieder in die Kommentare und Lehrbücher eingestiegen, haben uns dieses Rüstzeug zugelegt und siehe da, das hatte Erfolg.«

Amüsiert kommentiert Eschen allerdings das damalige Auftreten nach außen: »Auf dem Praxisschild stand neben dem Namen der Anwälte ›Sozialistisches Anwaltskollektiv‹ – als Kennzeichnung ziemlich großspurig, als Konzept ein wenig knapp.« Er erinnert sich, wie die Rechtsanwälte, die sich zu Fürsprechern der angeblichen Systemgegner aus der Protestbewegung machen, selbst zu Außenseitern werden. Sie beginnen zu Lasten der Harmonie im Gerichtssaal Konflikte um die Prozessführung und stellen vielfach auch die Unbefangenheit der Richter infrage.

Zugunsten der Mandanten führen sie einen »Kleinkrieg um Haftbedingungen, Akteneinsicht und Ermittlungsmethoden«. Das bringt ihnen in der Öffentlichkeit, bei den politischen Parteien und in den Medien den Vorwurf der Komplizenschaft ein. Standesrechtliche Verfahren werden bei jeder sich bietenden Gelegenheit gegen sie angestrengt. Dennoch bleiben sie dem selbst gewählten Grundsatz der Parteilichkeit treu. Dies gilt besonders für die politischen Prozesse: »Staatsanwaltschaften und Gerichte waren bestrebt, diesen Verfahren den politischen Charakter abzusprechen, um die Beschuldigten als schlichte Straftäter aburteilen zu können ... Die politische Motivation, aus der möglicherweise eine politische oder moralische Legitimation ihres Handelns hergeleitet werden mochte, sollte ausgeblendet bleiben ... Es war Aufgabe der Verteidiger, in den Strafverfahren die Anliegen der Demonstranten zum Gegenstand der Verhandlung zu machen, sie von dem Geruch des Kriminellen zu befreien und ihre politische Identität klarzustellen.«

Die Gründung des Sozialistischen Anwaltskollektivs wird von der Gegenseite mehr als nur kritisch beobachtet. Der bereits erwähnte Verfassungsschutzmitarbeiter Peter Urbach, der Horst Mahler bereits eine Waffe besorgt und die Molotowcocktails beschafft hatte, mit denen bei den Osterunruhen die Springer-Fahrzeuge angezündet wurden, kommt kurz nach der Gründung in die Berliner Meierottostraße. Der handwerklich versierte und noch nicht enttarnte V-Mann bietet an, für das Kollektiv ein Warmwassergerät zu stehlen und es in dem Büro zu installieren. Ströbele erinnert sich: »Wir haben Gott sei Dank damals gesagt: ›Um Himmels willen, nein. Das lassen wir mal lieber.‹ Später hatten wir drei Mal Durchsuchungen durch Polizei und Staatsanwälte. Die hätten sich gefreut, einen geklauten Boiler im Bad zu finden.«

Die Springer-Presse greift die Anwälte publizistisch an. *Bild* verleumdet 1970 das Kollektiv, seit Monaten seine Miete nicht zu bezahlen. Den Vermieter stellt sie als vor Repressalien verängstigt dar. Nur mit einer einstweiligen Verfügung, der Vorlage der Mietquittungen und einer eidesstattlichen Versicherung des Vermieters können die Anwälte der üblen Nachrede beikommen. Aber das Kollektiv wird auch aus ideologischen Gründen angefeindet: »Wir waren nicht unumstritten in der APO. Schließlich ließen wir uns mit der Berufsausübung ja auf das System ein. Wir haben die Genossen anwaltlich unterstützt, aber auch ganz normale Mandate übernommen. Das Büro bestand bis 1979. Horst Mahler war am 14. Mai 1970 von einer Stunde auf die nächste verschwunden. Bald war klar, dass er im Untergrund sein musste.«

Hans-Christian Ströbele und Klaus Eschen sind völlig ahnungslos, wie intensiv Mit-Kollektivist Horst Mahler sich bereits ein halbes Jahr nach der Gründung des gemeinsamen Büros nicht nur in der Fantasie, sondern auch in der Realität sehr konkret mit dem Aufbau einer militanten Stadtguerilla beschäftigt. Und er stellt sich innerlich auf ein Leben im Untergrund ein.

Mahler heute: »Dieses Klebrige an der bürgerlichen Existenz ist auch heute schlechthin das Problem. Man sieht die Notwendigkeit, nicht mitzumachen und man fühlt den Zwang, es dennoch zu tun, weiter zu funktionieren. Sie wissen ganz genau: Wenn sie bestimmte Worte, bestimmte Gedanken, bestimmte Thesen aussprechen, sind sie raus. Da verlieren sie ihren Job, damit ihre wirtschaftliche Grundlage, dann können sie das Häuschen, das sie sich vielleicht angeschafft haben auf Kredit, nicht mehr abzahlen. Dann geht es abwärts und letzten Endes ist man Lumpenprolet irgendwo unter den Brücken. Diese Angst, alles zu verlieren, ist so mächtig, dass viele nicht die Kraft aufbringen und weiter mitmachen, obwohl sie schlimme Folgen schon sehen.«

In der erfolgreichen und prominenten Journalistin Ulrike Meinhof findet der nicht minder bekannte Horst Mahler eine »Schwester im Geiste«. Auch sie ist bereits Mitte 30, beruflich sehr erfahren und eigentlich arriviert. Auch sie hat zwei Kinder. Auch sie hat ihre bürgerliche Karriere soeben aufgegeben. Auch sie hat sich in der Gewalt-Diskussion zunehmend radikalisiert. Beide werden die theoretischen Köpfe einer neuen Gruppe, die sich bilden wird.

Meinhof lebt nach der Scheidung von ihrem Mann Klaus Rainer Röhl in Berlin mit ihrem neuen Partner Peter Homann und ihren beiden siebenjährigen Zwillingen Bettina und Regine zusammen. Gudrun Ensslin und Andreas Baader kommen zunächst in ihrer großzügigen Sechs-Zimmer-Wohnung in der Kufsteiner Straße 12 unter, als sie im Februar 1970 aus Italien heimlich nach Berlin zurückkehren. Zuvor hatten sie Ensslins Eltern in Stuttgart besucht, deren Vorschlag, die Reststrafe abzusitzen, aber abgelehnt: »Wir gehen nicht in den Knast!«, war die Antwort. Gegenüber Meinhofs Kindern treten sie als Hans und Grete auf, Tarnnamen, die sie behalten werden. Meinhof und die Gesuchten kennen sich von Interviews, die sie in der Frankfurter Untersuchungshaft geführt hatten. Und natürlich lesen Baader und Ensslin regelmäßig ihre Texte in der Zeitschrift *konkret*.

Horst Mahler hat bereits einige Leute um sich geschart, die in einer Guerilla aktiv werden wollen: ein Klient Mahlers, der vor der Bundeswehr nach Westberlin geflohene Manfred Grashof, und dessen Freundin Petra Schelm sowie eine weitere Freundin. Sie diskutieren mit Ensslin und Baader über gemeinsame Aktionen und einigen sich – noch ohne Meinhof – auf einen ersten Brandanschlag. Zwischen Dieter Kunzelmanns Westberliner Tupamaros und Baader und Ensslin gibt es ebenfalls Gespräche über eine Kooperation, aber keine Einigung. Man kann sich einerseits nicht über politische Fragen verständigen. Andererseits stehen der Zusammenarbeit auch die jeweiligen Führungsansprüche von Baader und Kunzelmann entgegen.

Der Brandanschlag in Neukölln ist für den Anwalt Horst Mahler eine Art Mutprobe. Bewaffnet mit vier Molotowcocktails zieht die Gruppe zu einem Bürogebäude. Sie werfen die Brandbomben und sengen im Inneren das Mobiliar an. Mahler wirft ebenfalls, trifft aber nicht. Doch immerhin: Seine Feuertaufe – im wahrsten Sinne – besteht er. Es ist seine erste Straftat als Mitglied in der neuen, noch namenlosen Gruppe. Einen Überfall auf zwei Polizisten, deren Pistolen und Uniformen sie rauben wollen, vermasselt Mahler aber aus lauter Nervosität. Ensslin ist sauer auf ihn und nennt ihn einen »unfähigen Macho«. Ensslin und Baader verlassen in dieser Zeit Meinhofs Wohnung und schlüpfen in einer von mehreren konspirativen Wohnungen unter, die Mahler anmietet und einrichtet.

Wenig später geht die Gruppe dem Berliner Landesamt für den Verfassungsschutz auf den Leim. Mahler fragt V-Mann Peter Urbach nach weiteren Waffen. Der berichtet von einer angeblich vergrabenen Waffenkiste auf einem Friedhof. Nachts fährt die Gruppe mit zwei Autos dorthin, findet aber nichts. Auf dem Rückweg gerät Baader mit seinem Wagen in eine fingierte Verkehrskontrolle, die Polizei stoppt seinen Mercedes dank eines Tipps von Urbach. Baader hatte die Daten seiner falschen Papiere, die auf den Namen seines Freundes Peter O. Chotjewitz lauten, nicht sorgfältig genug auswendig gelernt und verhaspelt sich. Die Polizei nimmt ihn am 4. April 1970 fest. Ulrike Meinhof versucht vergeblich noch in der Nacht, das beschlagnahmte Auto zurückzubekommen – im Kofferraum findet die Polizei falsche Papiere. Als Mahler am Vormittag desselben Tages in seiner Funktion als Anwalt bei der Polizei anruft, verplappert er sich und bestätigt der Polizei unwillentlich die wahre Identität Baaders.

Sofort macht die Gruppe sich Gedanken, wie der Genosse möglichst rasch wieder aus der Haft befreit werden kann. Der Plan: Sein Frankfurter Engagement für Heimkinder soll angeblich in ein gemeinsames Buchprojekt mit der – bis dahin noch nicht strafrechtlich aufgefallenen – Journalistin Ulrike Meinhof münden. Der Verleger Klaus Wagenbach stellt auf Bitten von Meinhof einen Autorenvertrag aus. Um das Buch verfassen zu können, müsse der inhaftierte Autor Baader zu Recherchen in eine Bibliothek ausgeführt werden. Anwalt Horst Mahler setzt dieses Ansinnen bei der Gefängnisleitung durch. Das »Institut für soziale Fragen« wird ausgekundschaftet. Im kriminellen Milieu, zu dem ein Anwalt wie Mahler selbstverständlich Zugang hat, verschafft die Gruppe sich Waffen. Meinhof bringt ihre Töchter nach Bremen, um sich ungestört auf die Aktion vorbereiten zu können. Sie nähert sich dabei Ensslin an, die ebenfalls ihr Kind verlassen hat. Sie vertritt die Überzeugung, dass man für die Revolution alle Brücken ins bürgerliche Leben abbrechen muss.

Die Gruppe gewinnt weitere Mitglieder: Astrid Proll ist ebenfalls aus Italien nach Berlin gekommen. Die 19-jährige Irene Goergens wuchs in einem Kinderheim auf und hatte Meinhof kennengelernt, als sie über die dortigen Zustände recherchierte. Später arbeitet sie bei ihr als Kindermädchen. Ingrid Schubert ist linke Medizinstudentin. Monika Berberich arbeitet als Rechtsreferendarin im Sozialistischen Anwaltskollektiv.

Berberich und Mahler als Baaders Rechtsvertreter müssen sich aus der eigentlichen Aktion heraushalten. Alle anderen Mittäter sind Frauen ohne Erfahrung im Waffengebrauch. Daher heuert die Gruppe im »Milieu« einen weiteren männlichen Auftragstäter an, der schon einige »krumme Dinger gedreht« haben soll.

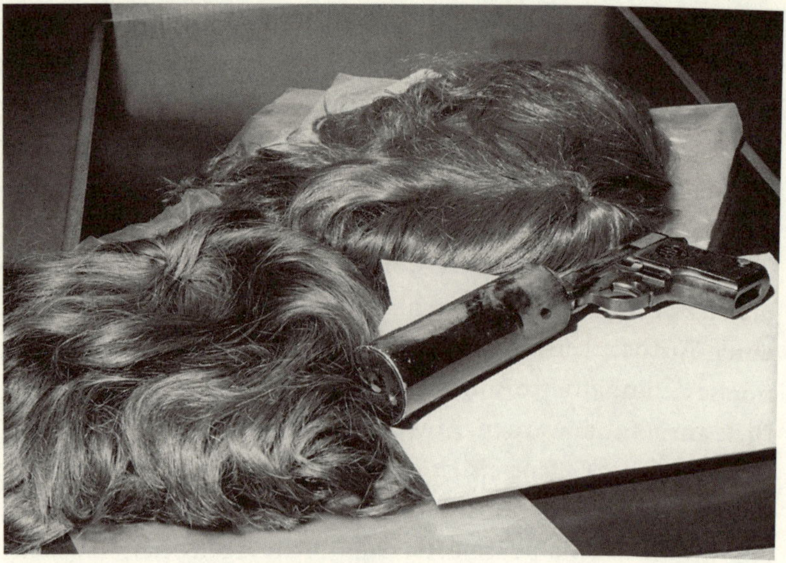

Nach der Befreiung von Andreas Baader im Mai 1970 wurden zwei Perücken und eine Beretta-Pistole als Beweismittel sichergestellt.

Am 14. Mai wird Andreas Baader von Meinhof, Goergens, Schubert und zwei Maskierten, vermutlich Ensslin und dem Kriminellen, befreit. Der vermeintliche Profi schießt dabei auf den Institutsangestellten Georg Linke, der sich ihm in den Weg stellt, und verletzt ihn lebensgefährlich. Auf zwei Justizbeamte werden Warnschüsse abgefeuert, sie werden mit Tränengas beschossen und verprügelt. Eine weitere Frau fährt den Fluchtwagen. Der Einsatz der Waffen war eigentlich nicht geplant. Angesichts der Gewalt und der sofort einsetzenden Fahndung tauchen Ulrike Meinhof und Horst Mahler, die sich bis dato noch in der Legalität befinden, unter.

Für Mahler ist es der zweite Schritt weg von der gutbürgerlichen Existenz nach Aufgabe seiner eigenen Kanzlei nur ein knappes

Jahr zuvor. Die für sein ganzes Leben folgenschwere Entscheidung, in den Untergrund zu gehen, trifft er sehr kurzfristig und in Panik. Er befindet sich in einer Gemengelage aus Zeit- und Gruppendruck, ungewollter Eskalation der Ereignisse und revolutionär überhöhtem Pathos angesichts der erfolgreichen Befreiung. Heute erinnert Horst Mahler sich noch gut daran: »Ich bin Knall auf Fall, von einem Tag auf den anderen, in den Untergrund gegangen. Ich habe mir immer vorgestellt, unter dem Einfluss von Lenin würde es letztendlich eine Revolution sein, die zu einer Veränderung führt: ›Du musst dich innerlich bereithalten, wenn es darauf ankommt, tatsächlich diesen Weg zu gehen.‹ So war ich innerlich gegen diese Klebrigkeit der bürgerlichen Existenz in gewisser Weise immunisiert. In den Untergrund zu gehen, das war eine Entscheidung, die mir praktisch abgezwungen wurde. Es war ja nicht vorgesehen, dass ich in den Untergrund gehe. Aber sie war völlig klar, als die Baader-Befreiung gelaufen war. Dabei ist ein Fehler gemacht worden, eine Spur wurde zu mir gelegt und dann hieß es: ›Du kannst eigentlich nicht mehr zurück! Und Ulrike kann auch nicht mehr zurück! Jetzt entscheide dich, hier und jetzt! Hierzubleiben, dann ist es klar. Oder zu gehen, aber dann kommst du nie wieder!‹ Ich habe Ulrike gesehen. Die lag da auf dem Bett und pumpte richtig. Es war ja auch der Entschluss, ihre Zwillinge zu verlassen. Ich habe sie angeschaut und gesagt: ›Ich bleibe!‹ Das war mir nur möglich, weil ich innerlich auf diese Situation praktisch schon ein ganzes Leben lang vorbereitet war.«

Zusätzlich waren bei dieser Entscheidung, wie Mahler bei anderer Gelegenheit zugibt, auch eine gute Portion Abenteuerlust und Ablehnung seiner bürgerlich vorbestimmten Biografie mit im Spiel: »Irgendwann erschien uns das, was als Leben vor uns lag, nicht mehr reizvoll. Man hätte sich damit arrangieren können. Man wäre dann vielleicht an Magengeschwüren oder einem

Herzinfarkt frühzeitig dahingegangen. Da sagte man, das ist es nicht, wir sehen unsere Lebensaufgabe anders, auch mit der Konsequenz, dass es sehr schnell zu Ende sein kann.«

Weder die Anwälte im Kollektiv noch seine Familie ahnen, wie tief Mahler in der Befreiung von Andreas Baader verstrickt ist. Und sie wissen zunächst auch nicht, wo er sich aufhält. Ströbele berichtet heute von der Aktion aus seiner Sicht: »Horst Mahler tauchte eines Tages nicht mehr auf, das war, glaube ich, der 15. Mai 1970. Andreas Baader, das haben wir aus den Medien erfahren, war bei einer Ausführung befreit worden. Er selber, Ulrike Meinhof und andere sind untergetaucht, und Horst Mahler war plötzlich auch für uns nicht mehr zu erreichen. Das Ganze war, das weiß man ja heute, eine für alle Beteiligten offenbar sehr überraschende Entwicklung einer relativ kurz geplanten Befreiungsaktion. Die meisten sind wohl ungeplant und spontan abgetaucht. Sie befürchteten, dass sie sonst im Gefängnis landen, weil sie da mit drinhängen. Dass wussten wir damals nicht. Wir haben natürlich zur Kenntnis genommen, dass er plötzlich nicht mehr da war. Wir wussten natürlich auch, dass er zu diesem Zeitpunkt Andreas Baader verteidigt hat und dass er auch diese Ausführung von Baader in ein Institut beantragt hat.«

Zunächst versteckt die Gruppe sich im Berliner Untergrund. Sie benutzt den Namen Rote Armee Fraktion erstmals und veröffentlicht ein Positionspapier. Sie richtet es an die Redaktion der linken Szene-Zeitschrift *Agit 883*. Vermutlich stammt der Text von Ulrike Meinhof, eventuell zu Teilen auch von Gudrun Ensslin: »Die Baader-Befreiung war auch kein Deckchensticken ... Ihr habt klarzumachen, dass das sozialdemokratischer Dreck ist, zu behaupten, der Imperialismus ... ließe sich ... kampflos abschaffen. Macht das klar, dass die Revolution kein Osterspaziergang sein wird. Dass die Schweine die Mittel natürlich so weit eskalieren werden, wie sie können, aber auch nicht weiter. Um die Konflikte auf die Spitze treiben zu können, bauen wir die Rote Armee auf. Ohne gleichzeitig die Rote Armee aufzubauen, verkommt jeder Konflikt ... zu Reformismus ...

DIE KLASSENKÄMPFE ENTFALTEN
DAS PROLETARIAT ORGANISIEREN
MIT DEM BEWAFFNETEN WIDERSTAND BEGINNEN
DIE ROTE ARMEE AUFBAUEN!«

Otto Schily heute zu der Namensgebung: »Die spätere Rote Armee Fraktion hat sich ja interessanterweise ›Fraktion‹ genannt. Das beschreibt einen Vorgang, dass sich aus dieser außerparlamentarischen und Studentenbewegung eine Gruppe herausgelöst hat und meinte, sie muss die Opposition gegen das System noch in eine stärkere Militanz überführen.«

Horst Mahler hält trotz des Risikos Kontakt zu seiner Familie. Er ist äußerlich gut getarnt; seine Tochter Wiebke erinnert sich: »Eines Tages klingelte es. Ich hab aufgemacht und vor der Wohnungstür stand ein für mich fremder Mann, hochgewachsen, mit Bart, vollem Haar, ohne Brille, glaube ich, und sagte mit einer seltsamen Stimme: ›Ist deine Mutter da?‹ Er machte dabei einen Schritt herein und schloss hinter sich die Tür. Dann habe ich nach hinten zu meiner Mutter geschrien: ›Mama, da ist ein fremder Mann!‹ Er hielt mir den Mund zu. Meine Mutter wusste sofort, was Sache ist, ist sofort nach vorn gestürzt. Dann kam mein Bruder, der rief gleich ›Papa‹ oder ›Horst‹, und da erst habe ich ihn erkannt.«

Über einen palästinensischen Bekannten, den Ulrike Meinhof durch einen Lehrauftrag an der Freien Universität kennt, organisiert die Gruppe eine Reise nach Jordanien. Dort wollen sie zur El

Fatah, dem militanten Arm der palästinensischen Befreiungsbewegung PLO von Jassir Arafat. Die Westberliner Laien-Revolutionäre möchten dort eine militärische Ausbildung absolvieren.

Zunächst bricht am 8. Juni 1970 eine erste Gruppe unter der Führung von Horst Mahler über Ostberlin in den Nahen Osten auf. Bei einem Zwischenstopp in Beirut kommen sie unerwartet nicht weiter, sondern werden von den libanesischen Behörden festgesetzt. Mahler versucht, die konsularische Vertretung der DDR einzuschalten, telefoniert aber versehentlich mit einem Vertreter der Bundesrepublik. So erfahren die westdeutschen Behörden und die Medien schnell, wo Mahler sich aufhält. Mithilfe der Palästinenser kann die Gruppe schließlich nach Jordanien weiterreisen. Zwei Wochen später kommen Ensslin, Baader, Meinhof, Homann und andere nach, insgesamt sind damit rund 20 junge Deutsche im arabischen Ausbildungslager. Auch diese Information gelangt an die deutschen Behörden und die Öffentlichkeit.

In einem Fernsehinterview auf den Aufenthalt Mahlers in Jordanien angesprochen, lassen Hans-Christian Ströbele und Klaus Eschen sich damals nicht in die Karten schauen. Sie bleiben ganz in der Rolle der solidarischen Anwälte: »Wir sind von dieser Reise nicht überrascht worden. Wir sind allerdings von der Reaktion in der Öffentlichkeit auf diese Reise überrascht und insbesondere von der Reaktion der Justiz auf diese Reise. Mahler hatte schon immer vor, eine längere Reise in die Dritte Welt zu machen, um sich über die dortige emanzipatorische Bewegung zu informieren.« Die Nachfrage, warum Mahler mit »Frau Meinhof, Baader, Fräulein Ensslin« dort unterwegs sei, blocken beide ab: »Wir vertreten Herrn Mahler mittlerweile in diesem Verfahren neben dem Kollegen Schily und können mangels Informationen hierzu so gut wie gar nichts sagen.« Dann ergänzen sie: »Wir nehmen an,

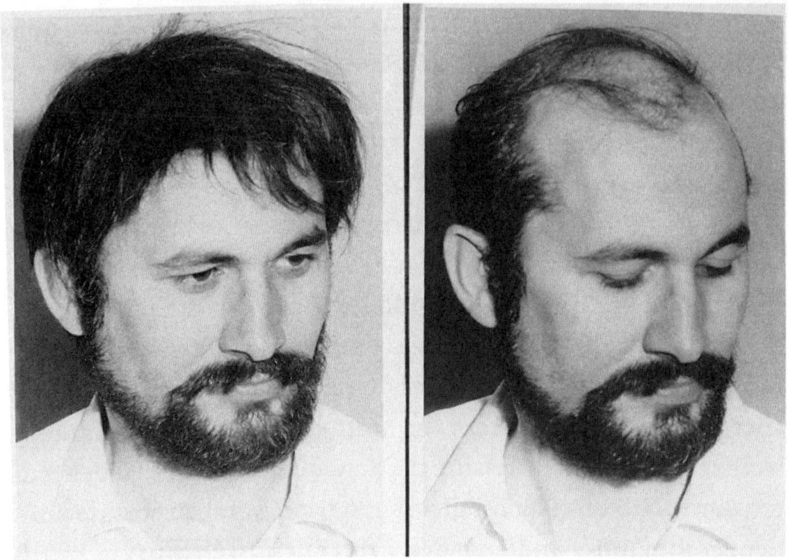

Horst Mahler auf Polizeifotos nach der Festnahme – mit und ohne Toupet.

dass er sich noch für längere Zeit im Ausland aufhalten wird, um dort sich darüber zu informieren, wie die Volksbewegung in der Dritten Welt vor sich geht.«

Hans-Christian Ströbele kommentiert heute das damalige Interview: »Wir haben uns vieles gedacht. Wir haben zunächst nach außen gesagt, wir gingen davon aus, dass Horst Mahler im Urlaub ist. Aber auch drei Wochen später war er nicht wieder da, sondern erst ein halbes Jahr später habe ich ihn dann wieder getroffen, im Gefängnis, als er festgenommen worden war in Berlin in einer konspirativen Wohnung.«

Während in Berlin das Rätselraten um die Gruppe weitergeht und die Behörden in Bonn sich vergeblich um eine Auslieferung bemühen, formiert sich in Jordanien die RAF. Sie lernt unter palästinensischer Anleitung acht Wochen lang, mit Waffen und Sprengstoff umzugehen. Sie robbt schwitzend durch den Wüstensand, trainiert Banküberfälle, lernt das Bombenbauen, übt das Fälschen von Dokumenten – kurzum: Sie studiert das komplette terroristische Handwerk von A bis Z.

Wie überall gibt es auch hier gruppendynamische Prozesse, die unter den Militanten allerdings besonders vehement ablaufen. Horst Mahler, Kopf der ersten Reisegruppe, wird nach Ankunft der übrigen RAF-Mitglieder rasch entthront. Zwischen ihm und Baader entflammen Machtkämpfe, die über ideologische Fragen, aber auch über Fehler in der »revolutionären Praxis« ausgetragen werden. Mithilfe von Ensslin, die den theoretischen Teil beisteuert, entmachtet Baader Mahler schon nach wenigen Stunden, indem er ihm unter anderem den Fehler beim Telefonat in Beirut vorwirft. Theoretiker Mahler ordnet sich dem Praktiker Baader schließlich unter. Ensslin und Baader bilden das unumstrittene Führungspaar der Gruppe.

Eine noch heftigere Diskussion entflammt um Peter Homann, den früheren Freund von Ulrike Meinhof. Er ist ebenfalls untergetaucht und mitgekommen, weil er – fälschlicherweise – von der Polizei verdächtigt wird, der maskierte Schütze bei der Baader-Befreiung gewesen zu sein. Homann kennt Andreas Baader als Angeber aus seiner Gelegenheitsarbeiter- und Kleinkriminellenzeit und will seine Autorität als Anführer der Guerilla-Gruppe nicht anerkennen. Außerdem regt der Künstler sich darüber auf, wie Baader mit Meinhof umgeht, die er einmal als »die letzte bürgerliche Sau« anschreit. Auch politisch findet man nicht zueinander. Es kommt zu Schlägereien zwischen beiden. Homann sondert sich fortan auch von Meinhof ab und redet schließlich mit niemandem mehr. Weil er die revolutionäre Disziplin nicht einhalten will, wird er von den anderen als Sicherheitsrisiko eingestuft. Obwohl Homann außer ein paar Schlägen gegen Baader nichts getan hat, tagt über ihn ein »Volksgericht«. Baader, Ensslin und sogar Meinhof fällen ein Todesurteil – ohne ihn überhaupt anzuhören. Zwei Varianten zur Vollstreckung werden diskutiert. Der Mord soll entweder als Schießunfall getarnt werden oder als Erschießung durch alle Gruppenmitglieder durchgeführt werden, um den inneren Zusammenhalt zu stärken. Einzig Horst Mahler hält dagegen, aber nicht aus Mitleid, Menschlichkeit oder Gründen der Gerechtigkeit, sondern um die Solidarität in der Gruppe nicht zu gefährden. Doch Mahler kann sich gegen Baader und die anderen nicht durchsetzen. »Es gab nichts, was wir ihm in einem Prozess hätten vorwerfen können, da er keinen Verrat begangen hatte. Allerdings befürchteten wir, dass er es tun werde. Wahr ist, dass ich nicht mit moralischen Skrupeln gegen die Tötung Homanns argumentiert habe, sondern mit der Sorge um den Zusammenhalt der Gruppe. Letztlich habe ich die Entscheidung mitgetragen, indem ich der Gruppe weiter angehörte. Das habe ich nie geleugnet«, bekennt Mahler 1997. Rückblickend meint er auch: »Was mich an dieser ganzen Geschichte am meisten erschreckt hat, ist, dass innerhalb einer solchen Gruppe der Faschismus ausbricht – nicht nach außen, sondern nach innen. Wobei man sich sehr gut vorstellen kann, dass eine solche Gruppe das schließlich flächendeckend einführt, weil sie es ganz normal findet.«

Das Leben von Peter Homann rettet letztlich der palästinensische Kommandeur des Ausbildungscamps. Er lässt die Gruppe entwaffnen, als die Pläne ruchbar werden, und ermöglicht Homann die Rückreise nach Deutschland.

Homann hatte in Jordanien erfahren, dass Meinhof ihre Töchter dauerhaft in ein palästinensisches Kinderheim bringen lassen will. Sie wurden zu diesem Zeitpunkt in Sizilien versteckt, damit der von Ulrike Meinhof inzwischen verhasste Vater Klaus Rainer Röhl sie nicht zu sich holen konnte. Homann lebt mit den Kindern in Berlin zusammen und empfindet für sie eine gewisse Verantwortung. Er und der Hamburger Journalist Stefan Aust, der die Mädchen ebenfalls kennt, organisieren in einer aufwändigen Aktion, dass sie schließlich doch zum Vater kommen. Andreas Baader und Horst Mahler fahren deshalb später nach Hamburg, um Homann dafür zu töten und auch Aust zumindest schwer zu bestrafen – ein privater Rachefeldzug für Ulrike Meinhof, so schildert es Aust. Beide können dem Komplott nur um Haaresbreite entkommen. Peter Homann stellt sich später den Behörden. Er wird nach kurzer Untersuchungshaft freigelassen, denn er kann seine Unschuld an der Baader-Befreiung nachweisen.

Die jordanische Reisegruppe will über die DDR zurück nach Westberlin. Hans-Jürgen Bäcker, der als Vorabkommando die Lage auskundschaften soll, wird in Ostberlin von der Staatssicherheit abgefangen. Sie weiß bereits erstaunlich viel, kennt alle Täter der Baader-Befreiung und horcht ihn über das Palästinensercamp und die Pläne der RAF aus. Bereitwillig gibt er Auskunft über Ideen und mögliche Anschlagsziele in Westberlin. Die DDR-Behörden gleichen Bäckers Informationen mit anderen Erkenntnissen ab und lassen ihn samt Waffe ziehen. Als der Haupttrupp etwas später in Ostberlin landet, kann er unbehelligt nach Westberlin weiterreisen.

Die Westberliner Behörden haben es zwischenzeitlich nicht geschafft, die konspirativen Wohnungen ausfindig zu machen. Die RAF-Mitglieder finden somit eine halbwegs funktionierende Infrastruktur vor, die sie weiter ausbauen wollen. Sie gewinnen Helfer, die Autos stehlen und tarnen. Vor allem aber brauchen sie zunächst Geld. Parallel stattfindende Überfälle auf drei Banken werden vorbereitet und am 29. September mit Kommandos von jeweils vier oder fünf Tätern ausgeführt. Sie finden als seltene Kooperationsaktionen von RAF und »Bewegung 2. Juni« statt. Insgesamt werden rund 215 000 D-Mark erbeutet, ein erster Anfang. Horst Mahler, der sich den Tarnnamen »James« (nach James Bond) zulegt, und Andreas Baader sind am lohnendsten der drei Raubzüge beteiligt.

Mahler lässt sich auch wieder bei seinen Kindern blicken. Seine Tochter Wiebke Mahler hierzu: »Er hat uns natürlich nie gesagt, wo er ist. Aber plötzlich war er dann da, hat uns auch seine Waffe gezeigt. Das fanden mein Bruder und ich natürlich ganz besonders aufregend – 'ne echte Pistole! Doch, ich hatte auch in der Illegalität mit ihm zu tun. Wenn ich etwas gelernt habe als Kind, dann war es, die Klappe zu halten, darüber nicht zu reden.«

Eine Woche später fliegt ein Teil der Gruppe auf. Ein anonymer Anrufer mit viel Insiderwissen ruft bei der Polizei an. Er nennt die Adressen zweier konspirativer Wohnungen und eine Uhrzeit, wann sich mehrere Gruppenmitglieder in einer davon treffen wollen. Die Polizei trifft dort zunächst auf die bewaffnete Ingrid Schubert. Etwas später klingelt es. Ein gut gekleideter Herr, volles Haar, seriöse Erscheinung, erscheint. Es ist Horst Mahler mit Toupet und Vollbart. »Kompliment, meine Herren«, sagt er höflich, als er verhaftet wird. Die Polizisten finden bei ihm eine entsicherte Waffe. Später treffen dort auch Monika Berberich, Brigitte Asdonk und Irene Goergens ein. Sie alle wandern in Untersuchungshaft und werden vor Gericht bestellt. Es ist einer der größten Erfolge gegen die RAF in der Anfangszeit der Gruppe.

Hans-Christian Ströbele und Otto Schily übernehmen gemeinsam die Verteidigung ihres Freundes und Kollegen Horst Mahler. Gegen ihn finden zwei Prozesse statt, der erste 1971 wegen der Befreiung von Andreas Baader, der zweite 1972 wegen der Banküberfälle und anderer Delikte. Ströbele trägt aus Solidarität zum Angeklagten dessen Rechtsanwaltsrobe. Horst Mahler sagt darüber später: »Also man freut sich einfach, wenn man das hört, weil das ist eine Identifikation, die gut tut.« Und Ströbele berichtet von dem Prozess: »Wir haben die Verteidigung als eine ganz normale Verteidigung begriffen und auch aufgezogen, um ganz deutlich herauszuarbeiten, dass die Beweise in diesem Fall nicht ausreichen, und deshalb war es dann auch so, dass ganz zuletzt in diesem Verfahren ein Mann vom Landesamt für Verfassungsschutz freigegeben worden ist, der die letzten Beweise liefern sollte, um zu einer Verurteilung zu kommen.«

Der Berliner V-Mann Peter Urbach wird vom Verfassungsschutz selbst enttarnt, nur damit Mahler verurteilt wird, denn die sonstige Beweislage gegen ihn ist dürftig. Mit der Enttarnung wird auch die äußerst zweifelhafte Rolle offenbar, die der Staat beim Schutz seiner Verfassung spielt. Urbach erhält von Innensenator Kurt Neubauer zwar nur eine eingeschränkte Aussagegenehmigung, doch Anwalt Otto Schily kann durch sein geschicktes Fragen den Umfang der Provokationen und Eskalationen offenlegen, die der Verfassungsschutz zu verantworten hat. Nur über die drei Tage vor der Festnahme Baaders darf der Agent Peter Urbach aussagen, weitergehende Fragen von Mahlers Verteidiger beantwortet er nicht.

Stefan Aust zitiert in *Der Baader-Meinhof-Komplex* das Mauern des Agenten:

»Haben Sie persönlich im Kreis der Linken Waffen angeboten, Pistolen, Maschinenpistolen, ja sogar Mörser mit Phosphorgranaten?«

»Ich darf diese Frage nicht beantworten.«

»Haben Sie eine Bombe bei der Kommune I hinterlegt?«

»Ich darf diese Frage nicht beantworten.«

Hans-Christian Ströbele und Otto Schily im Oktober 1972 als Verteidiger von Horst Mahler, angeklagt wegen Banküberfällen und anderen Delikten.

»Kamen die Bomben vom Verfassungsschutz?«

»Darüber darf ich nichts sagen.«

»Haben Sie anlässlich der Springer-Demonstration 1968 Fahrzeuge in Brand gesetzt?«

»Darauf darf ich keine Auskunft geben.«

»Haben Sie einen Brandanschlag auf einen Polizeipferdestall verübt, wobei das Polizeipferd ›Zerline‹ schwer verletzt wurde?«

»Darauf kann ich nicht antworten.«

Der über Urbachs frühere Aktivitäten gut informierte Schily macht durch seine präzisen und durchaus auch suggestiven Fragen deutlich, wie der Berliner Senat selbst zahlreiche Gewalttaten der vergangenen Jahre steuerte und sogar initiierte. Eine Untersuchung der Aktivitäten des Verfassungsschutzes findet jedoch nicht statt. In dem Prozess macht der Angeklagte Horst Mahler durchgehend von seinem Aussageverweigerungsrecht Gebrauch. Doch nach dem Auftritt von Urbach spitzt er den Skandal zu. Er zeigt spöttisches Verständnis für dessen eingeschränkte Aussagegenehmigung: »Urbach müsste sonst das Geheimnis um die Herkunft der im November 1969 im jüdischen Gemeindehaus aufgefundenen Brandbombe lüften. Kurt Neubauer hätte sicherlich große Schwierigkeiten, einer erstaunten Weltöffentlichkeit plausibel zu machen, dass es eine Bombe aus den Arsenalen des Verfassungsschutzes war, die die Jüdische Gemeinde zu Berlin schreckte.«

Ströbele heute über den enttarnten Agenten: »Peter Urbach war in der APO-Zeit ein offizieller Mitarbeiter des Landesamts für Verfassungsschutz in Berlin mit einem ganz normalen Dienstrang als Beamter. Ihn habe ich in der Außerparlamentarischen Opposition immer wieder getroffen, so eine Art Faktotum. Er bot sich bei den handwerklich nicht besonders begabten Genossen an, etwa Wasserleitungen zu reparieren und für alle möglichen anderen handwerklichen Hilfsdienste. Später sogar für die Beschaffung von Waffen. Als wir im Auto saßen, hat er mich mal gefragt: ›Christian, glaubst du, dass ich für den Verfassungsschutz arbeite, es gibt immer diese Vorwürfe?‹ Ich fühlte mich etwas unwohl und habe gesagt: ›Weißt du, Peter, solange ich keine konkreten Nachweise habe, glaube ich überhaupt nichts.‹ Im Mahler-Prozess betrat Peter Urbach dann als Zeuge durch eine Nebentür den Saal und nannte zu meinem Entsetzen seine Dienstbezeichnung. Er sah anders aus und wirkte anders, eben wie ein normaler deutscher Beamter.«

Über seinen Verteidiger und Mitkollektivisten Hans-Christian Ströbele merkt Horst Mahler heute an: »Wir waren die ganze Zeit per Sie, obwohl wir befreundet waren. Das würde ich heute auch immer noch so sehen. Er wird sich natürlich bedeckt halten, wer will das schon? Aber er ist einfach menschlich von einer Wärme – er hat sich dann auch sehr um meine Familie gekümmert, als ich im Gefängnis war. Er hat sich absolut loyal verhalten und hat alle seine Möglichkeiten ausgeschöpft, diesen Ausfall meiner Person als Ernährer der Familie auszugleichen, indem er meiner Frau eine Anstellung an der Universität besorgt hat. Das rechne ich ihm hoch an, entspricht aber auch dem Verhältnis, das wir hatten und lange Zeit auch danach noch.«

Die Staatsanwaltschaft kann Mahler trotz des Aufgebots des Zeugen Urbach letztlich nicht zweifelsfrei nachweisen, dass er bei der Befreiung von Andreas Baader aktiv mitgeholfen hat. Es ist zwar jedem klar, dass er eine Rolle gespielt haben muss, aber aus Mangel an Beweisen wird er von diesem Vorwurf freigesprochen. Der Berliner Innensenator hatte ein peinliches Eigentor geschossen. Aber auch Horst Mahler wird klar, dass er sich nicht hätte drängen lassen müssen, in den Untergrund zu gehen.

Im selben Prozess wird auch gegen Irene Goergens und Ingrid Schubert verhandelt. Ihnen wird nachgewiesen, dass sie Baader in der Bibliothek mit freigeschossen hatten. Nach 22 Verhandlungstagen erhalten sie vier und sechs Jahre Freiheitsstrafe. Wegen dem Vorwurf der Banküberfälle und der Gründung einer kriminellen Vereinigung verbleibt Mahler in Untersuchungshaft. Die Untersuchungshaft wird zwar in strenger Einzelhaft vollzogen, nicht aber in der später viel kritisierten Isolation: »Das war die völlige Abgeschlossenheit. Es sind keine Besucher in dem Sinne zugelassen worden, was mir damals wichtig gewesen wäre. Politische Freunde wurden nicht zugelassen. Ich hatte die familiären Kontakte, das war gut, das war sehr wichtig. Ich war in einer ganz normalen Umgebung, das war ein Untersuchungsgefängnis, zwar in einer Einzelzelle. Man ist nur eine halbe Stunde im Hof herumgeführt worden und nach einer Woche konnte man duschen, aber auch immer alleine, kein Kontakt mit anderen. Aber man hat etwas gehört, man hat Geräusche gehabt, man wusste, was vor sich geht: ›Jetzt kommt das Essen, jetzt wird das gemacht, jetzt wird jenes gemacht.‹ Die Gefangenen unterhielten sich über den Hof, haben zum Fenster hinausgerufen und so, das bekam man mit.«

1972 beginnt der zweite Prozess. Erneut sind Schily und Ströbele, die ihn schon beim ersten Verfahren herausgepaukt haben, seine Wahlverteidiger. Über Ströbele sagt Mahler heute: »Er hat mich verteidigt. Das hat er mit Herzblut getan und innerster Überzeugung. Welcher Anwalt steht schon mit innerster Überzeugung hinter einem Mandanten? Das ist beim Eierdieb gar nicht möglich. Aber bei jemandem, der politisch motiviert mit dem Gesetz in Konflikt geraten ist, kann auch der Anwalt als Mensch dahinterstehen und nicht nur als Fachmann für juristische Formen.«

Auch Otto Schily streitet heftig für seinen Mandanten. Seiner Ansicht nach kann die Staatsanwaltschaft ihm die Beteiligung an den Banküberfällen nicht zweifelsfrei nachweisen. Doch die Rechtsprechung entwickelt eine zweifelhafte Art von Gruppenhaftung. Ströbele erinnert sich: »Man hat eine, ich sage mal, Beweisvereinfachungstheorie angewandt, indem man gesagt hat: ›Dieser Angeklagte bekennt sich zur RAF. Die RAF hat sich zu diesen Überfällen bekannt und da dieser Angeklagte eine führende Position in der RAF hatte, ist es nicht vorstellbar, dass er daran nicht teilgenommen hat.‹ Das ist eine Vereinfachung, die nicht zulässig ist.« Im Schlussplädoyer fordert Schily deswegen einen Freispruch. Er meint noch heute, dass Mahler die Verurteilung schließlich selbst herbeigeführt hat: »Ich habe damals, glaube ich, ein ganz gutes Plädoyer gehalten zu seinen Gunsten.

Horst Mahler bekam als Angeklagter das letzte Worte und sagte: ›Mit Richtern spricht man nicht, auf Richter schießt man.‹ Da habe ich nur die Hände vor den Kopf geschlagen, da war natürlich alles weg.«

Wörtlich lautet der Satz Mahlers am 26. Februar 1973 zwar: »Hier ist kein Schlusswort zu halten. Mit der bürgerlichen Justiz muss endgültig abgerechnet werden. Mit den Bütteln des Kapitals redet man nicht, auf die schießt man«, doch in seiner Einschätzung liegt Schily sicherlich richtig. Es hatte auch nicht geholfen, dass er als Entlastungszeugen die inzwischen inhaftierten RAF-Mitglieder Andreas Baader, Gudrun Ensslin und Ulrike Meinhof als Zeugen auftreten lässt. Mahler wird zu zwölf Jahren Freiheitsentzug verurteilt, auf die noch weitere Strafen addiert werden, sodass er insgesamt 14 Jahre hinter Gitter muss. Beinahe gleichgültig hört sich seine Anekdote über eine Bagatelle an, für die er ein halbes Jahr länger ins Gefängnis muss: »Richter in dieser Sache war ein Studienkollege. Der war der ›doofe Heini‹ im Referendarkurs gewesen und ist von allen gehänselt worden. Der also kriegt mich vor die Flinte und fragt mich nach meinen Personalien. Da habe ich gesagt: ›Das kennst du doch alles, das brauche ich dir nicht zu sagen.‹ Dann hat er mich sechs Monate in Beugehaft genommen, damit ich meine Personalien angebe.« Seine Situation als Gefangener betrachtet er so: »Es war für uns klar, wir leben nicht in einem Justizverhältnis, sondern in einem militärischen Verhältnis. Man ist dem Feind in Gefangenschaft geraten und der verfährt dann nach seinem Belieben, wie er es braucht. Ich habe gar nicht auf die Einzelheiten geachtet: ›Ist das nun ein rechtsstaatliches Verfahren?‹, weil es eine unangemessene Darstellung des wirklichen Verhältnisses war. Hier eine Krieg führende Partisanengruppe und da der Kriegsfeind, der jetzt seine Machtausübung und die Gewalttat als Justizakt tarnt.«

Revolutionär im Knast: RAF-Mitglied Horst Mahler in der Haftanstalt in Berlin-Moabit.

Trotz der Inhaftierung ist Mahler nicht mundtot. Auch als Gefangener macht er sich öffentlich bemerkbar und findet dafür auch ein Forum. Dem *Spiegel* etwa gibt er als Untersuchungshäftling ein schriftliches Interview, das im Februar 1972 abgedruckt wird. Darin heißt es unter anderem: »Weiß man, dass nur die Revolution uns vor einer Katastrophe retten kann, ist man gescheitert, wenn man nichts tut, um sie herbeizuführen. Selbst hohe Wahrscheinlichkeit eines Fehlschlags entbindet nicht von der Verpflichtung, das Mögliche zu wagen. Der Klassenkampf ist keine Beamtenlaufbahn mit Pensionsanspruch. Überall macht die sozialistische Weltrevolution glänzende Fortschritte. Ich habe unheimlich große Lust, das mir noch Mögliche zu ihr beizutragen. Also bin ich nicht gescheitert ... Das Stadtguerilla-Konzept, wie es die RAF in den ersten Anfängen für die Bundesrepublik entwickelt hat, wendet sich in erster Linie an diejenigen, deren tägliche Erfahrungen mit der Ausbeutergesellschaft keine liberalen Illusionen aufkommen lassen ... Die Kräfte der RAF sind noch klein, sie reichen aber aus, um die Aufgaben der ersten Phase erfolgreich zu lösen. Die Unterstützung, die sie findet, ist – zum Ärger der Ermittlungsbehörden – größer als erwartet. Das Konzept ist also realistisch. Die zweite Phase, die Phase der exemplarischen Angriffe auf den Unterdrückungsapparat, wird sich aus der ersten Phase entwickeln.«

Noch in der Untersuchungshaft verfasst er auch die als *Straßenverkehrsordnung* getarnten Überlegungen zum »bewaffneten Kampf in Westeuropa«. Dies sei mit den Genossen von der RAF vereinbart gewesen, mit denen immer wieder auch eine mögliche Inhaftierung diskutiert worden war: »Wir hatten in der Vorphase besprochen, was jeder zu tun hatte, wenn er in Gefangenschaft kommt. Es war speziell die Aufgabe von mir und von Ulrike Meinhof, die Grundlagen der revolutionären Theorie aufzuarbeiten, angefangen bei Marx bis hin zu Lenin, um dann Aspekte für unsere Situation und unsere Handlungsweise zu gewinnen.«

Mahler befasst sich erneut mit Karl Marx: »Marx hat sich ja sehr viel auf Hegel berufen und was zur Hegel'schen Rechtsphilosophie geschrieben. Das, was ich gelesen habe, hat mich nicht so sehr befriedigt. Marx ist ein Polemiker, und man muss sehr vorsichtig sein, also wollte ich das Original. Dann habe ich Schily gebeten, mir die zwei Bände der Hegel'schen *Logik* zu bringen. Schily hat mir gleich 20 Bände gebracht, die Gesamtausgabe.«

Seine *Straßenverkehrsordnung* und andere Texte erscheinen als RAF-Papiere in der linken Öffentlichkeit, ohne zuvor mit den übrigen RAF-Genossen im Untergrund oder später in den Gefängnissen abgestimmt worden zu sein. Mahlers ideologische und publizistische Alleingänge verärgern die RAF-Führung maßlos. Sie schließen den Gefangenen aus, veröffentlichen dies allerdings erst 1974. Seine frühere Vertraute und Referendarin Monika Berberich greift ihn scharf an: »das problem mit horst mahler ist und war schon immer, dass er ein dreckiger, bürgerlicher chauvinist geblieben ist … schon im zusammenhang der militanten kämpfe der studentenbewegung in berlin 1967/68 war er unfähig, die politischen inhalte der solidarität mit ihm als linkem anwalt anders als personenkult für seine person zu verarbeiten … mahler hat in der praxis der raf, ihrer konkreten politik, ihren taktischen bestimmungen, in ihren bündnissen nie eine rolle – auf was anderes war er nicht aus – gespielt … er hat seinen ausschluss aus der raf, das ist schon ziemlich lange her, erzwungen. das lief einstimmig. mahlers veröffentlichungen hat auch die raf immer erst nach ihrem erscheinen auf dem markt kennengelernt. er wusste, dass er nicht für die raf sprechen konnte … er ist geblieben, was er immer nur war: ein zyniker, ein chauvinist, ein mandarin … politisch eine belanglose, eine hauptsächlich lächerliche figur.«

Hans-Christian Ströbele übernimmt auch Berberichs Mandat: »Monika Berberich kannte ich sehr gut. Sie war in unserem Anwaltskollektiv Referendarin und hat in vielen Prozessen verteidigt. Sie ist 1970 in der Wohnung in Charlottenburg festgenommen worden, in der auch Horst Mahler festgenommen worden ist. Ich habe sie in ihrem Strafprozess verteidigt und besucht, wie all die Leute aus der RAF, viele Jahre lang. Sie ist zu einer ganz erheblichen Freiheitsstrafe verurteilt worden. Sie hat auch mal eine Erklärung zu Horst Mahler abgegeben. Da gab es Auseinandersetzungen unter den Gefangenen aus der RAF. Wir hatten außer in Stammheim auch in vielen anderen Städten Prozesse, in Kaiserslautern, natürlich in Berlin, Hamburg, Düsseldorf. Wir fuhren zur Verteidigung für den Tag oder zwei Tage dorthin. Wir waren viel unterwegs damals. Zum Teil liefen Prozesse gegen Gefangene aus der RAF dann auch parallel und deshalb konnten wir nicht alle verteidigen. In Berlin habe ich unter anderem Horst Mahler verteidigt, in zwei Verfahren Ulrike Meinhof und auch Monika Berberich.«

Auch Mahler selbst distanziert sich von der Politik der Gruppe. Als 1975 die »Bewegung 2. Juni« den Berliner CDU-Bürgermeisterkandidaten Peter Lorenz entführt, um mehrere Gefangene, ihn eingeschlossen, freizupressen, weigert er sich öffentlich im Fernsehen in einer umständlichen Erklärung, im Austausch gegen den Politiker das Gefängnis zu verlassen: »Die Entführung des Volksfeindes Peter Lorenz als Mittel zur Befreiung von politischen Gefangenen ist Ausdruck einer von den Kämpfen der Arbeiterklasse losgelösten Politik, die notwendig in einer Sackgasse enden muss. Die Strategie des individuellen Terrors ist nicht die Strategie der Arbeiterklasse. Anlässlich des Schauprozesses gegen Bäcker, Meinhof und mich im September des vergangenen Jahres habe ich in einer öffentlichen Kritik an der Strategie der RAF, die zugleich eine Selbstkritik war, klargestellt, dass mein Platz an der Seite der revolutionären Arbeiterklasse ist. Ich bin der festen Überzeugung, dass ich durch den Kampf der revolutionären Massen gegen dieses kapitalistische Ausbeutersystem die Gefängnistore für alle politischen Gefangenen öffnen und dass die gegen mich gefällten Terrorurteile hinweggefegt werden, weshalb ich es ablehne, mich auf diese Weise außer Landes bringen zu lassen.«

Nach dieser Erklärung tritt Horst Mahler jahrelang öffentlich nicht mehr in Erscheinung. Er sitzt in der Berliner Haftanstalt, studiert Hegel und wartet zwangsweise die nächsten Jahre ab, bis er das Gefängnis wieder verlassen darf.

In das Sozialistische Anwaltskollektiv treten weitere Kollegen ein. Die Zahl der Mandate und der Prozesse nimmt zu. Hans-Christian Ströbele tritt aus dem Schatten seines inhaftierten Partners spätestens dann heraus, als er diesen gemeinsam mit dem eloquenten und bekannten Otto Schily vor Gericht verteidigt. Ströbele wird zur öffentlichen Person. Prominenz erlangt er, als er die Verteidigung von Andreas Baader übernimmt, nachdem dieser verhaftet wird – von den Medien wird er allerdings zum Komplizen der RAF gestempelt, von einem Gericht wegen Unterstützung verurteilt.

## Kapitel 5

# Stammheim

Im Juni 1970 veröffentlicht der *Spiegel* eine Tonbandaufnahme von Ulrike Meinhof, die eine französische Journalistin bei einem konspirativen Treffen von Horst Mahler ausgehändigt bekommt. Darin rechtfertigt Meinhof die Baader-Befreiung, distanziert sich von intellektuellen Linken, die die Aktion kritisieren, und kommt auf die Gewaltfrage zu sprechen: »Wir sagen natürlich, die Bullen sind Schweine. Wir sagen, der Typ in Uniform ist ein Schwein. Das ist kein Mensch und so haben wir uns mit ihm auseinanderzusetzen. Das heißt, wir haben nicht mit ihm zu reden, und es ist falsch, überhaupt mit diesen Leuten zu reden, und natürlich kann geschossen werden.«

Hans-Christian Ströbele, 1970 in die SPD Willy Brandts eingetreten, erinnert sich an die damalige Gewalt-Diskussion: »Als die RAF in die Militanz und in den Untergrund gegangen ist und angefangen hat, Banken zu überfallen, habe ich es für falsch angesehen, nun diese Art von Guerilla-Taktik aus den Ländern Lateinamerikas nach Deutschland und Europa importieren zu wollen. Ich habe daraus auch keinen Hehl gemacht und darüber lange und heftige Diskussionen mit den Mandanten im Gefängnis geführt.« 1975 wird Ströbele wieder aus der SPD ausgeschlossen, weil er seine Mandanten in Briefen mit dem Wort »Genossen« angesprochen hatte.

Genau an dem Tag, als in der Berliner Knesebeckstraße Horst Mahler und die vier RAF-Frauen festgenommen werden, ist Ulrike Meinhof unterwegs nach Hannover. Es ist der Beginn des Umzugs der Gruppe von Westberlin ins Bundesgebiet. Andere Mitglieder kommen nach. Sie mieten Wohnungen an, stehlen Autos, brechen in die Rathäuser von Kleinstädten ein, um Blanko-Ausweise zu erbeuten. Ulrike Meinhof, die durch ihre frühere Arbeit über zahlreiche Freunde und Bekannte in ganz Deutschland verfügt, findet immer wieder Unterschlupf. Zwar wird inzwischen bundesweit öffentlich nach ihr gefahndet, doch viele der meist linken Intellektuellen ermöglichen ihr und ihren Genossen aus Solidarität, Mitleid oder Abenteuerlust, einige Nächte zu bleiben. Oder sie finden es schick, den Gesuchten Quartier zu bieten. Bis Anfang Dezember 1970 sind fast alle RAF-Leute in Westdeutschland, und die von Meinhof inzwischen aufgebaute Infrastruktur kann sie problemlos aufnehmen.

Die RAF erleidet auch Rückschläge. Zunächst scheitern mehrere Überfälle auf verschiedene Banken, einige Mitglieder werden bei Kontrollen festgenommen. Ulrike Meinhof entgeht des Öfteren nur knapp der Verhaftung. Aber 1971 gelingen der RAF etliche Raubzüge mit jeweils sechsstelligen D-Mark-Summen als Beute. Das Leben im Untergrund ist teuer. Die konspirativ angemieteten Wohnungen – vermutlich handelt es sich insgesamt um etwa hundert – in etlichen Städten im ganzen Bundesgebiet kosten die RAF sehr viel Geld.

Die Versuche, mit Einbrüchen an Waffen und Sprengstoff zu gelangen, scheitern fast alle. So kaufen die Aktivisten ihre Waffen für teures Geld bei palästinensischen Freunden und mit gefälschten Waffenscheinen auch im Handel. Sprengstoff mischen sie selbst an. Sie kaufen die benötigten Chemikalien für eine angeblich neu gegründete Firma oder für Uni-Institute, mahlen sie in mühsamer Kleinarbeit in Kaffeemühlen zu feinem Pulver, mischen sie und füllen sie in Metallbehälter unterschiedlicher Größe. Zünder erbeuten sie bei einem Einbruch in das Lager eines Steinbruchs, die Zeitsteuerung basteln sie selbst – fertig sind die Bomben. Die Baader-Meinhof-Bande, wie die RAF oftmals genannt wird, fertigt und lagert bis Mai 1972 Dutzende von Sprengkörpern mit einem Gesamtgewicht von über 750 Kilogramm.

Hans-Christian Ströbele: »Ich kannte die meisten, die später zur Gründungsgeneration der RAF gehörten, aus meiner Tätigkeit als Anwalt und als Mitdemonstrant der Außerparlamentarischen Opposition. Andreas Baader kannte ich sogar noch länger, Ulrike Meinhof, Jan-Carl Raspe, Holger Meins kannte ich von Demonstrationen. Holger Meins hatte ich verteidigt, als er zu Unrecht festgenommen und drei Wochen in Untersuchungshaft gehalten wurde unter einem schwerwiegenden Vorwurf. Er wurde dort gehalten wie ein Schwerverbrecher, dann wurde er ohne Weiteres mit Einstellung des Verfahrens aus der Haft entlassen. Das waren Grunderfahrungen, warum ein ganz sensibler Filmemacher wie Holger Meins sich entschlossen hat, zur RAF zu gehen.«

Im Winter 1971 schließen sich die »Tupamaros West-Berlin« und die »Umherziehende Haschrebellen« zur »Bewegung 2. Juni« zusammen. Auch sie werden gejagt, teilweise erfolgreich. Bei einem Prozess im Sommer 1971 gelingt es zwei Angeklagten, die über ein ähnliches Aussehen verfügen, ihre Identität zu tauschen. Da für Thomas Weisbecker Haftverschonung gilt und ein Haftbefehl nur gegen Georg von Rauch gültig ist, muss das Gericht schließlich den falschen Untersuchungshäftling ziehen lassen. Der Verteidiger, der die Verwechslungskomödie sicherlich mitbekommt, sich aber nichts anmerken lässt, heißt Otto Schily. Beide Flüchtigen werden nur noch einige Monate leben: von Rauch stirbt im Dezember durch eine Polizeikugel, Weisbecker schließt sich der RAF an und wird im März 1972 beim Versuch, sich mit Waffengewalt gegen seine Festnahme zu wehren, getötet.

Die Bundesregierung und die Länder reagieren auf die RAF und »Bewegung 2. Juni« und ihre Aktionen mit einschneidenden Maßnahmen. Die wichtigsten sind eine massive Kompetenzstärkung des Bundeskriminalamts (BKA) und der Ausbau des Verfassungsschutzes. Es zeigt sich, dass die durch die ganze Republik vagabundierenden RAF-Mitglieder von der durch die Länderhoheit in ihrer Arbeit behinderten Polizei nicht wirksam verfolgt werden können. Innenminister Hans-Dietrich Genscher erweitert Anfang 1971 daher die Zuständigkeiten des BKA und baut es in den Folgejahren auch personell kräftig aus. Sein Etat steigt von 1969 bis 1981 um knapp das 13-fache, das Personal verdreifacht sich auf mehr als 3500 Mitarbeiter. Die Sonderkommission Baader/Meinhof wird bei der BKA-Einheit »Sicherungsgruppe Bonn« eingerichtet, die in der Bundeshauptstadt eigentlich zum Schutz von Regierung und Parlament angesiedelt ist.

Oberster Terroristenfahnder wird im September 1971 Horst Herold als neuer BKA-Chef. Für seine Zeit sehr weitsichtig erkennt er die kriminalistischen Potenziale der Computertechnik. Er lässt umfassende Datenbanken anlegen, die er teilweise persönlich mitprogrammiert. Jedes noch so kleine Detail, das die Fahnder über die RAF-Mitglieder, Kontaktpersonen und mögliche Unterstützer erfahren, wird dort abgespeichert. Die Programmierung ermöglicht es Herold, Rückschlüsse auf das Verhaltensmuster der Untergrund-Täter zu ziehen. Daraus entwickelt Herold das Konzept der Rasterfahndung. So macht sich bald jeder verdächtig, der seine Miete, Strom und Gas mit Bargeld bezahlt – ein typisches Muster der RAF-Mitglieder, die bei ihren Banküberfällen ja Bargeld erbeuten. Wer dann noch im passenden Alter ist, schon einmal bei Demonstrationen auffiel, gern bestimmte schnelle Autos fährt, eine Wohnung in anonymem Umfeld und mit Tiefgarage hat, kann ins Visier der Polizei geraten. Es gelingt dem BKA außerdem häufig, die Regionen einzugrenzen, in denen die RAF-Mitglieder sich gerade aufhalten. Es setzt regional flächendeckende Schwerpunktkontrollen mit Tausenden von Beamten ein, um die RAF zu jagen. Herold rechnet nicht damit, die RAF-Täter bei derartigen Kontrollen zu fassen, aber er will den Fahndungsdruck der Polizei spürbar erhöhen. Manche Straßenkontrollen und die zahlreichen öffentlichen Fahndungsaufrufe zeigen aber auch Wirkung und führen zu ersten Festnahmen. Immer wieder führen Hinweise aus der Bevölkerung auf die richtige Spur.

Es gibt die ersten Schießereien mit Verletzten und am 15. Juli 1971 die erste Tote. Petra Schelm, eine 20-jährige Friseuse aus Berlin, die sich der RAF angeschlossen hatte, wird in Hamburg von einem Polizisten in einer angeblichen Notwehrsituation erschossen. Bei Überprüfungen und Festnahmen erschießen RAF-Mitglieder bis zum Frühjahr 1972 drei Polizisten und verletzen etliche schwer.

Die öffentliche Hatz auf die RAF findet in Teilen der Bevölkerung einen großen Widerhall, andere lehnen sie ab. Viele linksliberal eingestellte Menschen können das von den Fahndungsmaßnahmen ausgelöste Klima von Verdächtigung und Denunziation nur schwer hinnehmen. Bürgerlich-konservative Medien wie die des Springer-Verlags und andere verteufeln die RAF. Periodika wie *Spiegel* und *Zeit* bemühen sich um eine differenziertere Darstellung. Die öffentlich-rechtlichen Fernsehsender hingegen berichten staatstragend. Das Bemühen der konservativen Seite, der RAF ihre politische Motivation abzustreiten, kommt bei immer mehr Menschen an. Die Terroristen werden als besonders bösartige und brutale Gewaltkriminelle dargestellt, deren Bekämpfung eine unnachgiebige Härte des Staates erfordert. Damit werden pauschale Feindbilder erzeugt, die die Aufrüstung des Staates und die intensiven und umfassenden Fahndungsmaßnahen legitimieren. Auch die Anwälte werden mit in das Feindbild aufgenommen. Der Journalist Stefan Reinecke beschreibt diese Diffamierung: »1972 beschuldigte die *Bild* 45 Anwälte, RAF-Komplizen zu sein. Die Informationen, die weitestgehend falsch waren, kamen vom Bundeskriminalamt. Siegfried Buback, damals noch Pressesprecher des Generalbundesanwalts, befand 1972, dass jeder Anwalt, der RAF-Mitglieder verteidigte, sich ›standeswidrig verhalte‹ – nach dem Motto, freie Verteidigung ja, aber nur wenn es uns passt.«

Hans-Christian Ströbele schildert die strikt legale Arbeitsweise des Sozialistischen Anwaltskollektivs: »Wir mussten alles unterlassen, um nicht dem Staat oder auch den Medien, die ja nicht nur gegen die APO hetzten, sondern auch gegen uns Anwälte, Munition zu geben durch illegale oder unterstützende Handlungen. Deshalb haben wir genauestens darauf geachtet, dass wir weder Geld aus illegalen Quellen bekommen haben noch sonst irgendwelche Unterstützungshandlungen durchgeführt haben. Wir wussten genau, das wird nicht lange verborgen bleiben und dann können wir unsere Tätigkeit nicht mehr ausüben.«

Otto Schily machten vor allem anonyme Drohungen zu schaffen: »Das Kammergericht hat damals gesagt: ›Das gehört zu Ihrem Berufsrisiko, wenn Sie so eine Verteidigung übernehmen, dann müssen Sie das hinnehmen.‹ Uns wurden die übelsten Vorwürfe gemacht. Das führte zu einer Atmosphäre, die wirklich be-

Die »Rote Hilfe« erklärt im Dezember 1972 öffentlich ihre Solidarität mit der RAF.

drohlich war. Ich habe in meinem ganzen Leben noch nie so viele Morddrohungen erhalten wie zu jener Zeit. Das ging bis zu nächtlichen Anrufen und Bedrohung meiner Tochter und meiner Familie. Das war nicht einfach auszuhalten. Ich selber bin da gelassen. Ich vertraue meinem Schicksal, aber wenn es gegen die Familie geht, wenn das Kind ins Visier gerät, wird es natürlich schon sehr, sehr schwierig.« Doch trotz der Diffamierungen und Anschuldigungen geht es Schily wirtschaftlich nicht schlecht. Die Kanzlei läuft gut, es kommen sogar Klienten aus der Wirtschaft: »Es ist erstaunlich, dass durchaus Mandate kamen. Ich hätte diese Verfahren wirtschaftlich gar nicht durchhalten können, ich wurde ja nur als Pflichtverteidiger vergütet, wenn ich nicht nebendran einen großen Wirtschaftsstrafprozess geführt hätte. Der kam auf mich zu. Beide Mandanten, die mich mit diesen anderen Verteidigungen beauftragt haben, sagten: ›Na der, der steht, der kippt nicht, selbst beim größten Druck nicht.‹«

Wer öffentlich nach den Ursachen und Gründen der Terrorakte fragt, sieht sich immer häufiger dem Vorwurf ausgesetzt, ein »Sympathisant« der RAF zu sein. Der Druck, sich von der RAF zu distanzieren, wird extrem. Damit geht das konservative Lager paradoxerweise mit der RAF-Strategie konform. Man kann sogar sagen, dass die bürgerliche Seite mit ihrem Beißreflex der RAF auf den Leim geht. Denn ihre Haltung passt der RAF hervorragend ins politische Konzept. Auch sie verfolgt die Losung: »Wer nicht für uns ist, ist gegen uns.« Eine neutrale oder differenzierte Haltung zu äußern, wird für viele Menschen schwierig. Die politische Auseinandersetzung mit dem RAF-Terror und seinen Ursachen wird von beiden Seiten erschwert und nahezu unmöglich gemacht. Sie findet letztlich nicht statt.

Bezeichnend dafür ist eine Stellungnahme des Schriftstellers Heinrich Böll. Verärgert über einen Artikel in der *Bild* versucht er Anfang 1972, eine kritische und unabhängige Haltung zu beziehen und zu publizieren. Böll will einen menschlicheren Umgang mit der RAF. Er veröffentlicht im *Spiegel* einen Essay unter dem Titel »Will Ulrike Gnade oder freies Geleit?« In dem Beitrag setzt er sich mit der Berichterstattung der *Bild* auseinander, die der RAF kurz vor Heiligabend mit der Schlagzeile »Baader-Meinhof-Gruppe mordet weiter« einen Bankraub in Karlsruhe anlastet, obwohl es nach Auskunft der Polizei dafür keine konkreten Anhaltspunkte gäbe, allerdings auch in diese Richtung ermittelt werde. Böll kritisiert die pauschale Vorverurteilung der RAF mit den Worten: »Das ist nicht mehr kryptofaschistisch, nicht mehr faschistoid, das ist nackter Faschismus. Verhetzung, Lüge, Dreck. Diese Form der Demagogie wäre nicht einmal gerechtfertigt, wenn sich die Vermutungen der Kaiserslauterer Polizei als zutreffend herausstellen sollten.« Er fragt, »was es bedeutet, in einem Rechtsstaat gehetzt zu werden von *Bild*, die eine weitaus höhere Auflage hat, als der *Stürmer* sie gehabt hat?«, und wirft dem Springer-Verlag vor, zur »Lynchjustiz« aufzurufen. Verleger Axel Springer müsse sich wegen »Volksverhetzung« vor Gericht verantworten, fordert der prominente Autor.

Böll formuliert weiter Fragen zu möglichen Ursachen der RAF-Taten, nach der Situation der Gruppe und nach möglichen Perspektiven eines Umgangs mit ihr: »Haben die Polizeibeamten, Juristen, Publizisten je bedacht, dass alle Mitglieder der Gruppe um Ulrike Meinhof, alle, praktische Sozialarbeit getan haben, und Einblick in die Verhältnisse genommen, die möglicherweise zu dieser Kriegserklärung geführt haben?« Er spricht von »verzweifelten Theoretikern, von inzwischen Verfolgten und Denunzierten, die sich in die Enge begeben haben, in die Enge getrieben worden sind und deren Theorien weitaus gewalttätiger klingen, als ihre Praxis ist«. Dabei zitiert er ein Manifest, das die entstehende RAF nach der Baader-Befreiung veröffentlichte. In ihm heißt es: »Wir schießen, wenn auf uns geschossen wird. Den Bullen, der uns laufen lässt, lassen wir auch laufen.« Daraus folgert Böll: »Die Kriegserklärung, die im Manifest enthalten ist, richtet sich eindeutig gegen das System, nicht gegen seine ausführenden Organe.« Er zieht Parallelen zum Umgang der deutschen Justiz mit NS-Größen, die weitaus größere Verbrechen begangen hätten, aber gar nicht oder milder bestraft wurden, als die RAF-Mitglieder es zu erwarten hätten. Er fordert, die Vorverurteilungen zu beenden und den Terroristen ein faires Verfahren anzubieten: »Will sie Gnade oder wenigstens freies Geleit? Selbst wenn sie keines von beiden will, einer muss es ihr anbieten. Dieser Prozess muss stattfinden, er muss der lebenden Ulrike Meinhof gemacht werden, in Gegenwart der Weltöffentlichkeit. Sonst ist nicht nur sie und der Rest ihrer Gruppe verloren, es wird auch weiter stinken in der deutschen Publizistik, es wird weiter stinken in der deutschen Rechtsgeschichte.«

Der Schriftsteller, der im selben Jahr den Literaturnobelpreis erhält, befürchtet, dass die Auslegung der »freiheitlich demokratischen Grundordnung gnadenloser ist als irgendein historischer Feudalismus, in dem es wenigstens Freistätten gab, auch für Mörder, und erst recht für Räuber? Soll die freiheitlich demokratische Grundordnung sich als so unfehlbar darstellen, dass keiner sie infrage stellen darf?« Er versucht, den eigentlichen Maßstab der Vergehen darzustellen und bezeichnet den Konflikt zwischen RAF und Staat als »Krieg von 6 gegen 60 Millionen. Ein sinnloser Krieg.«

Doch Heinrich Böll setzt sich mit seinen differenzierten und differenzierenden Ansichten, geäußert allerdings in einer provozierenden Sprache, die er auf seinen weihnachtlichen Zorn zurückführt, zwischen alle Stühle. Er wird von vielen Medien, nicht nur von der Springer-Presse, scharf angegriffen. So wird er in einem Kommentar in der *Tagesschau* als »Anwalt der anarchistischen Gewalttäter« bezeichnet. Angriffe aus den konservativen politischen Parteien ist Böll bereits gewohnt, aber nun wird er auch seitens der SPD scharf angegangen. Er gilt in der deutschen Öffentlichkeit folgend als »Sympathisant« der Gruppe, was ihn sehr kränkt.

In einer Replik auf die zahlreichen Angriffe, denen er ausgesetzt ist, antwortet er: »Ich habe die Gruppe um Ulrike Meinhof relativiert – ja. Verharmlost nein. Ich habe versucht, die Proportionen zurechtzurücken. Nichts weiter … Der *Spiegel*-Artikel hat Schwächen, weniger in dem, was drin steht, als in dem, was nicht drin steht; es fehlt eine umfassende Studie über die Eskalation: von der Erschießung Benno Ohnesorgs bis zum Attentat auf Dutschke.«

Die RAF selbst attestiert dem Schriftsteller zwar, dass er mit seinem Essay »analytisch und politisch den Nagel auf den Kopf getroffen« habe, hält ihm allerdings vor, er sähe mit vielen anderen »in allem nur die gegenwärtige Bewegung, nicht die zukünftige, nur das Schlechte, nicht das Gute: die Dialektik von Revolution und Konterrevolution«. Auf Bölls Aufforderung, dass sie sich einem fairen Prozess stellen solle, geht die RAF in ihrer Antwort erst gar nicht ein – dies kommt für die meisten Terroristen nicht im Entferntesten infrage. Nur eine RAF-Frau, Katharina Hammerschmidt, kommt dem im Sommer des folgenden Jahres nach. Doch die von Böll geforderte faire Behandlung durch den Staat, die auch ihr Anwalt Otto Schily erwartet, wird sie nicht erfahren. Ganz im Gegenteil.

In dieser politisch aufgeheizten Zeit werden viele ausgerechnet von Bundeskanzler Willy Brandt, dem Hoffnungsträger von 1969, enttäuscht. Er beschließt im Januar 1972 gemeinsam mit den Ministerpräsidenten der Bundesländer, dass Bewerber für den öffentlichen Dienst abgelehnt werden können, wenn Zweifel daran bestehen, dass sie »jederzeit für die freiheitliche demokratische Grundordnung« eintreten würden. Der sogenannte Radikalenerlass, der sich im Grunde genommen hauptsächlich gegen die DDR-orientierte DKP richtet, macht auch Entlassungen bereits Beschäftigter möglich. Die Betreffenden müssen sich nicht strafbar gemacht haben und sie müssen auch nicht einer verbotenen Organisation angehören. Selbst Bewerber als Lokomotivführer und Postboten, aber auch angehende Lehrer und Juristen werden daraufhin bis in die 90er-Jahre über eine Regelanfrage beim Verfassungsschutz überprüft. Weil für manche Berufe nur der öffentliche Dienst als Arbeitgeber infrage kommt, wird auch von »Berufsverboten« gesprochen.

Obwohl der Erlass bei nur einem äußerst geringen Teil der Bewerber angewendet wird, beeinträchtigt die Regelung das Lebensgefühl einer ganzen Generation. Viele, die sich in der Studentenbewegung oder der APO engagiert haben, entwickeln Ängste um ihre berufliche und damit persönliche Zukunft. Der Erlass verunsichert viele junge Leute in ihrer Lebensplanung und bestätigt sie in der Meinung, dass der Staat kritische Geister mundtot machen will. Auch Angehörige der jüngeren Generationen fühlen sich eingeschüchtert.

Linke Gruppen und Parteien nutzen den Erlass, um weiterhin Stimmung gegen den angeblich repressiven Staat zu machen. So bekommt der Erlass auch einen gegenteiligen Effekt. Er fördert einerseits eine politische Anpassung, weckt andererseits aber auch eine breite Solidarität mit den Betroffenen, die sich in ihren Menschenrechten verletzt sehen. Die auch von vielen Sozialdemokraten und Liberalen kritisierte Regelung führt letztlich mit dazu, dass die linksradikale Sympathisanten-Szene der RAF in den Folgejahren weiterhin Zulauf findet und in ihrer ideologischen Kritik am Staat Unterstützung erhält. Später bezeichnet selbst Willy Brandt den Erlass als einen »Irrtum«. Der Europäische Gerichtshof rügt die Berufsverbote 1995 als Verstoß gegen die Menschenrechte.

Die Stimmung in der Gesellschaft in den 70er-Jahren beschreibt Hans-Christian Ströbele als problematisch: »Niemand traute sich, das, was passiert war, offen zu diskutieren. Ich erinnere mich, dass Künstler, Lehrer und Professoren mit Straf- und Disziplinarverfahren überzogen wurden, weil sie die Veröffentlichung eines zwiespältigen Artikels (»Buback – Ein Nachruf« veröffentlicht unter dem Pseudonym »Mescalero«) in der *Göttinger Zeitung* unterstützten. Es gab bei den Medien eine Art freiwilliger Selbstzensur. Fast ausschließlich wurden die offiziellen Verlautbarungen und Darstellungen publiziert. Wir haben heute eine andere Atmosphäre. Aber wir sehen, dass es bei uns möglich ist, und müssen dafür sorgen, dass es sich nicht wiederholt.«

Während die Gesellschaft erbittert über politische Radikalisierung streitet, verfolgt die RAF ihre Pläne. Sie sollen die Eskalation weiter vorantreiben. Nach eineinhalb Jahren logistischen Aufbaus will sie endlich zur Aktion schreiten. Im Mai 1972 beginnt sie, den »US-Imperialismus« und die deutsche Staatsmacht direkt anzugreifen.

Als erstes Ziel wählt sie das Hauptquartier des V. US-Korps in Frankfurt am Main. Andreas Baader, Gudrun Ensslin, Jan-Carl Raspe und Holger Meins platzieren drei Bomben, die dort innerhalb von einer Minute hochgehen. Ein amerikanischer Offizier stirbt, 13 Menschen werden teilweise schwer verletzt. Noch in hundert Meter Entfernung zerbersten Fensterscheiben, so gewaltig sind die Detonationen. Ein Tag zuvor erklärte US-Präsident Nixon gegen Nordvietnam den Seekrieg und ließ die Häfen verminen. In einem Bekennerbrief schreibt Ulrike Meinhof: »Für die Ausrottungsstrategen von Vietnam sollen Westdeutschland und Westberlin kein sicheres Hinterland mehr sein. Sie müssen wissen, dass ihre Verbrechen am vietnamesischen Volk ihnen neue erbitterte Feinde geschaffen haben.« Nirgendwo auf der Welt seien die Amerikaner mehr vor Angriffen sicher. Die Täter nennt sie nach der ersten toten RAF-Genossin »Kommando Petra Schelm«. Ihr Brief endet mit dem Aufruf: »Schafft zwei drei viele Vietnam!« Diese Parole stammt ursprünglich vom lateinamerikanischen Revolutionär Ernesto »Che« Guevara, sie wurde 1967 unter anderem von Rudi Dutschke ins Deutsche übertragen und in der APO verbreitet.

Am folgenden Tag explodieren mittags zwei Bomben im Augsburger Polizeipräsidium, eine dritte versagt. Am Nachmittag geht auf dem Parkplatz des Landeskriminalamts in München eine Bombe hoch. Genau dorthin waren nach einer Warnung viele Mitarbeiter evakuiert worden. Wie durch ein Wunder wird niemand getötet, allerdings werden 17 Menschen verletzt. Drei Tage später fliegt das Auto eines für die RAF beim Bundesgerichtshof in Karlruhe zuständigen Ermittlungsrichters in die Luft, als seine Ehefrau den Wagen startet. Nur durch einen Zufall sitzt der Richter nicht wie sonst als Beifahrer in dem Wagen. Die Frau wird schwer verletzt. Weitere vier Tage danach gelingt der RAF ein Anschlag nur teilweise. Im Springer-Verlag in Hamburg detonieren zwei Bomben und verletzen trotz einer telefonischen Warnung 38 Arbeiter und Angestellte. Zwei weitere Bomben haben eine Fehlfunktion und explodieren nicht. Sie waren nahe dem Büro von Axel Springer platziert und galten vermutlich dem Verleger persönlich. Dieser Anschlag soll auf Anregung und mit wesentlicher Beteiligung von Ulrike Meinhof durchgeführt worden sein. Nochmals fünf Tage später, es ist der 24. Mai 1972, werden zwei Fahrzeuge mit Bomben in den Kofferräumen vor dem Heidelberger Hauptquartier der US-Streitkräfte in Europa abgestellt. Drei US-Soldaten sterben, weitere fünf Menschen werden verletzt.

Die Bilanz der »Mai-Offensive« ist grausam: Die RAF tötet mit elf Bomben vier Menschen und verletzt weitere 74. Beinahe jedes Mal rechtfertigen Bekennerschreiben die Taten, verfasst von Ulrike Meinhof.

Die Bombenserie fordert den Staat aufs Äußerste heraus. Noch im Juni werden neue Sicherheitsgesetze beschlossen und dafür sogar das Grundgesetz geändert. Die Verfolgung der Täter wird immer intensiver. Am 31. Mai werden sämtliche Polizisten der Republik dem BKA zur bis dahin größten Fahndungsaktion in der Geschichte des Landes unterstellt. Überall werden Straßensperren errichtet, Hubschrauber gehen in die Luft, Bewaffnete patrouillieren, es sollen 130 000 Beamte im Einsatz sein. Die Aktion ist zwar ein Fehlschlag, kein einziger der Terroristen wird

**Bei dem RAF-Anschlag auf das europäische Hauptquartier der US-Armee in Heidelberg am 24. Mai 1972 sterben drei Menschen.**

gefasst. Sie gibt der Öffentlichkeit allerdings das Gefühl, dass der Staat handelt. Abertausende Fahndungsplakate sind in allen öffentlichen Gebäuden und an jeder Litfasssäule in der Bundesrepublik angebracht. Die Nachrichten und Zeitungen sind voll mit richtigen wie falschen Angaben über die Täter. Die aufgebrachte als auch verängstigte Bevölkerung gibt täglich Tausende Hinweise an die Polizei. Alle erweisen sich mehr oder weniger als falsch – bis auf einen.

Nachbarn erscheint das Treiben in einer Garage in der Nähe des Frankfurter Hauptfriedhofs merkwürdig und sie informieren die Polizei darüber. Diese knackt das Tor, findet ein gestohlenes Auto und Sprengstoff, den sie gegen eine harmlose Substanz austauscht. Verdeckt observieren etliche Beamte das Objekt zwei

Tage lang. Am Tag nach dem Großeinsatz der Polizei, am frühen Morgen des 1. Juni 1972, es ist Fronleichnam, erscheinen drei Männer an der Garage. Zwei gehen hinein, der dritte bleibt draußen, es ist Jan-Carl Raspe. Nach wilden Schießereien, dem Einsatz von Tränengas und sogar einem Panzer werden außer ihm auch Holger Meins und Andreas Baader, verletzt durch eine Polizeikugel, verhaftet.

Gudrun Ensslin wird eine Woche später in Hamburg gefasst, als sie sich in einer Boutique neu einkleiden will. Eine Verkäuferin bemerkt ihre Pistole und informiert die Polizei. Nur eine weitere Woche danach: Ulrike Meinhof und Gerhard Müller, ebenfalls RAF-Mitglied, wollen sich bei dem links-liberalen Lehrer Fritz Rodewald in Hannover einquartieren. Doch seine Freundin bekommt es mit der Angst zu tun und so offenbart er sich der Polizei. Müller wird in einer nahe gelegenen Telefonzelle festgenommen, Meinhof in der Wohnung. Jeweils zwei weitere Mitglieder werden in Berlin und Offenbach sowie ein weiteres in Stuttgart gefasst.

Ein RAF-Mitglied stellt sich in Begleitung seines Anwalts Otto Schily den deutschen Behörden. Katharina Hammerschmidt, die innerhalb der Gruppe eher eine Randfigur ist und vor allem über ihre Freundin Gudrun Ensslin zur RAF gelangte, hat sich aufgrund des immensen Fahndungsdrucks nach Frankreich abgesetzt. Von dort aus nimmt sie mit Schily Kontakt auf, der sie umgehend im Elsass besucht. Der Rechtsanwalt kann sie bei einem langen Sommerspaziergang durch die Natur davon überzeugen, mit ihm gemeinsam nach Berlin zu fahren. Er sieht angesichts ihrer freiwilligen Aufgabe gute Chancen auf Haftverschonung.

Doch Schily täuscht sich. In seiner Erinnerung sagt er, immer noch betroffen: »Das ist eine traurige Geschichte. Die Familie ist

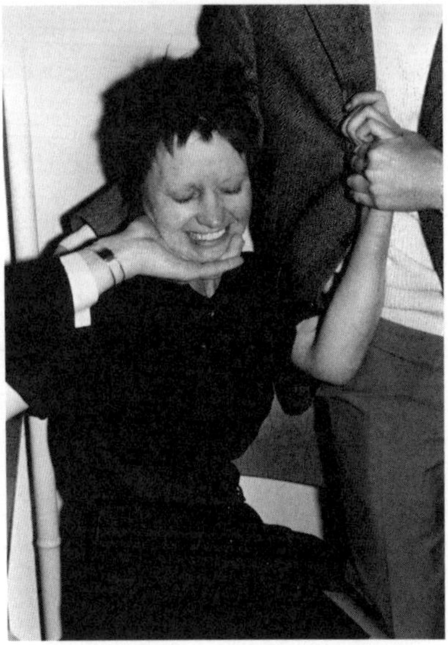

Ulrike Meinhof wird nach ihrer Verhaftung im Juni 1972 in Hannover-Langenhagen den Pressefotografen vorgeführt.

an mich herangetreten und dann wurde ein Kontakt aufgebaut zu Frau Hammerschmidt, die sich damals noch nicht den Behörden gestellt hat. Wir haben darüber gesprochen und ich habe gesagt, dass wir versuchen, das so über die Bühne zu bringen: ›Dass Sie sich den Behörden stellen und wir hier ein faires Verfahren haben.‹ Dann kam sie aber in Untersuchungshaft. Ich hatte eigentlich die Überzeugung, wenn sie sich selber stellt, dann bleibt sie auf freiem Fuß und wir hätten dann mit bestimmten Auflagen das Verfahren durchgeführt. Es stellte sich heraus, dass sie an Krebs erkrankt ist. Sie bekam in der Haftanstalt nicht die notwendige Behandlung und wurde auch nicht vernünftig untersucht. Meine Versuche, sie aus der Haftanstalt herauszubringen, sind alle gescheitert. Ich muss ehrlich sagen, das war für mich eine sehr, sehr große Enttäuschung über das, was ich erwartet hatte. Zumal ich die Verantwortung dafür habe.

Die Verantwortung trifft mich. Ich habe sie ja davon überzeugt, dass sie sich stellt. Das ist eine sehr traurige Erinnerung an diesen Fall.«

Katharina Hammerschmidt wird erst nach 17 Monaten todkrank aus der U-Haft entlassen. Otto Schily verklagt in ihrem Namen die Gefängnisleitung und die Gefängnisärzte, die die Krankheit nicht richtig diagnostizierten und behandelten. Diese wiederum wehren sich mit einer Verleumdungsklage gegen Schily. Das Landgericht Berlin schreibt im Januar 1974 nach dem Tod Hammerschmidts der Gefängnisleitung wegen »schuldhafter Verletzung der Amtspflicht« eine Mitschuld an deren Tod zu.

Zurück ins Jahr 1972: Am 9. Juli sind von vermuteten 39 Mitgliedern der RAF 35 festgesetzt, zwei erschossen und zwei noch auf freiem Fuß; sie setzen sich wahrscheinlich dauerhaft ins Ausland ab. Ein weiterer Unschuldiger wird Opfer der Polizei. Ein überängstlicher Polizist erschießt einen harmlosen britischen Geschäftsmann, der in einer früheren konspirativen Wohnung der RAF untergekommen ist. Das RAF-Problem scheint aus polizeilicher Sicht gelöst, nun wird es der Justiz übergeben. Dass es später eine zweite Generation der Terrorgruppe geben wird, ahnt zu diesem Zeitpunkt kaum jemand.

Auch die Öffentlichkeit atmet auf und geht erleichtert zur Tagesordnung über. Nach den schrecklichen Ereignissen im Frühjahr freuen sich die meisten Deutschen auf die XX. Olympischen Spiele, die in diesem Sommer in München stattfinden. Sie beginnen Ende August. Dass sie das Ziel von Terroristen sein könnten, hatten die Sicherheitskräfte durchaus befürchtet. Aber sie sind nach der Zerschlagung der RAF zwischen Anfang Juni und Mitte Juli wieder weitgehend beruhigt. Es gibt zwar das theoretische Szenario eines Überfalls durch die PLO, dieses aber wird wegen Arbeitsüberlastung der Polizei nie ernsthaft trainiert.

Katharina Hammerschmidt, Mitglied der RAF, und Otto Schily treffen sich im Sommer 1972 im Elsass. Er überzeugt sie, sich den deutschen Behörden zu stellen. Die erhoffte faire Behandlung erfährt sie allerdings nicht.

Doch die Olympischen Spiele in München geraten zu einem Desaster deutscher Polizeiarbeit. Palästinensische Terroristen nehmen im September 1972 elf Sportler der israelischen Olympiamannschaft als Geiseln. Sie wollen einen Austausch mit Hunderten palästinensischer Gefangener aus israelischen Gefängnissen erreichen und auch einige RAF-Mitglieder freipressen. Außerdem wollen sie mit ihren Geiseln aus Deutschland ausgeflogen werden. Zum Schein geht die Bundesregierung auf diese Forderung ein und fliegt die Täter und ihre Geiseln per Hubschrauber vom Olympischen Dorf auf einen Militärflugplatz. Dort startet sie eine dilettantische Befreiungsaktion, die in einem Blutbad endet. Alle Geiseln, ein Polizist und die meisten Terroristen sterben, insgesamt 17 Menschen. Die RAF ist von dem furchtbaren

Olympia-Attentat begeistert. Ulrike Meinhof würdigt in einem Papier, das sie in der U-Haft verfasst, die revolutionäre Strategie gegen den Imperialismus Israels und Westdeutschlands als so beispielhaft, dass hieran »die westdeutsche Linke ihre Identität wieder finden könnte«. Bundesinnenminister Genscher und seine Länderkollegen ziehen aus dem Desaster ihre eigenen Lehren und rüsten auf. Sie gründen insgeheim eine neue, militärisch ausgerüstete Antiterror-Eliteeinheit beim Bundesgrenzschutz, die Grenzschutzgruppe 9 (GSG 9), sowie Sondereinsatzkommandos bei den Länderpolizeien.

Die gefangenen RAF-Terroristen werden nicht lange dort inhaftiert, wo sie festgenommen werden. Das BKA und die Bundesanwaltschaft verteilen sie getrennt voneinander auf verschiedene Haftanstalten in der ganzen Republik. Andreas Baader muss nach Schwalmstadt, Gudrun Ensslin nach Essen, Holger Meins nach Wittlich an der Mosel, Astrid Proll, Jan-Carl Raspe und Ulrike Meinhof kommen in verschiedene Trakte nach Köln.

Kaum sind die RAF-Mitglieder verhaftet, verlangen sie nach ihren Rechtsanwälten. Für Gudrun Ensslin ist es Otto Schily, für Andreas Baader ist es neben anderen Hans-Christian Ströbele. Der erinnert sich: »Ich habe bei der Außerparlamentarischen Opposition mitdemonstriert. Gudrun Ensslin, Andreas Baader und Holger Meins waren mit Tausenden von anderen der APO dabei. Wir haben in den Straßen Berlins gemeinsam gegen den Vietnamkrieg protestiert, gegen die Altnazis, gegen Polizeiübergriffe und vieles mehr. Es gab ein gemeinsames Engagement über lange Zeit. So war es für mich auch selbstverständlich, nach ihrer Festnahme die Verteidigung zu übernehmen. Das heißt nicht, dass ich den bewaffneten Kampf für richtig hielt oder unterstützt habe.«

Otto Schily hatte Ensslin schon einige Jahre zuvor im Frankfurter Kaufhausbrandprozess vertreten. Nun, nachdem sie ihn zum

Anwalt ihres Vertrauens erklärt, reist er nach Essen und trifft sich mit ihr am 12. Juni in der Haftanstalt. Sie führen ein Gespräch über zweieinhalb Stunden. Ensslin ist dort in strenger Einzelhaft, die Justizbeamten dürfen die Zelle nur zu zweit betreten. Verteidiger Schily ist eigentlich der Einzige, der mit ihr allein reden darf. Es gelingt Ensslin sehr schnell nach ihrer Verhaftung, einen umfangreichen Kassiber aus der Essener Haft zu schmuggeln. Er wird eine Woche später bei Ulrike Meinhof gefunden, fein säuberlich abgetippt. In dem Kassiber gibt Ensslin detaillierte Direktiven, wie die noch in Freiheit befindlichen RAF-Mitglieder weiter vorgehen sollen. Unter Tarnnamen erteilt sie die Anweisung, welche Wohnungen geräumt werden und wo weitere Bombenanschläge stattfinden sollen. Otto Schily gerät schnell unter den Verdacht, den Kassiber aus dem Essener Gefängnis herausgeschmuggelt und an die RAF weitergegeben zu haben. Er wehrt sich heftig gegen den Vorwurf. Er kann Zweifel daran wecken, ob die JVA-Bediensteten entgegen den Dienstanweisungen tatsächlich immer zu zweit in der Zelle gewesen sind. Der Schmuggel kann Schily niemals nachgewiesen werden.

Schily wird etwa eine Woche nach Meinhofs Verhaftung und dem Auffinden des Kassibers von der Verteidigung Ensslins ausgeschlossen. Er legt beim Bundesgerichtshof Einspruch ein, dieser wird allerdings Ende August abgelehnt. Die Begründung wird im Ausschlussverfahren geliefert. Es sei undenkbar, dass die Justizbediensteten gegen staatliche Interessen handelten. Daher wird festgestellt, dass es nur Schily gewesen sein könne, der Ensslins Nachricht nach draußen übermittelte. Der BGH erklärt dazu, Anwälte und Beschuldigte seien schließlich durch »in erheblichem Umfang gleichgerichtete Interessen miteinander verbunden«.

Schily zieht bis vor das Verfassungsgericht. Das höchste deutsche Gericht entscheidet im Februar 1973, dass Schily Ensslin weiterhin verteidigen darf. Es nimmt dabei nicht Stellung zu der Frage, ob er den Kassiber schmuggelte oder nicht, sondern es stellt fest, dass ein Verteidigerausschluss »zurzeit weder durch Gesetz noch durch Gewohnheitsrecht gedeckt ist«. An anderer Stelle heißt es: »Dazu genügt nicht, dass der Ausschlusstatbestand in ›Umrissen‹, also nur unvollkommen und lückenhaft, aus Sinn und Zweck einer Reihe gesetzlicher Vorschriften gewonnen werden kann.«

Schily wehrt sich weiterhin heftig gegen den Vorwurf, den Kassiber geschmuggelt zu haben. Doch der Geruch der Komplizenschaft mit der RAF-Terroristin bleibt in der Öffentlichkeit lange an ihm und vielen anderen Anwälten hängen. Das regt Schily noch heute auf: »Man hat natürlich versucht, mir wie den anderen Kollegen auch ein Etikett aufzukleben, bis heute. Der ›RAF-Anwalt‹! Was heißt denn das, RAF-Anwalt? Das ist natürlich kompletter Unsinn. Ich war ja nicht der Syndikusanwalt der Roten Armee Fraktion oder Terroristenanwalt. Was heißt denn das: ›Ich bin Terroristenanwalt?‹ Ich war der Anwalt von einer bestimmten Person und habe die verteidigt. Wenn irgendein Kollege in einem Mordprozess verteidigt, ist er ja kein Mörderanwalt, oder?« Hans-Christian Ströbele ergänzt zu den damaligen Vorurteilen: »In der Zeit, als wir die Leute aus der RAF verteidigt haben, richtete sich die Wut, sowohl des Staates als auch der Öffentlichkeit und der Medien, nicht nur gegen die Gefangenen aus der RAF, sondern auch gegen ihre Anwälte, die ›Anwälte des Terrors‹ genannt wurden.«

Den Essener Kassiber-Fall nimmt das Verfassungsgericht jedoch zum Anlass, den Gesetzgeber aufzufordern, den »höchst unbefriedigenden Rechtszustand« zu ändern, also eine Regelung einzuführen, unter welchen Umständen Verteidiger ausgeschlossen werden dürfen. Diese Anweisung erfüllt der Bundestag knapp zwei Jahre später, kurz vor Weihnachten 1974. Zum Januar 1975

Otto Schily und seine Tochter Jenny Rosa, etwa 1973.

tritt ein entsprechendes Gesetz in Kraft, es wird unter anderem auf Hans-Christian Ströbele angewendet.

Bis heute ist nicht geklärt, wie der Kassiber zu Ulrike Meinhof gelangte. Spätere Aussagen ihres Kompagnons Gerhard Müller deuten auf ein Berliner Mitglied der »Bewegung 2. Juni« hin, das ihn nach Hamburg gebracht haben soll. Doch wie er die Essener Haftanstalt verließ und von wem er auf der Schreibmaschine abgetippt wurde, ist letztlich unbekannt.

Die RAF-Häftlinge sind nicht nur in unterschiedlichen Haftanstalten untergebracht, sie werden auch in den Gefängnissen isoliert, wie schon Horst Mahler. Besonders hart trifft es Ulrike Meinhof, die in einem ansonsten leer stehenden ehemaligen Krankentrakt der Justizvollzugsanstalt Köln-Ossendorf einsitzt. In ihrer bis auf eine grüne Tür komplett weiß gestrichenen und eingerichteten Zelle brennt dauerhaft Neonlicht, auch nachts. Es sind keinerlei Geräusche von außen zu hören, sie hat keinen persönlichen Kontakt zu anderen Gefangenen. Besuch darf sie nur sehr eingeschränkt erhalten, lediglich Verwandte dürfen sie für gerade einmal 30 Minuten alle 14 Tage sehen. Mehrfach bekommt sie Besuch von ihren inzwischen zehnjährigen Töchtern, deren Vater bleibt im Warteraum. Anstaltsleiter Bücker beschreibt ihre Haftbedingungen in einem Brief an seinen Vorgesetzten: »Bekanntlich ist die Untersuchungsgefangene Meinhof im Frauentrakt der psychiatrischen Untersuchungsabteilung untergebracht. Während die Untersuchungsgefangene Proll im Männertrakt der Untersuchungsabteilung zumindest akustisch am Leben in der Anstalt teilnehmen kann, ist die Gefangene Meinhof in ihrem Haftraum auch akustisch isoliert.«

Ulrike Meinhof verzweifelt an ihrer Unterbringung im »toten Trakt«. Sie hat Fantasien über die Gaskammern von Auschwitz, die sie in einem Brief an Horst Mahler als »realistisch« bezeichnet. In Briefen, Besucher- und Verteidigergesprächen beschreibt sie Auswirkungen der Isolationshaft, die denen in der wissenschaftlichen Forschung über die sensorische Deprivation ähneln: Konzentrationsschwierigkeiten, Wahrnehmungsstörungen, Halluzinationen und Formulierungsprobleme. Hans-Christian Ströbele erinnert sich: »Es ist international anerkannt, dass Menschen, die nicht nur von der Außenwelt, sondern auch innerhalb der Haftanstalt von jeglicher Kommunikation isoliert werden, erhebliche Schäden erleiden. Die Isolationshaft wird angewandt als Mittel, Gefangene gefügig zu machen. Wir Anwälte haben die Auswirkungen miterlebt, etwa bei Besuchen einer Mandantin, als sie körperlich und psychisch am Ende war. Ärzte haben in Gutachten später festgestellt, dass das auf die Haftbedingungen zurückzuführen war. Das war eine sehr schwierige Zeit. Ich habe versucht, die Leute draußen über die Haftbedingungen zu informieren, weil ich die Isolationshaft für nicht zulässig angesehen habe. Die Reaktionen in den Medien waren voller bösartiger Unterstellungen. Ich selber wurde öffentlich vielfach verbal angegriffen. Einmal wurde mir sogar eine scharfe Patrone nach Hause geschickt, mit dem Hinweis, das sei nun mein Todesurteil.«

Auch Gudrun Ensslin vergleicht sich mit KZ-Häftlingen. Sie schreibt: »Unterschied toter Trakt zu Isolation: Auschwitz zu Buchenwald.« Andreas Baader schickt Kassiber nach draußen, in denen er seine Befreiung aus der Haft fordert. Mehrfach attackieren RAF-Mitglieder Vollzugsbeamte.

Linke Unterstützergruppen greifen die Haftbedingungen der RAF-Mitglieder auf und präsentieren sie der Öffentlichkeit als »Isolationsfolter« und »Vernichtungshaft«, die die Gefangenen psychisch und physisch zerstören soll. Ströbele über die Feinheiten der Wortwahl: »Ich habe das Wort ›Folter‹ in der Regel vermieden, aber nach internationalen Standards gab es gegen Gefangene aus der RAF unmenschliche Haftbedingungen, insbesondere Isolation. Nach der Wende hat man Isolationshaft in Gefängnissen der DDR zu Recht heftig kritisiert, weil sie den von Amnesty International eingeforderten Standards widerspricht.« Horst Mahler macht andere Erfahrungen und hat schon damals eine eigene Einschätzung der Situation: »Es war ein großer Unterschied zwischen den Verhältnissen hier in Berlin und denen in Stammheim und Ossendorf. Dort sind spezielle Einrichtungen geschaffen worden, um eine reizarme Umgebung hervorzubringen. Gezielt, weil man wusste, dass diese Verarmung an äußeren Reizen fatale Folgen für das Innenleben hat. Insofern ist der Foltervorwurf sicherlich gerechtfertigt, obgleich ich das damals so gesagt habe: ›Wir können unsere Propaganda nicht auf dieser Mitleidsschiene aufbauen, dass wir jetzt gefoltert würden. Das ist eine Sackgasse.‹ Ich habe das öffentlich kritisiert, obwohl das viele als grausam empfunden haben. In Berlin war es nicht so, ich war in einer ganz normalen Umgebung, das war ein Untersuchungsgefängnis.«

Die schwierigen Haftbedingungen, insbesondere von Ulrike Meinhof, führen zu einer hohen Identifikation mancher Linksradikaler mit den Gefangenen und in der Folge auch mit der RAF und ihrer Ideologie. Der inhumane Umgang der Justiz mit manchen Häftlingen stärkt die »Sympathisantenszene« und trägt mit dazu bei, dass schon bald nach der Verhaftung der Gründungsmitglieder eine zweite Generation RAF-Kämpfer antritt. Ihr Ziel ist weniger, den Imperialismus anzugreifen, sondern vielmehr, die Haftbedingungen zu verbessern und die inhaftierten Genossen aus den Gefängnissen zu befreien.

Auch in den Gefängnissen führt die RAF den Kampf weiter. Aber zunächst muss die Trennung überwunden werden, müssen die Kontakte wieder hergestellt werden. Die Gefangenen der RAF bauen mithilfe ihrer Anwälte ein »Info« genanntes Kommunikationssystem auf. Ihnen werden gemeinschaftliche Taten angelastet, gegen sie soll gemeinsam verhandelt werden, also wollen sie sich gemeinsam verteidigen. Da sie aber eine gemeinsame Verteidigungsstrategie nicht persönlich besprechen können, werden »Zellen-Zirkulare« ins Leben gerufen. Briefe, die Gefangene schreiben, werden über die Anwälte vervielfältigt und einem definierten Verteiler anderer Gefangener und Unterstützer übersandt. Da die Verteidigerpost nicht kontrolliert werden darf, können die RAF-Mitglieder nun ausgiebig, wenn auch etwas langwierig und umständlich, miteinander kommunizieren. Dabei wird eine strenge Hierarchie mit drei Kommunikationsebenen eingeführt. Nur der Führungskreis um Baader, Ensslin und Meinhof und besonders zuverlässige Genossen erhalten den Status I und bekommen damit alle Infos. Die Einteilung in die Kategorien übernimmt Andreas Baader und hält so nicht nur die

Kommunikation, sondern auch ein Disziplinierungsmittel in seinen Händen.

Auch Hans-Christian Ströbele arbeitet im Info-System mit: »Deshalb wurde ich Anfang der 80er-Jahre verurteilt. Ich habe all dies damals als sicher außergewöhnliche, aber zulässige Verteidigertätigkeiten angesehen. Und ich sehe das heute nicht viel anders. In diesem Info-System sollten ja keine Kassiber von den Gefangenen nach draußen in den Untergrund geleitet werden, sondern es ging um den Austausch von Papieren und Informationen unter den Gefangenen sowie mit ihren Verteidigern. Damals war eine gemeinsame Verteidigung zulässig. Um die Verteidigung gemeinsam vorzubereiten, wurden die Gefangenen ja auch in Stuttgart-Stammheim zusammengeführt. Das hatte das Gericht angeordnet.«

Tausende von Schreiben werden so zwischen 1973 und 1977 verschickt, teilweise bis zu 60 Seiten stark. Darunter befinden sich zahlreiche Strategiepapiere, etwa zum Umgang mit den Anklagen, zum Verhalten im Gefängnis und zu politischen Fragen. Aber es sollen auch detaillierte Anleitungen zum Bombenbau nach draußen verschickt worden sein und die eindeutige Anweisung, die Gefangenen zu befreien. Das Info-System ermöglicht es den Inhaftierten, ihre Kommandostrukturen gegenüber den Unterstützern und der zweiten RAF-Generation draußen aufzubauen und aufrechtzuerhalten. Um dieses System zu organisieren, ist die RAF auf die Anwälte angewiesen. »Die roten Anwälte«, schreibt Gudrun Ensslin, »sind unentbehrlich. Ohne ihre gebündelten und sortierten Informationen geht es nicht.«

Andreas Baader setzt das Info-System auch ein, um bundesweite Hungerstreiks der Gefängnisinsassen zu koordinieren. Gegenüber der Justiz besitzen die Gefangenen keine direkten Machtmittel. Um ihre Ohnmacht zu kompensieren, setzen sie

**Insgesamt drei Mal wurde das Sozialistische Anwaltskollektiv durchsucht, hier im November 1974. Wenige Monate später wird Hans-Christian Ströbele vom RAF-Prozess ausgeschlossen.**

den eigenen Körper als Waffe ein. Mitte Januar 1973 beginnt der erste von mehreren Hungerstreiks, der die Haftbedingungen aller Inhaftierten verbessern soll. Wichtiges Ziel ist, die Isolationshaft von Ulrike Meinhof in der Justizvollzugsanstalt Köln-Ossendorf zu beenden. Armin Golzen, Verteidiger von Baader und Meinhof, berichtet allerdings, dass die beiden Brathähnchen gegessen hätten, die er ihnen mitbrachte. Hans-Christian Ströbele holt von der Bundesanwaltschaft die Zusage ein, nach ärztlichen Untersuchungen und Empfehlungen die Haftbedingungen für alle Gefangenen zu lockern. Als er dies telefonisch Andreas Baader mitteilt, ist dieser sehr skeptisch. Aber er stimmt der Beendigung der Aktion zu. Ströbele bewegt mit Baaders Zustimmung auch die anderen Gefangenen zum Ende des Hungerstreiks.

Doch Baaders Skepsis bestand zu Recht. Tatsächlich werden die Haftbedingungen nur für Ulrike Meinhof kurzfristig geändert, sie wird während des Streiks aus dem toten Trakt in eine andere Abteilung verlegt. Bereits eine Woche nach dem Abbruch Mitte Februar wird sie allerdings zurückverlegt. »Mir wurden die Zusagen gemacht, und sie haben aufgehört mit dem Hungerstreik. Sie durften dann untereinander telefonieren. Die Zusagen wurden nicht eingehalten. Ich sah mich als Zwischenträger zwischen Bundesanwaltschaft und Mandanten ungeheuer reingelegt. Wenn später irgendwann kam: ›Es gibt Zusagen, es gibt Bewegung und hört doch auf mit dem Hungerstreik!‹, dann wurde mir geantwortet: ›Auf eure Zusagen ist ja kein Verlass‹«, erinnert Ströbele sich bitter.

Gegenüber der Öffentlichkeit sieht er sich allerdings dem Vorwurf ausgesetzt, den Hungerstreik zu unterstützen: »Wir sahen unsere Aufgabe als Verteidiger auch darin, Gesundheit und Leben der Gefangenen zu schützen. Dazu hätte überhaupt nicht gepasst, sie zur Fortsetzung von Hungerstreiks zu bewegen.« An anderer Stelle erklärt er: »Behauptungen sind falsch, die Anwälte hätten die Gefangenen zum Hungerstreik überredet, angehalten oder veranlasst. Ganz im Gegenteil haben wir viel getan, ihn so schnell wie möglich zu beenden.« Einige Anwälte demonstrieren sogar in Robe vor dem Bundesgerichtshof und lassen sich zu einer symbolischen Hungerstreikaktion hinreißen. Das reicht manchem RAF-Gefangenen aber nicht. Manfred Grashof etwa schreibt: »Wenn Ihr Euch nicht umgehend von dem Verdacht befreit, uns angeschissen zu haben, sehe ich schwarz für die weitere Zusammenarbeit ... Unsere stärkste Waffe ist unser Körper, ihn haben wir kollektiv eingesetzt«; er verlangt von den Verteidigern eine »gründliche Selbstkritik«.

Doch sein Ansinnen nach bedingungsloser Solidarität und sogar Unterordnung lässt bei dem ansonsten geduldigen Hans-Christian Ströbele die Hutschnur platzen. Er schreibt zurück: »Die Jacke ziehen wir uns nicht an. Vielleicht macht Ihr Euch bis zu meinem nächsten Besuch im Lauf der nächsten Woche grundsätzliche Gedanken zur Funktion der Anwälte ... Aber bitte realistische. Die Anwälte als Speerspitze der Revolution oder der RAF oder der verlängerte Arm der RAF-Genossen, die inhaftiert sind? Wohl kaum!« Ströbele beendet sein Schreiben, indem er Grashofs Druckmittel umlenkt und es selbst ultimativ einsetzt: »Oder dann eben keine juristische Hilfe mehr!«

Am 8. Mai 1973 beginnen die RAF-Häftlinge – mit Ausnahme von Horst Mahler – einen zweiten Hungerstreik. Mahler lehnt ihn als eine »Ohnmachtsstrategie« ab und erklärt: »Nur dann ist das Mittel des Hungerstreiks zulässig, wenn es wirklich ums Überleben der RAF geht.« Für diese Einschätzung zieht Mahler sich den Zorn der Genossen zu: »Du Arschloch, halt die Schnauze. Wenn du nicht von deinem Sockel runter willst, muss man dich runter knallen.«

Inzwischen haben sich, initiiert über das Info-System, in 23 Städten in der ganzen Bundesrepublik »Komitees gegen die Isolationsfolter« gegründet. Sie machen eine gründliche Presse- und PR-Arbeit. Ihnen gelingt es, solidarische Medienkommentare zu erzeugen und einige Prominente zu öffentlichen Stellungnahmen zu bewegen, ganz nach dem Motto Ulrike Meinhofs: »Setzt die Schweine von außen unter Druck und wir von innen.« Ende Juni erklärt Gudrun Ensslin den Streik für beendet, sie hat die Einschätzung gewonnen, »die hefe ist raus«. Die Medienberichterstattung hat nachgelassen, die Öffentlichkeitswirksamkeit des Hungerstreiks wird stumpf. Neu an der Reaktion des Staates ist, dass erstmals Häftlinge zwangsernährt werden.

Auf dem Gelände der Justizvollzugsanstalt in Stuttgart-Stammheim errichtet derweil das Justizministerium eine sogenannte Mehrzweckhalle für rund zwölf Millionen Mark. Es ist ein festungsartiger Bau, der einzig zum Zweck der RAF-Prozesse errichtet wird. Er wird sogar gesichert gegen mögliche Befreiungsaktionen mit Hubschraubern. Hans-Christian Ströbele hierzu: »Der Stammheim-Prozess ist in sehr zweifelhafter Weise vorbereitet worden durch den Bau dieses Bunkers ... Wir haben damals schon gesagt und da spricht auch heute noch vieles dafür: ›Das ist eine in Beton gegossene Vorverurteilung!‹« Als der Bau im Frühjahr 1974 fertiggestellt ist, werden mehrere RAF-Beschuldigte nach und nach im siebten Stockwerk des benachbarten Gefängnisses zusammengelegt, das als Hochsicherheitstrakt ausgebaut ist. Eine zentrale Forderung nach Aufhebung der Isolation ist damit erfüllt. Als erste Gefangene werden Ende April Gudrun Ensslin und Ulrike Meinhof dorthin verlegt.

Ein halbes Jahr später, im Sommer 1974, verkündet Ulrike Meinhof bei ihrem immer noch andauernden Berliner Prozess wegen der Baader-Befreiung öffentlich den dritten Hungerstreik. Andreas Baader will den Kampf nun bewusst eskalieren lassen. In einem »Info« an die Mitgefangenen schreibt er bereits Monate zuvor: »wir werden den hungerstreik diesmal nicht abbrechen. Das heißt es werden typen dabei kaputtgehen.« Es ist nicht nur Ziel, dass die Gefangenen zusammengelegt werden, sondern: »Sicher ist auch, dass wir den Hungerstreik so anlegen, dass die Gefangenen in seiner Folge verhandlungsunfähig werden.« Und: »Die Perspektive sind Explosionen im Gefängnis.« Die RAF fordert neben der Zusammenlegung auch massive Hafterleichterungen für alle deutschen Gefängnisinsassen.

In der Strategieplanung legen Andreas Baader und die anderen Führungsfiguren angeblich eine Rangfolge an, wer sein Leben durch das Hungern in Gefahr bringen soll und wer nicht. Baader, Ensslin und Meinhof essen heimlich, um sich nicht zu gefährden. Aus der RAF-Führung hält nur Jan-Carl Raspe den Streik konsequent durch. Durch das »Info« kann die Hunger-Disziplin der Mitglieder seitens der Führungsriege überwacht und notfalls Druck ausgeübt werden. Baader lässt sich regelmäßig über das Gewicht der Genossen informieren und greift über einen Anwalt einen Gefangenen an, er sei »zu fett«. Irene Goergens wird von Ulrike Meinhof bei der Stange gehalten, als sie abbrechen will.

Die Justiz erschwert den Anwälten ihre Arbeit, wo sie nur kann. Hans-Christian Ströbele über die Schikanen: »Ich erinnere mich, dass ich bei einem Besuch bei Andreas Baader in Schwalmstadt in Hessen ins Gefängnis nicht reingelassen wurde. Man verlangte von mir, dass ich mich vor drei Beamten ausziehe, und zwar splitternackt, und auch die Hosen runterziehe und man mir auch im Hintern reinschauen wollte. Ich habe mich zunächst geweigert, bin empört aus dem Gefängnis rausgegangen. Ich habe die Bundesanwaltschaft angerufen und gesagt: ›Das kann doch nicht wahr sein!‹ Ich habe Kollegen angerufen, habe gesagt: ›Soll ich das denn machen?‹ Das war eine Situation, wo Andreas Baader im Hungerstreik war und wir die Befürchtung hatten, dass ihm noch das Wasser abgedreht war. Ich habe mich dann nach langem, langem Bedenken dieser Prozedur unterworfen, die natürlich ungeheuer entwürdigend war, nur um Andreas Baader im Gefängnis zu sehen. Um zu sehen, lebt er noch? Wie geht es ihm? Was kann ich tun, um ihn überleben zu lassen?«

Die Justizverwaltungen greifen zum Mittel der Zwangsernährungen. Täglich ein- oder zweimal werden die meisten Gefangenen auf eine Liege geschnallt und erhalten gegen ihren Willen durch die Nase eine Sonde eingeführt. Dadurch wird eine Nährlösung in den Magen eingeführt. Als Gefangene sich unmittelbar nach der Prozedur selbst zum Erbrechen bringen, bleiben sie über eine Stunde lang auf der Liege festgeschnallt, damit der Körper mit der Verdauung beginnen kann. Anwalt Otto Schily stellt wegen der Tortur, die diese Behandlung fraglos bedeutet, Strafanzeige gegen die Anstaltsärzte. Er bezeichnet die Zwangsernährung als »bewusste Quälerei und sadistische Folter«.

In der Öffentlichkeit wie im Parlament wird heftig über die Zwangsernähung diskutiert. Mitglieder der CDU/CSU-Fraktion fragen öffentlich und scheinheilig, warum der Staat die Häftlinge davon abhält, sich selbst das Leben zu nehmen. Bundesjustizminister Hans-Jochen Vogel stellt eine Fürsorgepflicht des Staates fest, selbst gegen den Willen der Gefangenen, die umgesetzt werden muss.

Die Anwälte Schily und Ströbele kooperieren eng und gut miteinander: »Ich habe seinerzeit ja in mehreren Verfahren, und nicht nur in Verfahren gegen Gefangene aus der RAF, gemeinsam mit Otto Schily verteidigt. Manchmal haben wir viele Monate lang Verteidigungen durchgeführt. Wir haben immer hervorragend zusammengearbeitet und uns in vielen Fällen sehr gut gegenseitig unterstützt und gemeinsam die Verteidigung gestaltet. Wir haben uns vor den Sitzungen abgesprochen, wer welchen Part übernimmt, vorbereitet und die Akten liest. Wobei Otto Schily wirklich ein begnadeter Befrager war, sehr intuitiv. Er roch geradezu die Schwächen von Zeugen und mögliche Falschaussagen. Dann hat er beharrlich nachgehakt und ist häufig erfolgreich gewesen. Etwa bei dem Zeugen Axel Springer, den wir ja in einem der Mahler-Verfahren als Zeugen hatten. Den hat er ganz schön in die Enge getrieben«, erklärt Ströbele. Schily schildert seine Sicht auf die damalige Arbeitsteilung zwischen den beiden so: »Er war ein guter Anwalt. Das ist gar keine Frage, er war ein sehr fleißiger Anwalt. Er war ein sehr guter Solicitor (im Hintergrund tätiger Anwalt), nicht unbedingt immer der beste Barrister (vor Gericht tätiger Anwalt), aber ein sehr guter Solicitor, der also sehr, sehr sorgfältig und fleißig das Material zusammengestellt hat, das man für eine Verteidigung braucht.«

Baader und Raspe werden auf Anordnung des zuständigen Richters Anfang November zu Ensslin und Meinhof nach Stammheim verlegt. Damit ist eigentlich die wichtigste Forderung erfüllt. Aber der Hungerstreik geht weiter, obwohl es den Gefangenen schlecht geht. Hans-Christian Ströbele über Andreas Baader, der sich über zu wenig Solidarität der Anwälte beklagt: »Als es ihm im Gefängnis während des Hungerstreiks dreckig ging, habe ich von ihm Vorwürfe hingenommen, die ich mir von keinem anderen Mandanten hätte gefallen lassen. Wie in einem Brief nachzulesen ist, warf er mir vor, der Letzte zu sein, der noch an den Rechtsstaat glaubt. Das war durchaus unfreundlich gemeint. Er hielt diesen Staat für faschistisch.«

Auch Holger Meins' Verlegung nach Stammheim ist vorgesehen, doch sei er wegen des Hungerstreiks zu sehr geschwächt und nicht transportfähig. Meins, früherer Filmstudent, ist in Wittlich in der Eifel inhaftiert. Er hält den Hungerstreik konsequent durch, fordert dies auch vehement von den anderen Inhaftierten: »menschen (also wir), die sich weigern, den kampf zu beenden – sie gewinnen entweder oder sie sterben, anstatt zu verlieren und zu sterben.« Am 7. November 1974 erhält er einen Brief von Gudrun Ensslin, die ihn auffordert, weiter abzunehmen. Sie schickt ihn in den sicheren Tod und schreibt zynisch: »du bestimmst, wann du stirbst. freiheit oder tod.« Da wiegt der 1,83 Meter große Mann nur noch 40 Kilogramm. Zwei Tage später ist der 33-Jährige tot. Die Justiz ist eindeutig mitverantwortlich: Der Anstaltsarzt hat sich übers Wochenende frei genommen, eine Vertretung gibt es nicht.

Hans-Christian Ströbele ist einer der Verteidiger von Holger Meins. Er versucht verzweifelt, das Leben seines Mandanten zu retten: »Ich habe ihn wenige Tage vor seinem Tod besucht. Das war ein einmaliges Ereignis, das mich zutiefst erschüttert hat. Ich war im Gefängnis in Wittlich, und Holger Meins sollte mir zugeführt werden. Dann kamen zwei Träger in eine Zelle, Holger Meins lag auf einer Bahre. Der Mandantenbesuch spielte sich dann so ab, dass ich niederknien musste, um mein Ohr an den Mund von Holger Meins zu legen, weil er nicht laut sprechen konnte, um ihn überhaupt noch zu verstehen. Ich habe mit ihm reden können. Er hat mich gebeten, alles zu unternehmen, dass er möglichst schnell nach Stuttgart-Stammheim verlegt wird, damit dort sein Leben gerettet werden kann. Ich war gar nicht lange bei ihm, sondern bin geradezu aus dem Gefängnis hinausgestürzt und zum Telefon gegangen. Ich habe versucht, den zuständigen Richter und Anwaltskollegen zu erreichen. Ich habe denen berichtet, was ich gerade erlebt habe, und gesagt: ›Wir müssen alles tun, um ihn möglichst schnell nach Stuttgart-Stammheim zu bringen.‹ Wir wussten ja, Andreas Baader war schon dort, Ulrike Meinhof war schon dort, Gudrun Ensslin auch. Die sind so versorgt worden, dass sie überlebten. Leider habe ich von anderen Kollegen gehört, die nach mir da gewesen sind, dass es ihm im Gefängnis weiter schlechter ging und dass er an einem Wochenende, als der Anstaltsarzt es für richtig angesehen hatte, in Urlaub zu fahren, gestorben ist.«

Holger Meins' Tod erschüttert die Republik, ganz wie die Strategen hinter Gittern es sich ausgemalt hatten. Meins wird zum wichtigsten Märtyrer der RAF. Ihrer Ansicht nach und in der Wahrnehmung der linken Öffentlichkeit gilt sein Tod als Mord eines faschistischen Staates an einem wehrlosen Gefangenen. Als Racheakt, von der RAF freudig begrüßt, erschießt die »Bewegung 2. Juni« schon einen Tag später den sozialdemokratischen Richter

Die Beerdigung von Holger Meins gerät zur Solidaritätsdemonstration. Otto Schily geht gemeinsam mit Rudi Dutschke (mit Baskenmütze), der am Grab die Faust in die Luft reckt und laut ausruft: »Holger, der Kampf geht weiter!«

Günter von Drenkmann bei einem Entführungsversuch. Er ist als Kammergerichtspräsident zwar der höchste Richter Berlins, hatte aber niemals mit politischen Prozessen zu tun, sondern ist ausschließlich mit Zivilrecht befasst.

In einer Pressekonferenz in Stuttgart sagt Otto Schily zu Meins' Tod: »Wenn die Öffentlichkeit weiterhin bereit ist, hinzunehmen, dass die im Hungerstreik befindlichen Gefangenen in Raten hingerichtet werden, wäre das ein alarmierender Hinweis auf den Zustand unserer Gesellschaft.« Schily spricht von »Verwesung bei lebendigem Leib« und einer »Verschleierung der Isolation«.

Ströbele heute: »Es ist ganz eindeutig ein Gefühl des Gescheitertseins, der Niederlage, wenn es in mehreren Fällen nicht gelungen ist, wenigstens das Leben der Mandanten im Gefängnis zu retten. Wenn man dann am Grab stand, war es ein Gefühl der tiefen Enttäuschung, aber auch der Wut.«

Meins' Bestattung wird zur politischen Demonstration. Neben Schily und Ströbele geht auch Rudi Dutschke hinter dem Sarg. Am offenen Grab reckt er die Faust in die Luft und verspricht: »Holger, der Kampf geht weiter!« Als die Springer-Presse ein Foto dieser Szene veröffentlicht, erläutert Dutschke, dass sein Ausruf bedeutet, »dass der Kampf der Ausgebeuteten und Beleidigten um die soziale Befreiung die alleinige Grundlage unseres politischen Handelns als revolutionäre Sozialisten und Kommunisten ausmacht. Der politische Kampf gegen die Isolationshaft hat einen klaren Sinn, daher unsere Solidarität.« Den Mord an Richter von Drenkmann lehnt Dutschke jedoch ab: »Die Ermordung eines antifaschistischen und sozialdemokratischen Kammerpräsidenten ist aber als Mord in der reaktionären deutschen Tradition zu begreifen.«

Der Tod von Meins bringt der RAF den erhofften Solidaritätseffekt und trägt im Folgejahr ebenfalls dazu bei, dass die zweite RAF-Generation weiter Zulauf findet. Während die Polizei 1972 nach rund 40 RAF-Mitgliedern fahndet, sucht sie Ende 1974 nach etwa 300 Personen – eine immense Steigerung, selbst wenn man den Behörden eine Sicherheitshysterie unterstellt.

Der kritischen liberalen und linken Öffentlichkeit wird mit Meins' Tod vorgetäuscht, wie inhuman die Haftbedingungen der RAF seien. Dabei haben die Gefangenen von Stammheim inzwischen Bedingungen wie sonst kein Inhaftierter in der Republik. Die siebte Etage in Stammheim ist das einzige Untersuchungsgefängnis des Landes, das jemals eine gemischtgeschlechtliche Belegung hat. Die Gefangenen sehen sich täglich bis zu acht Stunden, zunächst nach Geschlechtern getrennt, später dann gemeinsam. Einzigartig in der deutschen Rechtsgeschichte ist auch, dass Untersuchungsgefangene, die in derselben Sache angeklagt sind, sich vor Prozessbeginn sehen und absprechen dürfen. Alle Häftlinge verfügen über Radio, Fernseher, Plattenspieler, zahlreiche Bücher. In einer Zelle sind Sportgeräte aufgebaut, eine andere ist zu einer Bibliothek umfunktioniert, in einer dritten lagern Hunderte von Aktenordnern Prozessmaterial. Der Umgang mit anderen Häftlingen wird den prominenten RAF-Angeklagten mehrfach angeboten, aber von ihnen verweigert. Baader erhält zwischen Ende 1974 und 1977 über 520 Besuche, meist von seinen Anwälten, darunter aber auch 43 Privatbesuche. Der Vorwurf der Isolationshaft wird der Situation der Gefangenen in Stammheim jedenfalls zu diesem Zeitpunkt nicht gerecht. Sogar der französische Philosoph Jean-Paul Sartre sitzt der PR-Kampagne der RAF auf. Nach seinem aufsehenerregenden Besuch bei Andreas Baader berichtet der fast erblindete Nobelpreisträger Anfang Dezember 1974 von psychischer Folter und akustischer Isolation. Sartre trifft Baader in einer Besucherzelle, die Wohnzellen im siebten Stockwerk von Stammheim betritt er nicht. Übersetzer beim Besuch ist Daniel Cohn-Bendit.

Im Frühjahr 1975 soll der Strafprozess wegen der Bombenanschläge und der damit verbundenen Morde und Mordversuche vom Mai 1972 beginnen. Seit der Festnahme der RAF-Angeklagten sind fast drei Jahre vergangen. Nicht nur die Beschuldigten und ihre Verteidiger, sondern auch der Staat bereiten sich auf den kommenden Prozess vor, das umfangreichste Verfahren in der Justizgeschichte des Landes.

Zuvor, kurz vor Weihnachten 1974, beschließt der Deutsche Bundestag im Schnellverfahren das sogenannte Anti-Terror-Pa-

Der französische Philosoph Jean-Paul Sartre (Mitte) bei der Pressekonferenz nach seinem Besuch bei Andreas Baader am 4. Dezember 1974. Links Anwalt Klaus Croissant, rechts Daniel Cohn-Bendit.

ket, das bereits am 1. Januar 1975 in Kraft tritt. Der Gesetzgeber beschneidet darin wesentliche Rechte von Angeklagten und ihren Verteidigern. Das Gesetzespaket ist zwar auf die RAF-Beschuldigten zugeschnitten, wird aber künftig auf alle Menschen angewendet, die in Deutschland vor einem Strafgericht stehen. Im Wesentlichen wird untersagt, dass ein Angeklagter mehr als drei Verteidiger hat – viele der RAF-Mitglieder haben 15 oder mehr Anwälte gleichzeitig, weil sie eine kollektive Gruppenverteidigung vorbereiten. Außerdem wird verboten, dass im gleichen Verfahren zwei oder mehr Angeklagte von demselben Anwalt vertreten werden. Die vom Verfassungsgericht 1973 – im Beschluss über den Essener Kassiber – angemahnte Möglichkeit zum Ausschluss von Verteidigern wird gesetzlich verankert. Neu ist auch, dass nun ohne die Angeklagten verhandelt werden darf, wenn sie sich selbst – beispielsweise durch einen Hungerstreik – verhandlungsunfähig machen. Hans-Christian Ströbele hierzu: »Kurz vor Weihnachten 1974 wurde ein ganzes Gesetzespaket in nur drei Tagen in drei Lesungen im Bundestag verabschiedet. Man konnte nun gegen Angeklagte verhandeln, die verhandlungsunfähig waren. Das war vorher völlig ausgeschlossen. Eine Reihe von NS-Verfahren war abgebrochen worden, weil es ärztliche Atteste gab, die den Angeklagten Verhandlungsunfähigkeit bescheinigten. Erst für Verfahren gegen Angeklagte aus der RAF hat man diese Möglichkeit geschaffen.«

Der Verfassungsschutz muss über die Verteidigerstrategie gut informiert gewesen sein, weiß Hans-Christian Ströbele heute: »Wir sind von den verschiedenen staatlichen Stellen nicht nur ständig observiert worden. Wir wissen inzwischen, dass entgegen jeder gesetzlichen Regelung zwei Jahre lang eine Mitarbeiterin des Landesamts für Verfassungsschutz im Büro war. Die war bei uns tätig als Sekretärin. Die hat zwei Gehälter bekommen. Ein mageres im Anwaltskollektiv und ein möglicherweise besseres beim Landesamt für Verfassungsschutz. Wir sahen uns vielfach angegriffen. Was dann 1974/75 gegen die Verteidiger gelaufen ist, haben wir in einer gewissen Weise kommen sehen. Wir haben immer befürchtet, dass diese in die Verteidigung eingearbeiteten Verteidiger irgendwie rausgeschmissen, rausgeekelt werden.«

Ströbele selbst ist von den Anti-Terror-Gesetzen betroffen und wird von der Verteidigung ausgeschlossen: »Man hat damals fast die gesamte, über Jahre aufgebaute Verteidigung und Verteidigungsstrategie der Angeklagten ausgeschaltet. Der Prozess hat im Mai 1975 angefangen. Diese Regeln sind sehr schnell angewandt worden, vor allen Dingen auf die Verteidiger von Andreas

Baader. Ich glaube, mein Ausschluss wurde rechtswirksam eine Woche oder zehn Tage vor Beginn dieses Mammutprozesses. Andreas Baader stand ohne Anwalt seines Vertrauens da. Danach hat er viele Anträge gestellt, einen neuen Anwalt finden zu können. Als sie dann einen hatten, musste der sich einarbeiten. Dass dadurch der Prozess erheblich verzögert wurde, liegt ja auf der Hand. Gerade die Verteidiger, die schon in einer ganzen Reihe von anderen Verfahren Leute aus der RAF verteidigt hatten und deshalb auch den Prozessstoff kannten, die Akten kannten, die Zeugen kannten, die also besonders wirksam verteidigen konnten, waren aus dem Prozess raus. Ich kann nur sagen, damit haben die Bundesanwaltschaft und das Gericht versucht, dieses Verfahren weich zu machen.«

Offenbar durch die neuen Regeln in der Strafprozessordnung gedrängt, beenden die Gefangenen Anfang Februar 1975 den Hungerstreik. Nach 20 Wochen haben Ensslin 24, Baader 26 und Raspe 25 Kilogramm abgenommen. Sie wollen offensichtlich wieder zu Kräften kommen, wieder verhandlungsfähig werden und mit dabei sein, wenn das Hauptverfahren beginnt. Aber es wird auch immer intensiver über eine Befreiungsaktion von außen nachgedacht, für die die Gefangenen körperlich gestärkt sein wollen.

Ende Februar, kurz vor der Landtagswahl in Berlin, entführt die »Bewegung 2. Juni« den Spitzenkandidaten der CDU, Peter Lorenz. Damit presst sie fünf inhaftierte Mitglieder frei. Einziges RAF-Mitglied, dessen Freilassung sie verlangt, ist Horst Mahler, doch der lehnt den Austausch ab. Die Entführer gehen strategisch geschickt vor und stellen der Bundesregierung eine erfüllbare Forderung: Keiner der Gefangenen ist wegen Mordes angeklagt oder verurteilt. An die RAF-Spitze sendet sie eine Art Entschuldigung: »Wir würden gern mehr Genossen von euch herausholen, sind dazu aber bei unserer jetzigen Stärke nicht in der Lage.«

Die RAF-Spitze verfolgt und analysiert das Geschehen genau. Was sie nur ahnt und auch die Öffentlichkeit nicht weiß, ist die Tatsache, dass das baden-württembergische Landesamt für Verfassungsschutz das entsprechende Bundesamt um Amtshilfe bittet. Anfang März, noch bevor Lorenz wieder frei gelassen wird, baut die Spionageabteilung des Verfassungsschutzes in fünf Zellen in Stammheim Überwachungsmikrofone ein. Darunter befinden sich auch die Besucherzellen, in denen die Verteidigergespräche geführt werden.

In Stockholm startet auf Weisung aus Stammheim das »Kommando Holger Meins« einen erneuten Freipressungsversuch. Keine zwei Monate nach der Aktion der »Bewegung 2. Juni« in Berlin besetzen RAF-Mitglieder der zweiten Generation die Deutsche Botschaft in der schwedischen Hauptstadt. Sie verlangen die Freilassung von 26 Inhaftierten, darunter auch die Stammheimer Gefangenen. Um nach einer Ablehnung durch Bundeskanzler Helmut Schmidt ihre Forderung zu bekräftigen, erschießen sie zwei deutsche Diplomaten. Eine Fehlzündung der im Gebäude verteilten Bomben beendet das Drama vorzeitig und ungeplant. Neben den beiden Botschaftsangehörigen stirbt auch ein RAF-Mitglied durch die Detonationen sofort, ein weiterer Terrorist erliegt später in der Stammheimer Krankenabteilung seinen Brandverletzungen. Zahlreiche Menschen werden verletzt. Alle übrigen beteiligten RAF-Mitglieder werden von der schwedischen Polizei verhaftet und ausgeliefert. Der Bundesnachrichtendienst baut auf Bitten der baden-württembergischen Landesregierung und mit Zustimmung des Bundeskanzleramts in zwei weitere Zellen im siebten Stock Abhöranlagen ein.

Am Mittwoch, dem 21. Mai 1975, beginnt unter dem Vorsitz des 49-jährigen Richters Theodor Prinzig der Prozess. Er wird sich über fast zwei Jahre bis Ende April 1977 hinziehen. Der erste

Verhandlungstag beginnt mit der Ablehnung der Pflichtverteidiger durch die Angeklagten. Sie bezeichnen sie als »Zwangsverteidiger«. Andreas Baader beschwert sich lautstark, dass er nach dem Ausschluss von Hans-Christian Ströbele und anderen von keinem Verteidiger seines Vertrauens vertreten werde. Auch die folgenden Verhandlungstage werden durch Anträge der Angeklagten und ihrer Wahlverteidiger bestimmt, die die Isolationshaft anprangern, die Verhandlungsfähigkeit infrage stellen, die Pflichtverteidiger angreifen und den Vorsitzenden Richter ablehnen. Durch wüste Beleidigungen und Beschimpfungen des Vorsitzenden und der Bundesanwälte provozieren die Beschuldigten häufig ihren Ausschluss von der Sitzung. Otto Schily heute über das Mandat, das er für Gudrun Ensslin übernahm: »Das war eine schwierige Verteidigung in jeder Hinsicht, eine extrem psychisch belastende Verteidigung, aber auch intellektuell anspruchsvolle Verteidigung. Ich habe aber versucht, dass wir zwischen Anklage und Verteidigung noch ein Mindestmaß an Respekt beibehalten konnten. Der Bundesanwalt Herr Dr. Wunder, der damals die Führung bei der Anklage hatte, hat mir dann gratuliert, als ich in das Amt des Bundesinnenministers kam. Das habe ich als sehr gut empfunden. Das spricht dafür, dass es einen Basisrespekt zwischen uns beiden gegeben hat.«

Die Vernehmungen zur Person, die wie immer am Anfang eines Hauptverfahrens stehen, ziehen sich bis zum 26. Verhandlungstag hin, dem 19. August. Otto Schily erinnert sich an das Polizeiaufgebot und die Sicherheitsmaßnahmen rund um den festungsartigen Prozess-Bunker: »Es war eine gespenstische Atmosphäre, hatte auch was Unwirkliches. Es hat vielleicht auch nicht dazu beigetragen, dass eine sachliche Atmosphäre eingetreten ist. Wenn ich das heute aus der Rückschau beurteile, gibt es natürlich auch einige Vorgänge, die mir nachträglich manche Maß-

Die sogenannte Mehrzweckhalle in Stuttgart-Stammheim, Gerichtssaal im RAF-Prozess.

nahmen von der Staatsseite erklärbar machen. Denn unter den Anwälten waren offensichtlich doch einige Personen, denen zu Recht Vorwürfe gemacht wurden. Das muss ich der Objektivität halber schon hinzufügen, damit wir kein einseitiges Bild zeichnen.«

Der Ton zwischen Gericht und Verteidigung ist scharf, gerade Otto Schily lässt sich vom Vorsitzenden Richter Prinzig nicht unterbuttern:

Schily: »Am ersten Tage sollte ich mich hier an die Wand stellen, an die Wand mit erhobenen Händen. Ja, nein, ich komme nicht zu Ihnen, Sie haben das angeordnet.«

Prinzig: »Dass Sie an die Wand gestellt werden?«

Schily: »Das wird hier in der Hauptverhandlung erörtert. Wir führen gegenüber der Macht das Argument des Rechts ins Feld.

Das ist der Punkt. Und es ist eine Dreistigkeit, dass der Senat sich hier noch das Recht herausnimmt, uns zu verwarnen!«

Prinzig: »Ich möchte dazwischensagen ...«

Schily: »Sie lassen mich nicht ausreden, Herr Vorsitzender. Ich habe Sie ausreden lassen, lassen Sie mich gütigst auch ausreden!«

Prinzig: »Mit einem Unterschied ...«

Schily: »Nein, ich bitte, mich jetzt ausreden zu lassen!«

Prinzig: »Herr Rechtsanwalt, ich, ich ...«

Schily: »Nein Herr Vorsitzender, ich bitte, mich jetzt nicht ...«

Prinzig: »Ich als Vorsitzender habe das Recht, Sie hier zu ...«

Schily: »Sie haben nicht das Recht, mich zu unterbrechen. Wie bitte?«

Prinzig: »Ich habe das Recht, Ihnen zu sagen, wie Sie sich darüber hinaus zu benehmen haben, was hier im Saale möglich ist. Sie können dem Senat nicht Dreistigkeit vorwerfen.«

Schily: »So, Sie können mich verwarnen und Sie können mir ein standeswidriges Verhalten vorwerfen und ich darf dem Senat keine Dreistigkeit vorwerfen?«

Prinzig: »Nein, das dürfen Sie nicht!«

Die Bundesanwaltschaft und das Gericht unternehmen den Versuch, das Verfahren wie einen normalen Prozess gegen Kriminelle durchzuführen. Die Beschuldigten und ihre Verteidiger versuchen hingegen, den politischen Charakter der Taten und ihre Motivation herauszustellen.

Otto Schily seinerzeit: »Ich fühlte mich als Verteidiger verpflichtet, die politische Rechtfertigung, die politische Legitimation der Roten Armee Fraktion in den Prozess einzubeziehen, ihn vorzutragen. Und ich würde sonst meiner Aufgabe als Verteidiger bestimmt nicht gerecht werden, was nichts etwa damit zu tun hat, dass ich selber diese Auffassung teile, sondern mich davon durchaus abgrenze. Aber als Verteidiger muss ich das mit vortragen, mit berücksichtigen. Nun wird das folgenderweise von den Strafverfolgungsbehörden versucht zu verhindern: ›Solch eine politische Argumentation, die hat mit Verteidigung nichts mehr zu tun, die ist Werbung, Unterstützung für die kriminelle Vereinigung Rote Armee Fraktion. Und deshalb machen sich Verteidiger, die in dieser Form verteidigen, strafbar.‹ Es sind auch entsprechende Ermittlungsverfahren gegen Verteidiger anhängig geworden, mindestens werden sie dann mit Ehrengerichtsverfahren überzogen. Das ist eine geradezu fantastische Konstellation. Man wird seinen Aufgaben als Verteidiger gerecht und andererseits soll das dann ein kriminelles Vergehen sein.«

Hans-Christian Ströbele zur Strategie der damaligen Verteidigung: »Wir haben unsere Aufgabe darin gesehen, durch umfangreiche Anträge den Nachweis zu erbringen, dass die ihnen vorgeworfenen Handlungen – etwa Bombenanschläge auf das US-Hauptquartier in Heidelberg und auch in Frankfurt – in einem weltweiten politischen Zusammenhang stehen. Ein paar Jahre vorher gab es Umfragen, wonach in der Bevölkerung ein nicht unerheblicher Prozentsatz dafür Verständnis hatte, dass man auch mit gewaltsamen Mitteln gegen den Vietnamkrieg, den man ja jeden Abend im Fernsehen verfolgen konnte, vorging.« Doch ehemalige US-Soldaten, die Otto Schily als Zeugen aufbieten will, um den Zusammenhang darzulegen, werden vom Gericht nicht zugelassen.

Schily will sogar die ehemalige Spitze der US-Regierung mit Expräsident Nixon, Ministern und hohen Militärs als Zeugen laden. Auch Mitglieder mehrerer Bundesregierungen sollen als Zeugen nach Stammheim vorgeladen werden: »Wir verhandeln hier nicht über den Vietnamkrieg«, bekommt er als Antwort zu hören. Auch Anträge, die Angeklagten als Kriegsgefangene nach der Genfer Konvention zu behandeln, scheitern. Schily analysiert heute: »Wahrscheinlich war das Grundproblem dieses Prozesses, dass man mit den größten Anstrengungen auf der staatlichen Seite versucht hat, diesen als normalen unpolitischen Prozess über die Bühne gehen zu lassen. Auf der Verteidigerseite haben wir gesagt, dieser Prozess hat auch eine politische Implikation. Das Missverständnis auf der staatlichen Seite war, dass, wenn man einen solchen Prozess als politisch beurteilt, dass damit schon ein positives Urteil verbunden ist. Das ist aber ein verhängnisvoller Irrtum. Wenn Politik mit hineinspielt, kommt man zu einer anderen Beurteilung des Verfahrens, und das hat man versucht, zu übergehen. Man hat übrigens dadurch die politische Bedeutung des Prozesses noch stärker herausgekehrt, indem man diesen krampfhaften Versuch gemacht hat. Natürlich hatte dieser Prozess einen Zusammenhang mit politischen Ereignissen in Deutschland und in der Welt. Das kann man gar nicht leugnen, und diese krampfhafte gekünstelte Form, die Politik aus dem Verfahren herauszuhalten, die hat diesen Prozess in die Schieflage gebracht.«

Den Angeklagten wird von mehreren unabhängigen Gutachtern übereinstimmend attestiert, als Folge jahrelanger Isolationshaft vor ihrer Verlegung nach Stammheim nur noch eingeschränkt verhandlungsfähig zu sein. Sie leiden nach Angaben der Mediziner unter Wahrnehmungs- und Artikulationsstörungen, Kreislaufproblemen, Untergewicht und Konzentrationsschwierigkeiten, Meinhof sogar unter Konzentrationsunfähigkeit. Nur noch drei Stunden täglich solle verhandelt werden, empfehlen die Gutachter. Auch solle die Gruppe auf zehn bis zwölf Personen vergrößert werden. Daraufhin entscheidet das Gericht, den Prozess in Abwesenheit der Angeklagten fortzusetzen. Vorsitzender Prinzig ist der Auffassung, dass die Beschuldigten sich durch den

Hungerstreik selbst in diese gesundheitliche Lage versetzt hätten, und wendet den neuen Ausschlussparagrafen des Anti-Terror-Paketes an. Die Anwälte halten dagegen, dass nicht der Hungerstreik, sondern die Isolation ursächlich für den Zustand der Angeklagten sei und dass auch der Hungerstreik nur eine Folge der Haftbedingungen gewesen sei. Doch Prinzig lässt sich nicht beirren und setzt den Prozess fort. Otto Schily ruft Prinzig zu: »Schämen Sie sich nicht?« und »Das ist doch unglaublich, unglaublich, da haben Sie den Rechtsstaat wirklich ruiniert!« Sein Kollege Rupert von Plottnitz, späterer Justizminister von Hessen, ruft erregt: »Heil Prinzig!« Das Gericht stellt es später den Angeklagten frei, ob sie an der Verhandlung teilnehmen wollen oder nicht. Hans-Christian Ströbele: »Ich habe damals schon gesagt, dass solche staatlichen Reaktionen die Gefangenen in ihrer ablehnenden Haltung gegen Staat und Gesellschaft in Deutschland bestätigen. Gefangene konnten uns Anwälten vorwerfen: ›Schaut, hier ist euer Rechtsstaat, Ihr seid die Letzten, die noch daran glauben.‹ Die sahen darin, wie der Staat auf sie und auf ihre Taten reagierte und wie der Staat sie im Gefängnis und in den Prozessen behandelte, eine Bestätigung ihres Weltbildes.«

Otto Schily weist auf Vorverurteilungen hin, die von prominenten Politikern in der Öffentlichkeit verbreitet werden: »Ich zitiere wörtlich aus einem Interview, das der Ministerpräsident Bernhard Vogel in der vergangenen Woche dem ZDF gegeben hat: ›Die Mörder müssen verurteilt werden!‹ Wozu brauchen wir das Urteil morgen noch? Herr Vogel hat es doch schon verkündet. Verständnis wird uns untersagt, Verständnis soll der Öffentlichkeit untersagt werden, Denkverbote werden errichtet. Es bedarf der Überwindung dieser überall errichteten Denkverbote, Verständnisverbote, wenn man sich einen Zugang zu dem, was hier in Stuttgart-Stammheim stattgefunden hat, ermöglichen will.«

Ulrike Meinhof wird wegen der Baader-Befreiung 1970 zu acht Jahren Haft verurteilt. Innerhalb der Gruppe wird sie immer mehr isoliert, das Verhältnis zu den drei anderen Gefangenen, insbesondere zu Gudrun Ensslin, verschlechtert sich zusehends. Sie streiten sich massiv und drängen Meinhof zu intensiver »Selbstkritik«. Ensslin bezeichnet sie als »Messer im Rücken der RAF«. Sie wird zur politischen, aber auch persönlichen Außenseiterfigur der Gruppe. Sie wird ausgegrenzt und zieht sich auch selbst zurück. Ihre Texte werden zuerst ohne Absprache geändert, später sogar zerrissen, eine Schmach für die ehemals prominente Journalistin. Öffentlich werden die Differenzen in der Gruppe aber erst, als sich die drei anderen beim Prozess vom Bombenanschlag auf den Springer-Verlag in Hamburg distanzieren. Meinhof habe für die Tat die Federführung. Diese öffentliche Aufkündigung der Solidarität, die langwierigen Streitigkeiten mit den anderen, die psychischen Schäden durch die Isolationshaft und vielleicht auch eine Distanzierung von der Politik der RAF lassen in Ulrike Meinhof den Entschluss wachsen, sich selbst zu töten. Sie sieht keine Möglichkeit, dem Druck der anderen Gefangen zu entfliehen, ohne gleichzeitig Verrat zu begehen. In der Nacht vom 8. auf den 9. Mai 1976 erhängt sie sich mit einem Handtuch an ihrem Zellenfenster.

Schily erklärt heute: »Wenn Sie am Grab eines Menschen stehen mit der Vorgeschichte, ist das immer das Gefühl des Scheiterns. Wir würden ein einseitiges Bild zeichnen, wenn wir nur diese Gräber vor uns sehen, es gibt viele andere Gräber. Es gibt die Gräber der Beamten des Bundeskriminalamts, es gibt das Grab von Schleyer, es gibt das Grab von Buback, es gibt das Grab von Ponto und viele andere. Das ist die Tragödie dieser Geschichte, die man als die bleierne Zeit begreift. Wenn man versucht, etwas tiefer in die Geschichte einzudringen, muss man schauen und die Frage stellen: ›Wie kommt das, dass ein Mensch wie Holger Meins, der überzeug-

Die Zelle von Ulrike Meinhof in Stuttgart-Stammheim mit Blick auf Tisch und Bücherregal. Die RAF-Terroristin nimmt sich am 9. Mai 1976 das Leben.

ter Pazifist war, meint, er muss also diesem Staat militant gegenüberstehen?‹ Oder auch Gudrun Ensslin, die für die SPD war, für Willy Brandt, der auch ein Exponent des antifaschistischen Widerstands war, und die dann meint, diese demokratischen Möglichkeiten reichen nicht aus. Was da passiert, muss man mit berücksichtigen. Das rechtfertigt kein einziges Attentat, aber ich glaube, wenn wir die Geschichte begreifen wollen, muss man diese Tragödie sehen. Alle diese Menschen, die dort umgekommen sind, hätten einen wichtigen Beitrag leisten können für unsere Gesellschaft.«

Die drei anderen Gefangenen tragen die These hinein in die Öffentlichkeit, dies sei kein Selbstmord, sondern ein Justizmord gewesen. Sie wollen Meinhofs Tod ähnlich instrumentalisieren wie den Hungertod von Holger Meins. Sehr viel später bekennt das Mitglied der zweiten RAF-Generation Peter-Jürgen Boock, dass in einem geheimen Rundschreiben gestanden hätte, ein Selbstmord wäre »das Beste, was sie mit ihrem verkorksten Leben noch machen konnte«, und er bezeugt, dass Meinhof vor allem von Baader und Ensslin in den Tod getrieben wurde. Unbeirrt von dem Freitod Meinhofs führt Richter Prinzig das Verfahren weiter, wartet noch nicht einmal ihre Beerdigung ab.

Die Anwälte stellen im Verlauf des Prozesses zahlreiche Befangenheitsanträge gegen den Vorsitzenden, weil er auf Einwände der Angeklagten nicht eingeht und auch die politischen Motive nicht zur Sprache bringen lassen will. Im Lauf des Verfahrens werden mehr als 80 derartige Anträge gestellt. Der 85. hat dann endlich Erfolg: Otto Schily hat Hinweise, dass Prinzig sich über den Prozess mit einem Richter-Kollegen austauscht, der in der nächsten Instanz für eine etwaige Revision zuständig wäre. Diesem schickt Prinzig Prozessunterlagen zu, die von ihm sogar an eine Tageszeitung weitergeleitet werden – ein vollkommen unzulässiges Verhalten. Außerdem beschwert Prinzig sich in einem Telefonat bei einem der Pflichtverteidiger über Schilys Befangenheitsantrag. Dies ist ein ebenfalls unzulässiger Versuch der Einflussnahme auf die Verteidigung. Theodor Prinzig wird Ende Januar 1977 aus dem Verfahren entlassen und durch Eberhard Foth ersetzt.

Sechs Wochen später, Mitte März, kommt es zu einem weiteren Skandal im Stammheim-Prozess. Otto Schily entnimmt einem Hinweis, dass im Gefängnis abgehört werden könnte. Er stellt einen Antrag, von der Staatsanwaltschaft als »haltlos« bezeichnet, dies genauer zu prüfen. Die Untersuchung ergibt, dass in Stammheim von Verfassungsschutz und Bundesnachrichtendienst Abhöranlagen eingebaut wurden. Die zuständigen Landesminister in Baden-Württemberg versuchen, die Abhöraktionen herunterzuspielen. Angeblich wären die Anlagen nur wenige Wochen benutzt worden, als die Stockholm-Aktion stattfand und als sich Hinweise auf einen Überfall auf einen Kinderspielplatz ergeben hätten. Die Verteidiger sehen die grundgesetzlich garantierte Vertraulichkeit des Verteidigergesprächs verletzt. Schily stellt am 17. März 1977 den Antrag, den Prozess auszusetzen: »Was hier in diesem Verfahren stattfindet, kann man nicht anders benennen als die systematische Zerstörung aller rechtsstaatlicher Garantien. Insofern hat das Verfahren für den Zustand dieser Republik seine exemplarische Bedeutung. Die Verteidigung kann es unter keinen Umständen verantworten, hier auch nur eine Minute länger in dem Verfahren mitzuwirken, um hier vielleicht als eine Art Alibi aufzutreten.« Otto Schily weigert sich, künftig an der Verhandlung teilzunehmen, behält aber das Mandat. Sein Plädoyer wird er in einem Hotel vor der Presse halten. Bei einer Pressekonferenz erklärt er: »Man kann mir doch nicht zumuten, als Verteidiger eine Verteidigung weiterzuführen, wenn ich jederzeit gewärtig sein muss, dass meine Gespräche mit dem Mandanten abgehört werden und dass in dieses Vertrauensverhältnis zwischen Mandant und Verteidiger in dieser Form eingebrochen wird. Es wäre unverantwortlich, wenn ich daraus nicht die notwendigen Konsequenzen ziehen würde. Wir werden an der Hauptverhandlung nicht weiter mitwirken. Das heißt nicht, dass wir die Verteidigung niederlegen, sondern wir werden in der Hauptverhandlung nicht weiter auftreten und wir werden die Anträge stellen, die Hauptverhandlung auszusetzen und das Verfahren einzustellen.«

Rückblickend hält Schily fest: »Ein Höhepunkt dieser Verstöße gegen rechtsstaatliche Grundsätze war die Tatsache, dass die Verteidigergespräche abgehört wurden, und das hat zu einem großen Eklat geführt in dem Prozess. Es gibt auch einiges anderes, schon der Beginn des Prozesses war doch fragwürdig. Ich kann mich an ein Interview im Fernsehen erinnern, wo ein Rechtsprofessor gesagt hatte: ›Wenn dieser Prozess mit einem Freispruch endet, wäre es eine Katastrophe ersten Ranges.‹ Also der Prozessausgang war schon festgelegt. Das macht natürlich die Sache fragwürdig. Die Frage der Behinderung der Verteidigung in vieler Hinsicht war auch ein Vorgang, der diese Kritik untermauert.«

Auch Ströbele kritisiert die damaligen Vorgänge heftig: »Einige Mandanten, ich will jetzt keine Namen nennen, waren im Gefängnis immer der Meinung: ›Wir werden hier abgehört.‹ Ich sagte: ›Von wem?‹ ›Vom Bundeskriminalamt, von Herrn Herold oder vom Verfassungsschutz.‹ Und ich dachte immer, wenn man so lange im Gefängnis ist, dann denkt man schon, alle wollen einem Böses und traut denen alles Böse zu. Ich selber habe immer gesagt: ›Das ist nicht so, das können die sich gar nicht leisten und das wäre ja ein absoluter Bruch des Rechtsstaates.‹ 1977 musste ich dann zur Kenntnis nehmen, dass die Mandanten Recht hatten, die das behauptet haben. Wenn sich die staatliche Seite über Verteidigungsgespräche mit den Mandanten durch Abhöraktionen informiert hatte, dann war ein rechtsstaatlicher Prozess nicht möglich. Ich bin damals davon ausgegangen, wenn so etwas in England oder in den USA passiert wäre, wäre der Prozess eingestellt worden. Deshalb fand ich es völlig richtig, nachvollziehbar und verständlich, dass die Verteidiger des Vertrauens der Angeklagten und die Angeklagten selber aus dem Verfahren rausgegangen sind und gesagt haben: ›Da machen wir nicht mehr mit.‹ Und ihre Plädoyers dann im Hotel gehalten haben.« Ströbele rätselt immer noch: »Bis heute weiß ich nicht, wer da mitlauschte, wer die Mikrofone installierte, wo die waren und was auf diesen Bändern aufgezeichnet wurde. Vielleicht ist ja sogar die Todesnacht von Stuttgart-Stammheim darauf. Aber selbst dem späteren Bundesinnenminister Gerhart Baum gelang es nicht, an diese Bänder zu kommen.«

Am 29. März beginnen die RAF-Gefangenen in Stammheim und anderen Haftanstalten erneut einen Hungerstreik. Eine Woche später erschießen bis heute unbekannte Täter aus der zweiten RAF-Generation den Generalbundesanwalt Siegfried Buback und zwei Begleiter in Karlsruhe. Dieser Mord bewegt auch Schily sehr: »Ich bin ihm ja im Prozess begegnet und habe ihn auch als Zeugen befragt. Ich hoffe, dass ich ihn fair befragt habe, aber die meisten haben mir attestiert, dass ich als Anwalt auch die Zeugen immer fair befragt habe. Für mich war es ein tiefer Schock, dass Generalbundesanwalt Buback erschossen wurde. Wir haben seinerzeit eine Erklärung der Strafverteidigervereinigung herausgegeben, in der wir diesen abscheulichen Mord verurteilt haben. Das ist die eine Seite. Wenn Sie dann auf der anderen Seite Mandanten haben, die der Roten Armee Fraktion zugeschrieben werden oder auch selber erklären, sie sind darin, kommen Sie in eine sehr fatale emotionale Situation.«

Am 28. April 1977, nach 192 turbulenten und teils chaotischen Prozesstagen und fast fünf Jahre nach ihren Festnahmen, spricht das Gericht die drei noch lebenden Angeklagten des mehrfachen Mordes und versuchten Mordes sowie anderer Taten für schuldig und verurteilt sie zu lebenslänglichen Freiheitsstrafen. Die Anwälte akzeptieren die Urteile nicht und gehen in die Revision. Die Gefangenen beenden nach der Urteilsverkündung den einmonatigen Hungerstreik. Die Stammheimer Urteile werden nie rechtskräftig, denn die Gefangenen werden als Untersuchungshäftlinge im Herbst ebenfalls Selbstmord begehen.

Die neue Generation von RAF-Aktivisten, rekrutiert aus dem Unterstützer-Umfeld, hat sich eine eigene Untergrund-Logistik geschaffen. Sie planen und führen etliche Anschläge aus, neben Siegfried Buback töten sie auch den Bankier Jürgen Ponto. Um die Gefangenen freizupressen, entführen sie im September 1977

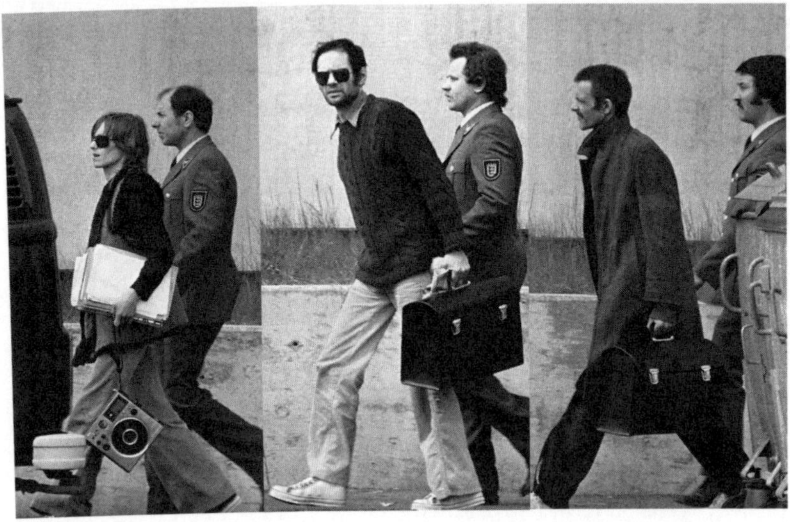

Gudrun Ensslin, Andreas Baader und Jan-Carl Raspe werden am 28. April 1977 von Justizbeamten zur Urteilsverkündung gebracht.

den Arbeitgeberpräsidenten Hanns Martin Schleyer. Mit dem hochrangigsten Vertreter der Wirtschaftselite Deutschlands glauben sie, ein Faustpfand in der Hand zu haben, dessen Lebensrettung der Staat sich nicht entziehen kann. Sie rechnen fest mit einem Austausch. Doch die Bundesregierung unter Helmut Schmidt bleibt hart und geht auf die Forderungen nicht ein. Der sogenannte Deutsche Herbst eskaliert. Wieder werden Zehntausende Polizisten in eine gigantische Fahndungsaktion geschickt. Die Gefangenen in Stammheim, zu denen inzwischen unter anderem Ingrid Schubert zählt, die 1970 bei der Baader-Befreiung half, werden per fragwürdigem Eilgesetz von allen Kontakten nach außen und untereinander abgeschottet. Was die Justiz nicht weiß, ist, dass sie inzwischen über eingeschmuggelte Waffen und Radios verfügen. So bleiben sie informiert, obwohl sie keinen Besuch mehr empfangen dürfen – auch nicht von ihren Anwälten –, keine Zeitung mehr erhalten, keine Fernseher mehr zur Verfügung haben. Der tägliche Umschluss wird verboten, die Zellentüren mit Schaumstoff abgedichtet. Die Gefangenen hatten allerdings längst aus einer früheren Lautsprecheranlage eine Gegensprechanlage gebastelt, sie können sich darüber unbemerkt von Zelle zu Zelle unterhalten. So erfahren sie, dass auch eine Lufthansa-Maschine entführt wird. Täter sind palästinensische Genossen, die die Bundesregierung unter noch größeren Druck setzen wollen.

Und sie erfahren, dass die Maschine in Somalia in einer dramatischen Rettungsaktion von der deutschen Polizeieinheit GSG 9 befreit wird. Die Stammheimer Gefangenen hatten angeblich schon lange zuvor beschlossen, sich nach der nächsten Befreiungsaktion selbst umzubringen, falls diese scheitern sollte. Mit der Befreiung der Geiseln von Mogadischu ist endgültig klar, dass sie nicht ausgetauscht werden. Vermutlich töten sich Andreas Baader, Gudrun Ensslin und Jan-Carl Raspe noch in derselben Nacht selbst. Irmgard Möller verletzt sich beim Selbstmordversuch schwer, überlebt aber als einzige die sogenannte Todesnacht von Stammheim. Arbeitgeberpräsident Schleyer wird kurz darauf im Elsass erschossen aufgefunden.

Große Teile der Öffentlichkeit und auch die Anwälte glauben nicht an Selbstmord. Zu abenteuerlich sind die Funde, die die Polizei in den Zellen macht. Wie sollen Pistolen, Radios und andere Elektronik in das bestbewachte deutsche Hochsicherheitsgefängnis gelangt sein? Wie sollen die Gefangenen solche Gegenstände bei den zahlreichen Kontrollen verborgen haben?

Hans-Christian Ströbele über die dramatische Situation im Oktober 1977: »Das war ein Tag, der von Enttäuschung und Verzweiflung geprägt gewesen ist, über alles, was am Abend, in der

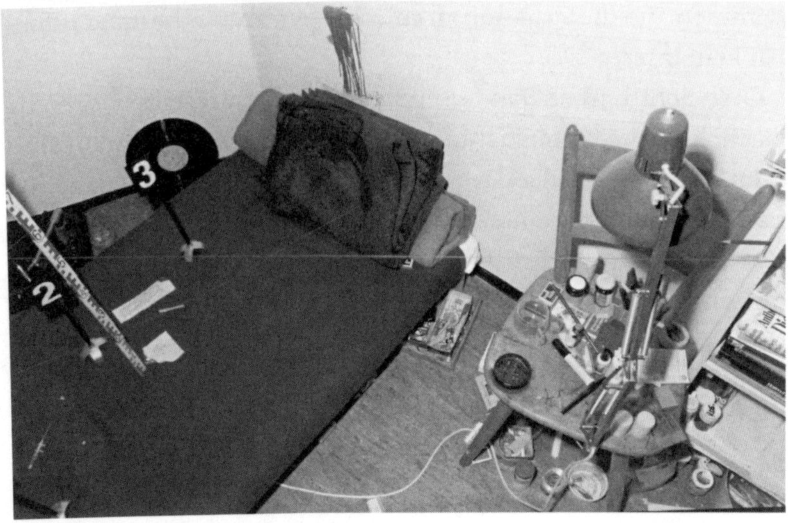


Eine Zelle nach den mutmaßlichen Selbstmorden der Stammheimer Gefangenen.

Nacht, am Morgen passiert ist. Völlige Bestürzung. Ich konnte mir nicht vorstellen, erstens, dass Waffen in die Zellen reingekommen sind. Zweitens, dass sie sich selber umgebracht haben. Ich habe es deshalb sofort als meine dem Mandat nachfolgende Pflicht angesehen, alles dafür zu tun, dass dieses unabhängig, möglichst durch eine international besetzte Kommission aufgeklärt wird. Leider ist der Staat seinerzeit darauf nicht eingegangen. Ich glaube, wenn man darauf eingegangen wäre, dann hätte möglicherweise die Entwicklung später anders ausgesehen. Es sind viele, viele Fehler gemacht worden. Es sind auch viele Möglichkeiten, andere Wege zu versuchen, nicht wahrgenommen worden. Ich erinnere mich noch: Als die Passagiermaschine bereits entführt worden war, haben wir uns bemüht, zum Krisenstab Kontakte aufzunehmen, um zu einer Vermittlung zu kommen, um die Situation zu entschärfen, aber es bestand offenbar kein Interesse.«

Otto Schily über das Geschehen: »Dann erreicht mich die Nachricht, die Untersuchungsgefangenen in Stammheim sind sämtlich tot und einer davon ist erschossen worden. Da kann ich natürlich überhaupt nicht begreifen, wie es möglich ist, jemanden dort zu erschießen. Ich muss zunächst mal Fremdverschulden annehmen. Ich habe nicht im Traum daran gedacht, dass eine Pistole auf irgendeinem Weg in das Gefängnis geraten ist. Deshalb war sofort die spontane Reaktion: ›Wir gehen an die Presse und verlangen eine gründliche Untersuchung!‹ Nach alldem was ich heute weiß, ist die Wahrscheinlichkeit, dass das ein Selbstmord war, sehr deutlich und überwiegt sicher alle anderen. Es gibt immer offene Fragen, die man heute noch stellen muss. Deshalb sind wir auch zu der Obduktion gegangen, was schwer emotional zu verarbeiten ist, wenn Sie jemanden auf dem Obduktionsbett liegen sehen, mit dem Sie bisher als Mandant geredet haben.«

Horst Mahler hingegen, selbst in Berlin in Haft, erinnert sich an die Haltung der RAF-Mitglieder und ist vom Selbstmord nicht überrascht: »Es gab Diskussion in diesem Lager in Jordanien. Ich habe noch eine Ansage von Gudrun Ensslin und Andreas Baader im Ohr, die ganz wichtig ist, um das Geschehen in Stammheim zu interpretieren. Sie haben gesagt, wenn für sie keine Perspektive mehr ist als nur Freiheitsstrafe, lebenslang, würden sie sich das nicht bis zum Ende ansehen. Wir haben immer wieder dagesessen, und Gudrun hat ganz klar gesagt: ›So wie wir heute sitzen, in einem halben Jahr werden schon ein paar Leute fehlen, sie werden tot sein oder im Gefängnis.‹ Das wussten wir, damit haben wir gerechnet, wir mussten das verarbeiten … Sie hatten die Entschlossenheit, wenn es denn notwendig ist, den eigenen Körper und damit auch das Verschwinden des Körpers zu einer Waffe zu machen. Das war insbesondere nach dem Tod von Holger Meins noch mal sehr bewusst gemacht worden, dass er sich selbst als letztes Mittel zur Waffe gemacht hat. Ich dachte mir, das kann die Überlegung gewesen sein: dass ihnen das diese Kraft gegeben hat, sich selbst zu beenden.«

Man geht inzwischen von der These aus, dass einzelne Verteidiger die Waffen und Radios in den nur oberflächlich kontrollierten Verteidigerunterlagen in die Haftanstalt schmuggelten. Schily, Ströbele und viele andere Anwälte, die sich korrekt verhielten, wehren sich dagegen, pauschal mitverurteilt zu werden: »Es sind in der Tat Anwälte zur RAF, in den Untergrund gegangen oder haben auf andere Weise die Militanten unterstützt. Es gab entsprechende gerichtliche Verurteilungen von Kollegen. Das ist bekannt. Aber gegen andere Verteidiger sollten keine solchen Vorwürfe ohne Beweis erhoben werden«, meint Hans-Christan Ströbele. Otto Schily hat vor allem Fragen zu den Waffen: »Ich kann es bis heute nicht verstehen, dass das nicht bei den Zellenkontrollen entdeckt worden ist. Selbst wenn das durch einen dieser Anwälte, die etwas finstere Gestalten waren, in die Zelle transportiert worden ist, dann muss das irgendwann entdeckt werden. Die Zellen sind doch immer von oberst zu unterst gekehrt worden. Wie kann da eine Pistole unentdeckt bleiben? Das kann ich wirklich nicht verstehen. Aber man weiß es natürlich nicht.« Hans-Christian Ströbele antwortet heute auf die Frage, ob er an einen Selbstmord glaube: »Das ist für mich keine Glaubensfrage. Eine ganze Reihe wichtiger Fragen ist noch ungeklärt. So gab es Anhaltspunkte, dass die Zellen abgehört worden sind. Das wurde damals eingeräumt. Solange nicht alle Zweifelsfragen geklärt sind, will ich mich nicht abschließend äußern. Man fragt sich: Was ist eigentlich auf diesen Bändern drauf? Was

Hans-Christian Ströbele verlässt im Januar 1981 das Berliner Landgericht. Er ist wegen »Unterstützung einer kriminellen Vereinigung« zu einer 18-monatigen Bewährungsstrafe verurteilt. Später wird das Strafmaß auf zehn Monate herabgesetzt.

hat sich vor und während der Schleyer-Entführung und auch in der Todesnacht in den Zellen abgespielt?«

Hans-Christian Ströbele übernimmt in der Folgezeit nur noch wenige Mandate für Beschuldigte der RAF: »Beim letzten Mandat, das ich hatte, ging es um den Anschlag auf die Deutsche Botschaft in Stockholm, der Prozess fand in Düsseldorf statt. Das war in dem Strafverfahren gegen Bernhard Rössner 1976/77, für mich das letzte Verfahren. Er ist nachher begnadigt worden, weil er krank war. Von diesen Leuten, die damals der RAF zugerechnet wurden, kannte ich vorher niemanden. Von anderen, die damals angeblich untergetaucht waren, gab es eine Reihe, die ich kannte. Da waren Kollegen dabei, mit denen ich vorher noch Gefangenenbesuche gemacht habe. Die waren dann eines Tages weg, sollten irgendwo im Untergrund sein und wurden auch bewaffnet festgenommen. Um diese Anwälte herum gab es Personen, die ich vom Sehen her kannte. Aber persönlich und politisch hatte ich mit ihnen nie viel zu tun.

Es war auch nicht mehr meine Zeit. Ich hatte vorher viele Jahre damit verbracht, durch die Bundesrepublik zu fahren und in den vielen Gefängnissen stundenlang mit den Mandanten zu reden und Prozesse vorzubereiten und zu führen. Das war ungeheuer anstrengend. Ich hatte dann politisch-gesellschaftlich etwas anderes zu tun, andere politische Betätigungsfelder hier in Berlin.«

Ströbeles Engagement für die Gefangenen hat für ihn, obwohl er schon vor Beginn des Stammheimer Prozesses von der Verteidigung ausgeschlossen wurde, noch lang anhaltende Folgen bis in die 80er-Jahre hinein. Er wird – neben anderen Anwälten – der Unterstützung einer kriminellen Vereinigung angeklagt. Die *Frankfurter Allgemeine Zeitung* schreibt am 20. Januar 1981 über seinen Prozess vor dem Berliner Landgericht, in dem er zu einer 18-monatigen Bewährungsstrafe verurteilt wird: »Im Gegensatz zur Staatsanwaltschaft mochte das Gericht Ströbele bei seinen Handlungen keinen bösen Willen unterstellen. Er sei ein engagierter Verteidiger gewesen, der immer eine juristische Verteidigung gewollt und sich nicht bedingungslos dem Willen seiner Mandanten unterworfen habe. Er habe freilich mit äußerst willensstarken Mandanten zu tun gehabt, deren monolithisches Weltbild Eindruck mache. Die Vorverurteilung der Gruppenmitglieder in der Öffentlichkeit, die Tatsache, dass die Verteidiger ›in eine gewisse Ecke‹ gedrängt worden seien, auch die Solidarität mit politischen Grundüberzeugungen seiner Mandanten habe Ströbele zu besonderen Aktivitäten veranlasst. Das entschuldige nichts, erkläre aber vieles. Zuletzt habe Ströbele angesichts der gesundheitlichen Belastung seiner Mandanten in der strengen Haft auch aus Sorge um die Person gehandelt.«

Ströbele wehrt sich gegen die Verurteilung, die im Folgejahr vom Bundesgerichtshof aufgehoben wird. Die 18 Monate Bewährung werden auf zehn Monate abgemildert. Die *Frankfurter Rund-*

*schau* berichtet am 25. März 1982: »Das Urteil gegen den Berliner Rechtsanwalt Hans-Christian Ströbele, der im vergangenen Jahr vom Berliner Landgericht wegen ›Unterstützung einer kriminellen Vereinigung‹ zu 18 Monaten Gefängnis mit Bewährung verurteilt worden war, wurde am Mittwoch vom Bundesgerichtshof aufgehoben. Zwar habe sich Ströbele insoweit schuldig gemacht, als er sich am ›Info-System‹ der Häftlinge aus der Roten Armee Fraktion beteiligte, die Weitergabe von Prozesserklärungen seiner Mandanten an Dritte – unter anderem an die Presse – sei hingegen zulässige Verteidigertätigkeit gewesen, so der Tenor der BGH-Entscheidung.«

Ströbeles Fazit über diese Zeit: »Die Reaktion des Staates insgesamt auf die militanten Bewegungen seit 1969/70 war fehlerhaft und falsch, hat zur Eskalation der Gewalt beigetragen. Das gilt für Politik und Gesetzgeber, für die Sicherheitsbehörden und die Justiz.« An anderer Stelle sagt er: »Es würde der deutschen Gesellschaft helfen, wenn wir über das Phänomen der Roten Armee Fraktion ohne Diffamierungen und Polemik sprechen würden.«

Otto Schily allerdings kommt zu anderen Ergebnissen. Er vergleicht Regierung und die Justiz, die den Stammheim-Prozess verantwortete: »Man muss der damaligen Regierung attestieren, dass sie das viel besser gemacht hat. Ich habe ein sehr positives Urteil über den damaligen Innenminister Baum, der ja ein Expertengremium zusammengestellt hat. Das hat einen Bericht vorgelegt: ›Ursprüngliche Ursachen des Terrorismus‹. Das war eine sehr kluge Initiative, um die politische Auseinandersetzung auf ein anderes Niveau zu bringen. Ähnlich hat sich der damalige Bundespräsident Gustav Heinemann verhalten. Diese politische Auseinandersetzung war wichtig und letzten Endes hat auf diese Weise die Rote Armee Fraktion gewissermaßen kapituliert.«

**Nach der Ermordung von Hanns Martin Schleyer im Herbst 1977 wird die Fahndung nach den RAF-Terroristen der zweiten Generation intensiviert. Hier die Verteilung von Flugblättern auf einem Wochenmarkt.**

Die RAF löst sich Ende der 90er-Jahre offiziell auf. Die sogenannte Dritte Generation hatte im Untergrund Selbstkritik geübt, in ihrer Auflösungserklärung vom April 1998 heißt es: »Es ist uns nicht möglich, auf eine glatte und fehlerlose Geschichte zurückzublicken. Aber wir haben etwas versucht und dabei viele von den Herrschenden gesetzte und von der bürgerlichen Gesellschaft verinnerlichte Grenzen überschritten. Die RAF konnte keinen Weg zur Befreiung aufzeigen. Aber sie hat mehr als zwei Jahrzehnte dazu beigetragen, dass es den Gedanken an Befreiung heute gibt.« Einer der Gründer, Horst Mahler, »sei verwundert gewesen, sagt er. Aber nicht, weil die Gruppe freiwillig aufgegeben habe, sondern weil es sie überhaupt noch gab. ›Ich dachte, die Sache sei längst abgewickelt.‹«

*Spiegel*-Titel zur Geiselnahme von Arbeitgeberpräsident Hanns Martin Schleyer. Die Entführung und spätere Ermordung durch Mitglieder der RAF bilden den Höhepunkt und Abschluss des »Deutschen Herbstes«, einer der schwersten Krisen der Bundesrepublik Deutschland. Schon zu Beginn der 70er-Jahre tauchen neue Bewegungen auf.

Kapitel 6

# Bewegungen

Ein kleiner idyllischer Ort am beschaulichen Kaiserstuhl in der südwestlichsten Ecke der Bundesrepublik macht Anfang der 70er-Jahre von sich reden. Im Jahr 1973 wird die 3000-Seelen-Gemeinde Wyhl als Standort für eine Atomanlage ausgewiesen. Kaum wird dieser Beschluss bekannt, schließt sich eine Gruppe von 27 Winzern, Landwirten und anderen Bewohnern der Region zu einer Bürgerinitiative gegen das geplante 1375-Megawatt-Kraftwerk zusammen. Die Bürgerinitiative findet rasch den Kontakt in die Nachbarländer. In Kaiseraugst in der Schweiz, ebenfalls direkt am Grenzfluss Rhein liegend, wird auch ein Atomkraftwerk geplant. In Fessenheim im französischen Elsass, nur 40 Kilometer entfernt, ist bereits ein Doppelreaktor in Bau, er wird 1978 mit 1840 Megawatt Leistung in Betrieb gehen. In Marckolsheim, auf der elsässischen Rheinseite direkt gegenüber von Wyhl, ist eine Bleichemiefabrik geplant. Die bayerische Betreiberfirma wählt das französische Ufer des Rheins als Standort, weil die Umweltschutzauflagen dort niedriger sind als in Deutschland.

Die regional verwurzelte, aber international bald sehr gut vernetzte Bevölkerung protestiert mit wachsenden Kräften. Die ersten, noch kleinen Demonstrationen finden im Frühjahr 1972 in Fessenheim statt. Auf deutscher Seite beteiligen sich im Herbst 1972 bereits 560 Traktoren und Tausende Menschen an den Protesten gegen die dortigen Planungen. 65 000 juristische Einsprüche machen deutlich, dass es sich um einen Massenprotest gegen die Nuklearpläne handelt. Eineinhalb Jahre später wächst die Zahl der Unterschriften schon auf rund 100 000. Die Proteste bleiben jedoch wirkungslos. Als schließlich am 18. Februar 1975 mit den Bauarbeiten begonnen wird, stellt sich die auf Hunderte Anwohner gewachsene Bürgerinitiative vor die anrollenden Baufahrzeuge. Sie verzögert damit den Baubeginn jedoch nur um zwei Tage. Mit mehreren Hundertschaften, Wasserwerfern und Hundestaffeln wird das Gelände brutal geräumt. Die Polizei sprengt die friedlichen Sitzblockaden mit völlig überzogener Härte. Auf dem Land kommt es erstmals zu Szenen, die man bisher nur von den Studentenrevolten aus den großen Metropolen kannte. Mit dem Unterschied, dass hier keine revolutionär gesinnten Polit-Aktivisten für Unruhe sorgen, sondern Landwirte und Handwerker, die ihr Leben bisher brav und bürgerlich geführt haben.

Die Ohnmachtserfahrungen nach zahlreichen Eingaben, Unterschriftenlisten und anderen konventionellen Protesten und die Ignoranz der Landesregierung politisieren und radikalisieren die Landbevölkerung. Sie wird zunehmend auch von Studenten und Bürgern aus dem nahen Freiburg unterstützt. Bereits drei Tage nach der ersten Räumung findet am Bauplatz eine Kundgebung mit rund 30 000 Teilnehmern statt. Sie reißen den Stacheldrahtzaun nieder und besetzen das Gelände erneut. Die Polizei ist angesichts der großen Zahl von Demonstranten nicht in der Lage, die Baustelle zu halten, und zieht sich zurück. Sie fürchtet auch das erwachende Interesse der Medien, die inzwischen beginnen, überregional von dem Geschehen zu berichten.

Die Umweltschützer gründen auf dem Gelände ein Freundschaftshaus und eine selbst betriebene Volkshochschule. Hier befassen sich nun Winzer mit nuklearer Strahlenphysik, Obstbauern mit der Endlagerproblematik und Hausfrauen mit den Verflechtungen der Energie- und Atomwirtschaft. Die Bauplatzbesetzung dauert neun Monate, bis in den November 1975. Dann verlassen die Besetzer das Grundstück. In einer Vereinbarung über einen »Burgfrieden« haben sie neue Verhandlungen mit der Landesregierung durchgesetzt. Diese will das Vorhaben zwar nach wie vor durchführen, doch das Verwaltungsgericht Freiburg untersagt 1977 den Bau. Die nächste Instanz, der Verwaltungsgerichtshof in Mannheim, genehmigt ihn allerdings 1982. Dies führt erneut zu großen Protestaktionen am Gelände. Im Sommer 1983 erklärt Ministerpräsident Lothar Späth, dass »kein Zeitdruck mehr« herrsche, er verschiebt die Planungen um zehn Jahre, später dann ein weiteres Mal. Inzwischen ist der ehemalige Bauplatz zum Naturschutzgebiet erklärt. Die Bürgerinitiativen sind in ihrem Protest erfolgreich, das Vorhaben ist als »politisch nicht durchsetzbar« gescheitert. Bis heute ist man stolz am Kaiserstuhl, den Kampf von David gegen Goliath für sich entschieden zu haben.

Keine deutsche Region ist vom Westberlin Otto Schilys, Hans-Christian Ströbeles und Horst Mahlers, der sich im Gefängnis befindet, so weit entfernt wie der Oberrhein – nicht nur geografisch, sondern auch lebensweltlich. Doch auch an der Spree registriert man mit Erstaunen, mit welcher Energie die Menschen in der fernen Provinz sich für ihre umweltpolitische Haltung einsetzen. Mit ihren Argumenten gegen die Kerntechnik können sie auch im urbanen Westberlin überzeugen. Hans-Christian Ströbele bekennt einen Meinungswandel in Sachen Atomkraft: »Ich war mit Rudi Dutschke der Meinung, dass sie die Technologie der Zukunft ist.«

Wyhl ist der erste Atomkraftstandort auf deutschem Boden, gegen den sich eine von der Bevölkerung getragene Massenbewegung erhebt. Dabei ist der Widerstand von Seiten der Umweltschützer überwiegend friedlich. Zu Beginn der Proteste weiß natürlich niemand, dass er sogar erfolgreich sein wird. Wyhl ist nicht nur der Geburtsort der Atomkraftdebatte in Deutschland, sondern auch eine der wichtigsten Kinderstuben der deutschen Umwelt- und Ökologiebewegung. Und Wyhl ist der erste Höhepunkt einer weiteren Erfolgsstory: vom Erfolg einer neuartigen Gattung von Einflussgruppen, den Bürgerinitiativen. Es sind freie Zusammenschlüsse Gleichgesinnter oft ohne besondere Rechtsform, zusammengehalten durch ein gemeinsames Thema und Ziel. Hier engagieren sich Menschen, die aus eigener Betroffenheit politisch aktiv werden, um einen Missstand zu verhindern oder abzustellen. Sie sind im System der repräsentativen Demokratie formell eigentlich gar nicht vorgesehen. Und doch etablieren sie sich als politischer Machtfaktor.

Die Botschaft »Atomkraft, nein Danke!« erreicht vom Kaiserstuhl aus in Windeseile andere, ebenfalls von Nuklearplanungen betroffene Regionen. Grohnde im Weserbergland, Brokdorf an der Elbe, Kalkar am Niederrhein, Wackersdorf in Bayern, Gorleben an der damaligen innerdeutschen Grenze sind die bekanntesten Namen. Mit ihnen verbinden sich Rückschläge und Erfolge von 35 Jahren Anti-Atomkraft-Bewegung. Grohnde und Brokdorf werden trotz massiver und teils sehr gewalttätiger Protestaktionen gebaut und gehen in Betrieb. Kalkar und die Anlage in Wackersdorf werden durch nicht minder massive Proteste erfolgreich verhindert. Gorleben ist mit zahlreichen Atomtransporten bis in die Gegenwart das Zentrum der Auseinandersetzung.

Für den anthroposophisch erzogenen Otto Schily ist die Frage »Pro oder contra Atomenergie?« schon seit Langem eindeutig entschieden: »Ich war auch in meiner politischen Frühzeit, zum Beispiel im Sozialistischen Deutschen Studentenbund, ein absoluter Außenseiter, weil ich schon damals gegen Atomkraftwerke war, gegen die Chemisierung der Landwirtschaft auch. Man hielt mich für freundlich und lieb, aber für einen leichten Trottel, der von nichts etwas versteht und dem Fortschrittsglauben nicht aufgeschlossen war.«

Die Anti-Atomkraft-Bewegung wird ab Ende der 70er-Jahre zu einer bundesweiten Massenbewegung. Zahlreiche Bürger demonstrieren gegen die Kernkraft als gefährlichen Energieträger. Etwa in Gorleben mit einer lang andauernden Platzbesetzung und in der Bundeshauptstadt Bonn. Otto Schily, Hans-Christian Ströbele und auch Rudi Dutschke beteiligen sich. Im Oktober 1979 findet dort eine Demonstration von über hunderttausend Atomkraftgegnern statt. Die Kundgebung ist die größte Demonstration der 70er-Jahre.

In den folgenden Jahren verschärft sich der Protest. Zahlreiche Aktionen der Umweltschützer treffen auf harte Maßnahmen der Polizei. Besetzte Bauplätze werden gewaltsam geräumt, Großdemonstrationen entwickeln sich zu regelrechten Schlachten. Beide Seiten sind dabei nicht zimperlich. An der Baustelle in Grohnde findet im März 1977 – nur wenige Wochen vor der Stammheimer Urteilsverkündung – eine extrem gewalttätige Auseinandersetzung zwischen 15 000 Demonstranten und 7000 Polizisten statt. 1981 wird in Brokdorf das Reizgas CS eingesetzt, Hubschrauber machen Jagd auf kleine Demonstrantengruppen, militante Demonstranten hingegen schießen mit Präzisionsschleudern Stahlkugeln auf Polizisten. 1986 geht es in Wackersdorf sogar mit zwei Toten, zahlreichen Verletzten und vielen Festnahmen um eine Wiederaufbereitungsanlage. Etliche Anschläge werden auf Stromleitungsmasten verübt, mittels Durchsägen der

Hans-Christian Ströbele bei Anti-Atomkraft-Protesten im März 2001 bei Oldendorf (Kreis Lüchow-Dannenberg), wo sich Robin-Wood-Aktivisten im Gleisbett mit Beton eingegossen haben, um den Castor-Transport nach Gorleben zu behindern.

Stahlträger und auch mit Sprengstoff. Mutmaßlich werden einige von den »Revolutionären Zellen« verübt. Es sind oftmals Täter, die in der Legalität leben und heimlich Anschläge verüben, auch »Feierabend-Terroristen« genannt.

Was in Wyhl noch regionaler bäuerlich-bürgerlicher Widerstand war, wird in den Folgejahren teilweise von radikalisierten und militanten Gruppen aus dem linken Spektrum der Großstädte weitergeführt. Mit gewalttätigen Protestformen übertönen sie in der Wahrnehmung der Medien und der Politik oft die gemäßigten Demonstranten. Etliche dieser Gruppen sind linke Splitterorganisationen aus dem inzwischen aufgelösten SDS und der ehemaligen APO, die ökologische Fragen bis dato eigentlich kaum thematisieren. Doch es gelingt ihnen zu Teilen, sich an die neue Massenbewegung anzuhängen. Ihre Versuche, sie zu dominieren, sind jedoch erfolglos. Sogar die dritte RAF-

Generation versucht 1986 mit dem Mord an dem Atomphysiker und Siemens-Manager Karl Heinz Beckurts, Unterstützung in der Szene zu finden. Auch dieses Ansinnen scheitert.

Die etablierte Politik in Bund und Ländern ist durch die Ereignisse in Whyl gewarnt. Sie versucht sich mit unterschiedlichen Strategien der Problembewältigung. Eine davon ist, die Methoden und Mittel der RAF-Terrorbekämpfung auf die Anti-Atomkraft-Bewegung anzuwenden. In Diffamierungskampagnen werden die Aktivisten pauschal als Chaoten und Umwelt-Terroristen bezeichnet und mit Strafverfahren überzogen, sobald sich hierzu eine Möglichkeit bietet. Sie werden in die Datenbanken des BKA aufgenommen und vom Verfassungsschutz beobachtet.

Wie überspannt der Staat mit echten und vermeintlichen Atomkraftgegnern umgeht, zeigt der Fall von Klaus Traube. Er gehört in den 60er- und 70er-Jahren zu den angesehensten deutschen Nuklearforschern und -managern. Die Entwicklung der sogenannten Schneller Brüter-Technologie geht maßgeblich auf ihn zurück. Weil Traube angeblich Nähe zur RAF sucht, hört der Verfassungsschutz ihn 1975/76 umfassend ab. Anfang 1977 legt der *Spiegel* die Schnüffelei offen: »Das Unternehmen lief unter ›Operation Müll‹. Verfassungsschützer brachen die Verfassung: Sie drangen in die Wohnung eines ihnen verdächtigen Atomwissenschaftlers ein und brachten eine elektronische ›Wanze‹ an. Verfassungsschutz-Chef Richard Meier genehmigte den ›Lauschangriff‹, Innenminister Werner Maihofer wusste Bescheid.« Traube wird auf Betreiben des Verfassungsschutzes von seinem Arbeitgeber Siemens unter einem Vorwand entlassen. Es stellt sich erst später heraus, dass die Nähe zur RAF lediglich darin bestand, dass eine gute Bekannte Traubes, eine Frankfurter Rechtsanwältin, die auch sein Scheidungsverfahren betreut, mit Hans-Joachim Klein liiert ist und dass Traube Klein auch kennenlernt. Hans-

Joachim Klein ist 1974 Chauffeur von Jean-Paul Sartre bei dessen Besuch von Andreas Baader, im Dezember 1975 beteiligt er sich sogar an der Geiselnahme von elf Ministern der OPEC-Staaten in Wien und wird dabei schwer verletzt. Die sozial-liberale Bundesregierung gerät nach der Offenlegung des Abhörskandals in eine schwere Krise, FDP-Innenminister Maihofer, der die illegale Abhöraktion gegen Klaus Traube persönlich abzeichnete, muss seinen Posten räumen und wird durch Gerhart Baum ersetzt. Klaus Traube hat sich nichts vorzuwerfen. Nach der Aufdeckung des Skandals wandelt er seine Haltung zur Atomenergie vollständig. Heute sagt er zu den damaligen Ereignissen: »Gäbe es heute wieder so einen Aufschrei? Wäre das so eine Sensation, dass man jemanden zu Hause abhört? Ich fürchte, das gilt heute schon eher als normal.«

Im Zuge der Untersuchungen über die Abhörpraktiken des Verfassungsschutzes erhält Otto Schily den Hinweis, dass seine Stammheimer Mandantengespräche ebenfalls abgehört werden. Viele Menschen sehen angesichts der Traube-Affäre die Gefahr, dass die Bundesrepublik sich als »Atomstaat« in einen Überwachungs- und Repressionsstaat gegen die Atomkraftkritiker zu verwandeln beginnt und die Bürgerrechte massiv demontiert. Durch die *Spiegel*-Enthüllung 1977 wird erstmals der Begriff »Lauschangriff« populär, der zuvor nur innerhalb der Geheimdienste benutzt wurde. Offenbar wurde er einem Donald-Duck-Heft aus dem Jahr 1968 entlehnt, in dem er erstmals Verwendung gefunden hatte.

Am 12. Dezember 1979 besiegelt die NATO mit Zustimmung der deutschen Bundesregierung den sogenannten Doppelbeschluss. Er sieht vor, dass die USA in Westeuropa rund 560 Atomraketen gegen die Sowjetunion stationiert, wenn bis 1983 Verhandlungen über den Rückzug des seit Längerem stationierten und gerade modernisierten sowjetischen Raketenarsenals scheitern sollten. In weiten Teilen der Bevölkerung Westeuropas stößt diese erneute Runde eines nuklearen Rüstungswettlaufs auf Ablehnung. Die Stabilität im weltweiten atomaren Gleichgewicht zwischen den Supermächten UdSSR und USA drohe, ausgehebelt zu werden. Bei vielen Menschen und auch in der Wissenschaft wächst die Befürchtung eines verheerenden Atomkriegs. US-amerikanische Strategen denken darüber nach, wie er auf Europa begrenzt werden könne – die neuen Raketen stellen hierfür einen Baustein dar. Atomkriege, die sich bisher nicht gewinnen ließen, könnten nun geführt werden – als realistische Option der Militär- und Machtpolitik. Von vielen Wissenschaftlern und Konfliktforschern wird die Gefahr auch deshalb als groß bewertet, weil die republikanische US-Führung unter Präsident Ronald Reagan in der Öffentlichkeit holzschnittartige Feindbilder der Sowjetunion aufbaut.

Gesellschaftliche Organisationen, Gewerkschaften, Kirchengemeinden und zahllose kleine Gruppen und Bürgerinitiativen rufen zum Protest auf. In den vier Jahren zwischen dem Beschluss und dem Beginn der Stationierung übertrifft der Widerstand gegen die Mittelstreckenraketen alles, was es an politischer Mobilisierung in der Bundesrepublik zuvor gegeben hatte. Mehrfach gehen Hunderttausende auf die Straßen, 1982 rund 500 000 Menschen in Bonn, 1983 in mehreren Städten insgesamt rund 1,3 Millionen. Es sind die größten Demonstrationen, die das Nachkriegsdeutschland jemals gesehen hat.

Hans-Christian Ströbele über diese Entwicklung: »Als jemand, der aus der Außerparlamentarischen Opposition kam, der in einer wesentlichen Phase mitgemacht hat, war ich voller Begeisterung und auch voller Bewunderung für die viel größeren Bewegungen, die danach kamen. Die Anti-AKW-Bewegung, die Friedensbewegung damals haben viel, viel mehr Menschen auf die Straße gebracht als die Außerparlamentarische Opposition. Die Außerparlamentarische Opposition hat, durch ihre Radikalität, dadurch dass sie eine neue Erfahrung für diese etwas verkrustete alte Gesellschaft in der Bundesrepublik gewesen ist, glaube ich, langfristig mehr bewirkt an Veränderung des Bewusstseins in der Bevölkerung. Aber die Bewegungen, die danach kamen, waren viel umfassender, viel mehr Menschen haben sich beteiligt, etwa 100 000 im Bonner Hofgarten. So was hat es vorher in dieser Dimension nicht gegeben. Wir waren in Berlin stolz drauf, dass bei der größten Demonstration anlässlich des Vietnam-Kongresses in Berlin zehn-, elftausend auf der Straße gewesen sind.«

Die neue Friedensbewegung verlangt einen einseitigen Verzicht auf die Raketenstationierung, um die Spirale der Aufrüstung zu beenden. Der »Krefelder Appell« formuliert diesen Verzicht auf die sogenannte Nachrüstung und ist das Konsenspapier der Bewegung. Er wird von insgesamt vier Millionen Bundesbürgern unterzeichnet, gut sieben Prozent der Wahlberechtigten. Viele Friedensorganisationen fordern auch von der Sowjetunion und dem Warschauer Pakt Abrüstungsbereitschaft und entsprechende Schritte.

Mit Sitzblockaden vor Stationierungsorten wie dem schwäbischen Mutlangen und mit vielen anderen gewaltfreien Aktionen protestieren zahlreiche Bürger – darunter auch Prominente wie Heinrich Böll – gegen die Aufrüstung und gewinnen hohe Sympathien in der Bevölkerung. Einer der Widerständler vor dem Bundesverteidigungsministerium ist Otto Schily, der sich sogar von Polizisten weggetragen lässt. Die Demonstranten nehmen das Widerstandsrecht des Artikels 20, Absatz 4, des Grundgesetzes für sich in Anspruch, der 1968 angesichts der Kritik an den Notstandsgesetzen in die Verfassung aufgenommen wurde. Sie

Otto Schily, Mitglied des Bundestags, bei der Blockade des Bundesverteidigungsministeriums am 21. Oktober 1983 auf der Hardthöhe in Bonn.

stellen es höher als den Straftatbestand der Nötigung. Schily damals: »Es gibt aber auch ein Widerstandsrecht, das sozusagen in dem Menschen selbst aufgehoben ist. Das heißt, wenn der Mensch eben nicht mehr sehen kann, dass das, was an Verhältnissen vorhanden ist, dass das mit seinem Gewissen in Einklang zu bringen ist, dann kann er aus seinem eigensten autonomen Recht versuchen, daran etwas zu ändern und sich dem zu widersetzen.«

Außer einigen unbedeutenden Handgreiflichkeiten kommt es bei keiner der Protestaktionen zu größeren Gewalttaten. Die pazifistische Grundhaltung bei den Demonstrationen für Frieden und Abrüstung führt zu überwiegend gewaltfreiem Verhalten auf beiden Seiten; die Polizei reagiert alles in allem angemessen. Allerdings gibt es seitens der Justiz zahlreiche Bestrebungen, Aktionen des zivilen Ungehorsams zu kriminalisieren. Etliche Teilnehmer von Sitzblockaden werden wegen Nötigung angeklagt und teilweise empfindlich bestraft, anderen werden Sachbeschädigung, Landfriedensbruch und weitere Delikte vorgeworfen. Erneut überzieht die Justiz politische Demonstranten mit Prozessen. Doch ist die Stimmung deutlich friedlicher und weniger erbittert als bei den zeitgleichen Konflikten um die Atomkraft. Umfragen belegen, dass zwischen zwei Drittel und drei Viertel aller Bundesbürger die Raketenstationierung ablehnen.

Ein wesentlicher Unterschied zwischen den beiden sozialen Bewegungen besteht in der Dauer der Auseinandersetzungen. Die Anti-Atomkraft-Bewegung ist fast 20 Jahre lang mit einem recht hohen Mobilisierungsgrad präsent. Die Friedensbewegung gegen die Mittelstreckenraketen hingegen bringt noch viel mehr Menschen auf die Straßen. Sie ebbt jedoch auch viel schneller ab; bereits nach etwa sechs Jahren Mitte der 80er-Jahre, nachdem die NATO die Raketen tatsächlich aufgestellt hatte. Der Abzug der Raketen, der Ende 1987 vom sowjetischen Präsidenten Michail Gorbatschow eingeleitet wird, und die Auflösung des Warschauer Pakts nach dem Fall der Mauer machen die Gefahr eines Atomkriegs in Europa obsolet. Kurze und wenig dauerhafte Renaissancen erlebt die Friedensbewegung bei Protesten gegen die ersten bewaffneten Nachkriegseinsätze der Bundeswehr und gegen die Kriege, die die USA zu Beginn des 21. Jahrhunderts führen.

Es liegt auf der Hand, dass die zahlreichen Initiativen und Gruppen sich vernetzen und koordinieren. Mit dem Bundesverband Bürgerinitiativen Umweltschutz (BBU), dem Koordinierungsrat der Friedensbewegung und anderen Gremien entwickeln sich Strukturen, die im außerparlamentarischen Raum eine effektive Organisation und Positionierung ermöglichen. Doch eine politische Repräsentanz in den Parlamenten haben die Umwelt- und die Friedensbewegung nicht. Als eher linke und emanzipatorische Strömungen fühlen sie sich von der Sozialdemokratie kaum vertreten.

Die zahlreichen kommunistischen Parteien, die sich als Zerfallsprodukte der APO gebildet hatten, können mit vielen Forderungen und antiautoritären Formen der neuen sozialen Bewegungen zunächst nicht viel anfangen. Umwelt und Ökologie gehören nicht zu ihrem Themenspektrum. Die DDR-orientierte Deutsche Kommunistische Partei muss ideologische Klimmzüge machen, um westliche Atomkraftwerke abzulehnen, russische Reaktoren hingegen zu befürworten. Auch versucht sie, sich mit viel Engagement – und viel Geld aus Ostberlin – an die Spitze der Friedensbewegung zu setzen. Doch sie bleibt dort lediglich eine Strömung unter vielen. Sie kann das Bündnis zwar beeinflussen, jedoch nicht dominieren, denn die anderen gesellschaftlichen Gruppen im Gesamtspektrum sind zu eigenständig.

Die Konservativen, die am Status quo festhalten wollen, haben mit den auf Veränderung drängenden neuen Strömungen große Schwierigkeiten. Aber auch die sich selbst »progressiv« nennende traditionelle Linke muss umdenken. Die K-Gruppen (kommunistische Splittergruppen), die Gewerkschaften und die Sozialdemokratie haben ein grundsätzliches politisch-philosophisches Problem mit den neuen Bewegungen. Die bisherigen Konfliktlinien von Arbeit und Kapital, Unterdrückten und Unterdrückern, Ausgebeuteten und Ausbeutern, Arm und Reich stehen bei den neuen Bewegungen nicht mehr im Vordergrund. Forderungen nach Veränderung oder gar Revolution, um den materiellen Wohlstand gerecht auf die Werktätigen aufzuteilen, werden mit ganz neuen Denkmustern konfrontiert. Marx, Engels, Lenin und Mao hatten die Endlichkeit der Ressourcen und die ökologische Verwundbarkeit des Planeten nicht gesehen. Die Entwicklung der Produktivkräfte war für sie grundsätzlich unbegrenzt, und somit haben auch ihre Anhänger die »Grenzen des Wachstums« nicht auf der Rechnung. Derart ist 1972 eine aufsehenerregende Untersuchung des Club of Rome betitelt. Deren zentrales Ergebnis ist: »Wenn die gegenwärtige Zunahme der Weltbevölkerung, der Industrialisierung, der Umweltverschmutzung, der Nahrungsmittelproduktion und der Ausbeutung von natürlichen Rohstoffen unverändert anhält, werden die absoluten Wachstumsgrenzen auf der Erde im Lauf der nächsten hundert Jahre erreicht.« Unbegrenztes materielles Wachstum steht sowohl für die Gläubigen des Kapitalismus wie des Kommunismus nicht infrage, und daher lehnen viele in seltener Eintracht die Rechenmodelle und Szenarios aus Rom zunächst ab.

Seine Wirkung entfaltet der Bericht in den Folgejahren in ganz anderen Milieus. Intellektuelle, Bürgerliche, Querdenker und vor allem viele Jugendliche und Studenten ziehen daraus ihre eigenen Schlüsse. Sie entwickeln idealistische Forderungen nach Konsumverzicht, weltweiter Gerechtigkeit und Nachhaltigkeit. Sie stellen die angeblich gesetzmäßige Notwendigkeit von wirtschaftlichem Wachstum infrage und geben der Ökologie einen Vorrang vor der Ökonomie. Konservative Politiker wie auch traditionelle Linke werden mit einer völlig neuen, »alternativen« Haltung – dem Postmaterialismus – konfrontiert und von ihr irritiert. Sie können sie nur schwer in ihre gewohnten und bisweilen dogmatischen Denkmuster integrieren.

Die Protestierenden brauchen Vernetzungs- und Kommunikationsmedien. In Westberlin gründet sich, parallel zu den zahlreichen handwerklichen und Dienstleistungskollektiven, ein Medienkollektiv, die links-alternative *tageszeitung*, kurz *taz*. Sie erscheint ab April 1979 regelmäßig und wird bald zum unbestrittenen, aber durchaus umstrittenen Organ der Alternativbewegung. Es ist ein gewagtes Experiment, mit geringen Finanzmitteln und kollektivistischen Strukturen, ohne etablierten Verlag und ohne Kundenstamm eine täglich erscheinende Zeitung mit Anspruch auf Aktualität und alternative Inhalte zu gründen. Im Lauf der über 30-jährigen Geschichte steht das Blatt mehrfach am Rande des Ruins und kann immer wieder nur knapp gerettet werden. Heute ist sie als Genossenschaft organisiert. Einer ihrer Initiatoren und Mentoren ist Hans-Christian Ströbele, der seine ganze Erfahrung als Rechtsberater alternativer Projekte in das Vorhaben investiert. Ohnehin löst sich das Sozialistische Anwaltskollektiv zu dieser Zeit auf. Bis heute ist Ströbele der *taz* eng verbunden, hat alle Höhen und Tiefen ihrer Geschichte miterlebt und mitgestaltet.

Angesichts der neuen sozialen Strömungen sehen viele Menschen innerhalb der Umwelt- und Friedensbewegung Ende der 70er-Jahre eine Notwendigkeit und eine Chance, ihre Themen mit einer eigenen Partei in die Parlamente zu tragen. Otto Schily fühlt sich bis dato politisch ziemlich heimatlos, wie er 1974 bekennt: »Ich würde mich als einen liberalen Kommunisten bezeichnen. Da es so etwas eigentlich nicht gibt, befinde ich mich im politischen Niemandsland.« Sechs Jahre später hat er gute Gründe, die neue Partei mit ins Leben zu rufen: »Die Entwicklung, die sich in den Grünen aktualisiert hat, bot für mich zum ersten Mal die Möglichkeit, in einer Weise politisch aktiv zu werden, die von mir nicht einen fundamentalen Kompromiss verlangt.«

Die Menschen innerhalb der Umwelt- und Friedensbewegung sammeln sich unter dem ideologisch offenen Label »alternativ«. Sie versuchen, einerseits Lehren aus den Warnungen des Club of Rome zu ziehen und sie andererseits mit einer sozialkritischen gesellschaftlichen Analyse und auch der Herrschaftsfrage zu verbinden. Sie rechnen daher kaum mit wirklicher politischer Beteiligung und führen viele grundsätzliche Debatten über den Parlamentarismus. Einige wollen in eine Fundamentalopposition, andere streben als Fernziel konkrete politische Macht an. Niemand allerdings möchte dabei so werden, wie die etablierten Parteien wahrgenommen werden: unbeweglich, lernunfähig, bürger- und wirklichkeitsfern, machtbesessen, rechthaberisch und selbstverliebt. Eine alternative Partei gründen zu wollen, die parlamentarischer Arm der Bewegung sein soll, einigt die Aktivisten. Der Zwang zum Kompromiss, ohne den sie keine reelle Chance haben, die Fünf-Prozent-Hürde zu überspringen, einigt sie ebenfalls.

In mehreren Bundesländern gründen sich ab 1978 Organisationen, die sich Alternative, Grüne oder Bunte Listen nennen. Der Einzug in die Länderparlamente ist damit zum Greifen nahe. In Westberlin gründet Hans-Christian Ströbele mit zahlreichen Gleichgesinnten am 5. Oktober 1978 die »Alternative Liste für Demokratie und Umweltschutz« (AL). In einem der ersten Mitgliederrundbriefe heißt es noch sehr klassenkämpferisch: »Wir sind – im Gegensatz zu FDP, SPD und CDU – keine Büttel des Kapitals und stehen den etablierten Parteien unversöhnlich gegenüber.« Die AL erhält bei den Landtagswahlen 1979 immerhin 3,7 Prozent der Stimmen. Damit kann sie zwar nicht ins Abgeordnetenhaus einziehen, rückt gleichwohl aber in vier Bezirksverordnetenversammlungen. Die Liste wird später ein offizieller Landesverband der Bundesgrünen. Die etablierten Parteien bemerken, dass ihnen von dieser Seite neue Konkurrenz droht. Während die Konservativen überwiegend Spott und Häme ausschütten, bekommt SPD-Bundesgeschäftsführer Egon Bahr kalte Füße. Er weiß genau, dass die Alternativen in seinem Wählerkreis fischen werden und diffamiert sie als »eine Gefahr für die Demokratie«.

Mitte des Jahres 1979 steht eine Europawahl an. Im europäischen Wahlrecht gibt es eine Besonderheit, bei der Europawahl können auch »Sonstige Politische Vereinigungen« (SPV) antreten, die nicht die Bedingungen des Parteiengesetzes erfüllen müssen. Am 17./18. März 1979 gründen in Frankfurt am Main Vertreter mehrerer Organisationen überwiegend aus der Umweltschutzbewegung die »SPV Die Grünen«. Manche bezeichnen dieses Datum als die eigentliche Geburtsstunde der Partei. Petra Kelly und Roland Vogt, beide ehemalige SPD-Mitglieder, führen die Wahlliste an. Den Einzug ins Europaparlament schafft die SPV zwar nicht, aber sie erreicht mit bundesweit 3,2 Prozent mehr als nur einen Achtungserfolg. Die Parteigründer werden ermutigt und bestärkt, ihre Arbeit fortzusetzen. Genauso wichtig wie die Motivation ist aber auch die Wahlkampfkostenerstattung von fünf Millionen D-Mark, die als Startkapital zur Finanzierung der weiteren Schritte verwendet werden. Der nächste Erfolg ist der erste Einzug in ein Landesparlament im Oktober 1979. Vier Abgeordnete ziehen für die von Rudi Dutschke mitgegründete »Bremer Grüne Liste« in die Bürgerschaft des kleinsten Bundeslandes ein und können sich dabei auf 5,1 Prozent der Wähler berufen.

Um bei den Bundestagswahlen im Oktober 1980 antreten zu können, wird hart an der Gründung einer Bundespartei gearbeitet. Nach etlichen vorbereitenden Treffen und Kongressen wird zum 12./13. Januar 1980 nach Karlsruhe eingeladen. Hier vollzieht sich mit viel Euphorie und schon ersten Richtungskonflikten die Gründung der neuen Grünen. Aus Berlin reisen unter anderem Hans-Christian Ströbele und Otto Schily an. Einer ihrer Freunde fehlt allerdings. Rudi Dutschke stirbt an Heiligabend 1979, drei Wochen zuvor, an den Spätfolgen des Mordversuchs von 1968.

Für die Teilnahme an der Wahl müssen ein Parteiprogramm formuliert und eine Wahlaussage getroffen werden. Diese Papiere werden bei zwei weiteren Bundesversammlungen in Saarbrücken und in Dortmund nach teilweise sehr kontroversen Diskussionen verabschiedet. Die neue Partei kann sich im Herbst bundesweit zur Wahl stellen. Ihr Programm drückt die Philosophie der sozialen Bewegungen aus: »Wir sind die Alternative zu den herkömmlichen Parteien, hervorgegangen aus einem Zusammenschluss von Grünen, Bunten und Alternativen Listen und Parteien. Wir fühlen uns verbunden mit der neuen demokratischen Bewegung und verstehen uns als Teil der Grünen Bewegung in aller Welt. Die ökologische Weltkrise wird immer bedrohlicher. Dadurch bürden wir kommenden Generationen ein unheimliches Erbe auf. Die Zerstörung der Lebens- und Arbeitsgrundlagen und der Abbau demokratischer Rechte haben ein so bedrohliches Ausmaß erreicht, dass wir eine grundlegende Alternative für Wirtschaft, Politik und Gesellschaft brauchen. Glück und Selbstverwirklichung liegen nicht im Lebensstandard und in der Verschwendungswirtschaft, sondern in der Befreiung der schöpferischen Kräfte und in einer Neugestaltung des Lebens auf ökologischer Basis.« Der zentrale Leitsatz im Saarbrücker Programm lautet: »Die außerparlamentarischen Aktivitäten müssen durch die Arbeit in den Parlamenten ergänzt werden. Unsere Politik hat ein Gesamtkonzept und orientiert sich an den vier Grundsätzen: ökologisch, sozial, basisdemokratisch und gewaltfrei.« Sprecherin Petra Kelly nennt die Grünen eine »Anti-Parteien-Partei«.

Otto Schily, durch seine Arbeit als Verteidiger der RAF-Angeklagten bereits bundesweit bekannt, tritt bei der Dortmunder Bundesversammlung im Sommer 1980 erstmals öffentlich als Gründungs-Grüner in Erscheinung. Er plädiert dort leidenschaftlich für eine dezidiert antifaschistische Ausrichtung der Partei, kann sich allerdings nicht durchsetzen. Seine Kandidatur für das Amt des Parteisprechers scheitert ebenfalls. Schily betreibt die

Bundesdelegiertenkonferenz der Grünen 1982 in Hagen: Parteisprecherin Petra Kelly im vertraulichen Gespräch mit Otto Schily.

Gründung der Bundespartei über den Achberger Kreis, einen anthroposophischen Diskussionszusammenschluss, wie Parteifreund Ludger Volmer sich erinnert. Die erste Landtagswahl nach der Parteigründung findet im März 1980 in Baden-Württemberg statt. Die Grünen ziehen erstmals in einem Flächenland in den Landtag und erringen sensationelle 5,3 Prozent.

Bei der folgenden Bundestagswahl bahnt sich allerdings ein Dilemma für die Partei und ihre möglichen Wähler an. Kanzlerkandidaten sind Amtsinhaber Helmut Schmidt für die SPD und der CSU-Vorsitzende Franz Josef Strauß. Der hart und immer polarisierend auftretende, erzkonservative Unionspolitiker führt einen extrem emotionalisierten Wahlkampf. Und seine Aussichten stehen trotz einer ebenso polemischen »Stoppt-Strauß-Kampagne« gar nicht schlecht. Das führt dazu, dass viele Wähler, die möglicherweise Grün gewählt hätten, sich doch für die SPD entscheiden, um Strauß zu verhindern. Denn es ist längst nicht sicher, ob die alternative Partei die Fünf-Prozent-Hürde überschreitet. Würde sie – was viele Wähler befürchten – knapp darunter bleiben, würden diese Stimmen verfallen, der SPD fehlen und letztlich Strauß zum Sieg verhelfen. So lässt sich der für viele Grüne enttäuschende Ausgang der Wahl mit nur 1,5 Prozent erklären. Strauß verliert, die sozial-liberale Koalition regiert mit einer komfortablen Mehrheit von 53,5 Prozent weiter.

Während Schily und Ströbele sich mit viel Engagement und gegen manchen Rückschlag für die Gründung der neuen Partei einsetzen, sitzt Horst Mahler nach wie vor in Berlin-Tegel ein. Noch 1975 hatte er einen Gefangenenprotest organisiert, nachdem die Haftbedingungen verschärft worden waren. Mit ihm traten etwa 50 Insassen in einen mehrtägigen Hungerstreik, um dagegen zu protestieren. Doch in den Folgejahren wird es ruhiger um ihn. In der Abgeschiedenheit seiner Zelle beobachtet er das politische Geschehen draußen mit viel Sympathie. In einem Interview erklärt er hierzu: »Ich identifiziere mich voll und ganz mit der Produktion von Erfahrungen in dieser Basisbewegung der Bürger, der Bürgerbewegung.« Er distanziert sich von seiner gewalttätigen Vergangenheit und bezeichnet die Taten der RAF als »Verzweiflungsschritte« und ihre Ideologie als »ziemlich hoffnungsloses Konzept«. Mahlers damaliges Fazit: »Wir waren das geworden, was wir bekämpfen wollten.«

Viel intensiver befasst er sich aber mit philosophischen Fragestellungen. Schily brachte ihm, wie bereits erwähnt, einige Jahre zuvor die Gesamtausgabe Hegels ins Gefängnis: »Es ist ein Erlebnis, Hegel in dieser Situation zu lesen. Das zu verstehen, ist die

Frucht einer langen intensiven Auseinandersetzung, denn er hatte die gesamte Philosophie auf den Kopf gestellt. Bis Hegel galt der Satz: ›Was auf einen Widerspruch führt, kann nicht wahr sein!‹ Hegel sagt: ›Nein, das ist genau umgekehrt, das, was nicht auf einen Widerspruch führt, ist unwahr. Der Widerspruch ist das Zeichen der Wahrheit!‹ Hegel sagt, nur weil es Widerspruch gibt, sind wir lebendig. Sonst wären wir tot, es würde sich nichts bewegen.«

Mahler sucht sich 1978 einen neuen, prominenten Anwalt aus Hannover, den Bundesvorsitzenden der Jungsozialisten in der SPD, Gerhard Schröder. Es ist ein PR-Coup, der ihm wieder Aufmerksamkeit verschafft. Sogar der *Spiegel* berichtet über das Gespann: »Obwohl der Sozialdemokrat durchschaute, dass dem Häftling Mahler wohl in erster Linie am öffentlichen Echo gelegen ist, sagte er schließlich zu – weil es, so Schröder, um seine Glaubwürdigkeit als Anwalt wie als Politiker gehe: ›Schließlich können wir nicht gut abstrakt für Bürgerrechte, für Rechtsstaatlichkeit und Freiheit eintreten, aber dann, wenn wir persönlich gefordert sind, kneifen.‹« Schon im ersten Anwaltsgespräch in Berlin erklärt Schröder: »Ich bin über den Auftrag keineswegs begeistert.« Und sein neuer Mandant antwortet: »Das ist gut, dann wissen Sie also, was auf Sie zukommt.« Immerhin duzen sich der 42-jährige Häftling und sein 34-jähriger Anwalt bald. Schröder setzt sich für den prominenten Gefangenen ein, der 1974 aus der RAF hinausgeworfen worden war und sich inzwischen auch von ihrer Ideologie distanziert hatte. Noch im selben Jahr bekommt Mahler erstmals Hafturlaub. Anwalt Schröder soll ein Wiederaufnahmeverfahren einleiten, weil »Mahler sich durch angebliche Falschaussagen des abgesprungenen Terroristen Karl-Heinz Ruhland zu Unrecht wegen Bankraubes verurteilt sieht«, wie das Nachrichtenmagazin schreibt. Das Urteil wird jedoch nicht revidiert.

**Horst Mahler gelingt mit der Verpflichtung von Gerhard Schröder, dem späteren Bundeskanzler, als seinen Anwalt ein PR-Coup. Hier am 1. Juli 1987 vor dem Berliner Kammergericht.**

Ende 1979 findet ein Streitgespräch zwischen dem ehemaligen Terroristen Horst Mahler und Bundesinnenminister Gerhart Baum statt, das der *Spiegel* moderiert und veröffentlicht. Es wird zur viel beachteten Titelstory der Silvesterausgabe. Außerdem gibt der Rowohlt Verlag es als Buch heraus. Mahler erklärt darin: »Man hat uns immer gepredigt, dass es gelte, die Feigheit vor dem Feind zu überwinden. Es gibt aber auch die Feigheit vor dem Freund, die überwunden werden muss. Sie hindert uns, mit neuen Fragen und Einsichten an den Tabus des jeweiligen Gruppenkonsenses zu rütteln und unser Handeln auf neue Gleise zu bringen. Dieses Problem haben alle, die dem Terrorismus nahe standen und ihn heute kritisieren ... Wir müssen raus aus den

Schützengräben. Die politischen Parteien müssen sich der Diskussion öffnen. Doch das genügt nicht. So wie sie sind, lassen die Parteien nichts erhoffen. Demokratie ist nicht schon erreicht, wenn – wie in der Bundesrepublik – Wahlmaschinen zwischen Staatsapparat und Wählern vermitteln. Worauf es ankommt, ist, dass diese Wahlmaschinen zu politischen Parteien im eigentlichen Sinne werden und von Vereinigungen, Initiativen und Verbänden der mündig und handlungsfähig gewordenen Bürger kontrolliert werden. Staat und Parteien müssen sich den Bürgerinitiativen öffnen, ihnen den Rang und den Schutz von Verfassungsinstitutionen einräumen, sie zur Mitwirkung am staatlichen Entscheidungsprozess zulassen. Hier liegen die Chancen für eine gelungene Zukunft.«

Über das Gespräch, das er mit Innenminister Baum führt, sagt Mahler an anderer Stelle: »Gerhart Baum ist der Polizeiminister dieser Republik; daran ändert auch die Tatsache nichts, dass er ein Liberaler ist. Und ›mit den Bütteln des Kapitals redet man nicht, auf die schießt man!‹, so habe ich gedacht – und manche denken noch heute so. Es war ein langer Marsch durch Illusionen und Abstraktionen bis an jenen Tisch in der Berliner *Spiegel*-Redaktion, an dem ich mit dem Polizeiminister sprach – und nicht schoss.«

Der ehemalige RAF-Terrorist hat zu diesem Zeitpunkt beinahe zwei Drittel seiner Strafe abgesessen. Vielen Verurteilten wird die Reststrafe erlassen. Inzwischen hat sich Mahler glaubhaft, mit viel Öffentlichkeitswirkung und mit der prominenten Unterstützung von Ministern, anderen Politikern und den Medien von der RAF und dem Terrorismus distanziert. Er wird als Freigänger in eine andere Berliner Haftanstalt verlegt und beginnt damit, sich eine neue Existenz »draußen« aufzubauen. Weil der gelernte Jurist nicht als Rechtsanwalt praktizieren darf, sucht er nach an-

*Der Minister und der Terrorist* – Horst Mahler und Bundesinnenminister Gerhart Baum präsentieren 1980 das Buch zu ihrem Streitgespräch.

deren Berufen. Er überlegt, eine Lehre als Verlagskaufmann zu machen, geht dann aber in ein Büro für Städteplanung, später in ein EDV-Unternehmen.

Mithilfe seines Anwalts Gerhard Schröder wird Horst Mahler im Sommer 1980 tatsächlich unter Bewährungsauflagen aus der Haft entlassen. Sein Bewährungshelfer ist der bekannte Berliner Theologe Helmut Gollwitzer. Gerhard Schröder – zwischenzeitlich für die SPD im Bundestag, dann Oppositionsführer in Niedersachsen – und sein Mandant erstreiten vor dem Bundesgerichtshof 1987 die Wiederzulassung Horst Mahlers als Rechtsanwalt. Er ist nun vollkommen rehabilitiert und wird jahrelang öffentlich kaum in Erscheinung treten.

Im Mai 1981 gelingt der »Berliner Alternativen Liste« das Anknüpfen an die Erfolge anderer Landesverbände der Grünen. Sie zieht mit über sieben Prozent und neun Vertretern erstmals ins Abgeordnetenhaus ein. Dabei überrundet sie sogar die FDP und wird in Westberlin drittstärkste politische Kraft. In etlichen weiteren Bundesländern gelangen die »Öko-Paxe«, wie die Grünen auch betitelt werden, in die Parlamente.

Es ist die Zeit, in der die außerparlamentarischen Bewegungen den stärksten Zulauf finden. Die Friedensbewegung entfaltet enorm viel Kraft. In der Ablehnung der Mittelstreckenraketen sind sich die Mitglieder der neuen Partei einig. Aber die von vielen gestellten darüber hinaus gehenden Forderungen nach einem Austritt aus der NATO, nach deutsch-deutscher Neutralität – um eine Wiedervereinigung von DDR und Bundesrepublik zu ermöglichen – und nach Auflösung der Bundeswehr werden abgelehnt. Damit kommen parteiinterne Spannungen auf, die Jahre später eskalieren werden. Weitere innere Konflikte kommen ebenfalls an die Oberfläche. Wie hält die Partei es mit dem Gewaltmonopol des Staates? Kann man sich grundsätzlich eine Zusammenarbeit mit der SPD vorstellen und wie weit würde sie gehen? Sind Tolerierungen denkbar oder gar Koalitionen? Oder legt man sich auf eine fundamentale Opposition fest, um nicht vom System korrumpiert zu werden?

Die nächsten entscheidenden politischen Entwicklungen kommen überraschend: Die sozial-liberale Koalition löst sich auf. Die FDP unter ihrem Vorsitzenden Hans-Dietrich Genscher wählt gemeinsam mit der Union am 1. Oktober 1982 CDU-Chef Helmut Kohl zum Bundeskanzler, der daraufhin vorgezogene

Neuwahlen für März 1983 organisiert. Für die Grünen bedeutet dies eine erneute Chance, ins Bonner Bundesparlament einzuziehen. Sie stellen in jedem Landesverband Kandidatenlisten auf. Otto Schily lebt zwar in Westberlin, ist in der dortigen Alternativen Liste aber nicht besonders beliebt. Er bewirbt sich daher beim Landesverband Nordrhein-Westfalen. Dort ist man bisher glücklos beim Versuch geblieben, den Landtag zu erobern. Schily gelingt es mithilfe von Kungeleien, die wenig basisdemokratisch scheinen, einen sicheren Listenplatz zu ergattern. Ludger Volmer war mitten drin im Club: »Ein Kreis von fünf informell führenden Leuten entschied hinter den Kulissen über sein politisches Schicksal: Drei zu zwei für Schily ergab ihr Meinungsbild. Eine Delegiertenmehrheit wurde organisiert, Schily gewählt. Er hat nie erfahren, wem er seinen politischen Aufstieg zu verdanken hat. Auf derselben Versammlung aber scheiterte Joseph Beuys. Zunächst an Schilys Gegenkandidatur.« Schily verdrängt mit Volmers Unterstützung einen der weltweit renommiertesten deutschen Künstler, der sich den Grünen zur Verfügung stellt. Beuys zieht sich noch am gleichen Tag aus der Partei zurück.

Der prominente Berliner Rechtsanwalt wird bald für den Düsseldorfer Süden in den Bundestag gehen, denn bei den Bundestagswahlen schaffen die Grünen den Sprung in die Volksvertretung. Auf den Fernsehbildschirmen erscheint am Wahlabend ein 5,6-Prozent-Balken in grüner Farbe. 27 bundesdeutsche und ein Westberliner Abgeordneter werden die Stimme der bis dato außerparlamentarischen Bewegung nun ins Parlament tragen. Die Sensation ist perfekt. Innerhalb von nur drei Jahren hat die »Anti-Parteien-Partei« mit zwei Millionen Stimmen genügend Wähler mobilisiert, um in den Deutschen Bundestag einzuziehen. Da ist es für die Alternativen am Wahlabend eher zweitrangig, dass die

Vor der Abstimmung: Gespräch zwischen Otto Schily und Joseph Beuys. Anschließend verdrängt Schily den Künstler von der NRW-Landesliste der Grünen.

schwarz-gelbe Koalition die Mehrheit erringt und Kanzler Helmut Kohl im Amt bestätigen kann.

Auch Hans-Christian Ströbele freut sich. Der AL-Grüne wird zur Hälfte der Legislaturperiode als Nachrücker das Westberliner Mandat übernehmen, schon vorab arbeitet er in der Bonner Bundestagsfraktion mit. Das Abgeordnetenhaus entsendet aufgrund des alliierten Sonderstatus der geteilten Stadt die Berliner Volksvertreter direkt nach Bonn, dabei erstmals auch einen grünen Abgeordneten.

Die Rotation des parlamentarischen Personals ist eine Spezialität der jungen grünen Partei. Um ein Berufspolitikertum wie in den etablierten Parteien zu vermeiden, müssen alle Abgeordne-

Wahlplakat in Düsseldorf 1983: Otto Schily kandidiert für den Bundestag, sein Konterfei ist in der ganzen Stadt zu sehen.

ten nach zwei Jahren ihre Parlamentssessel räumen und Nachrückern Platz machen. Diese Idee geht von der These aus, dass alternative Politik unabhängig von Personen durchgeführt werden kann, dass niemand unersetzbar ist und dass ein Starkult vermieden werden soll. Doch schon in der ersten Legislaturperiode wird die Rotationsregel weniger streng angewendet, als zunächst beabsichtigt. Otto Schily darf länger bleiben. In späteren Zeiten wird die Partei dieses Prinzip ganz aufgeben.

In ungewohntem Aufzug macht die erste grüne Fraktion sich auf den Weg in den Bundestag. Strickpullover und Schlabberröcke, Blumentöpfe und ein vom saueren Regen entnadelter Baum in der Hand von Joschka Fischer, eine Weltkugel und eine Kutsche kennzeichnen die Demonstration, mit der sich die Bewegung ins Parlament begibt. Dort werden sie mit Befremden und Ablehnung empfangen. Hans-Christian Ströbele: »Es war bunt, lustig, spannend und auch ungeheuer anregend. Die Grünen, die dort einrückten – ich war ja erst ab 1985 dabei und nicht schon 1983 –, wurden als Menschen, nicht von einem anderen Stern, aber aus einer anderen Gesellschaft wahrgenommen. Und das war auch so. Sie hatten völlig andere Grundansätze zu vielen gesellschaftlichen Probleme der damaligen Zeit.«

Die etablierten Parteien gießen eimerweise Verachtung über die neue politische Konkurrenz und ihre Vertreter aus, die sich nicht an die Konventionen im Hohen Haus halten. »Ja, es war schon eine Provokation für die etwas konventionelle und feierliche gravitätische Stimmung, die bisher im Bundestag geherrscht hat. Gerade für die CDU und CSU war es sehr schwierig, damit auszukommen. Mit den Leuten im Pullover! Man hat uns auch am Anfang ziemlich hasserfüllt angeschaut. Es gab zum Teil schon richtig hasserfüllte Szenen, in denen man sagte: ›Ihr habt eigentlich hier nichts verloren.‹ Wir waren die Schmuddelkinder, mit denen man nicht spielt«, erinnert Schily sich.

Der erste Fraktionsvorstand der Grünen besteht aus Petra Kelly, Marieluise Beck-Oberdorf und Otto Schily. Über die Arbeit im Bundestag lässt er verlauten: »›Schwatzbude‹ halte ich für einen sehr boshaften Ausdruck. Und ich denke schon, dass das Parlament eine wichtige, notwendige Institution in einer offenen Gesellschaft ist, aber die parlamentarische Arbeit zum Teil doch zu einer Farce verkommen ist ... Vieles läuft sehr viel trivialer und banaler, als man vorher vermuten konnte ... Nicht zuletzt habe ich gelernt, sehr zu differenzieren: Es gibt durchaus bis ins Lager der Regierungsparteien hinein sehr beachtliche Personen. Man ist von außen geneigt, alles in einen Topf zu werfen und zu sagen, das ist alles eine Soße. Aber wenn man das aus der Nähe sieht, ins

Gespräch kommt, die Bereitschaft dazu vorhanden ist, dann sieht das schon differenzierter aus ... Bis hinein in die CDU-Mandatsträger gibt es eine mehrheitliche Überzeugung, die sagen, ungeachtet mancher Kritik, die wir an den Grünen da und dort haben, war es sehr sinnvoll, dass die Grünen überhaupt aufgetreten sind, weil es natürlich ihre Wirkungen auf andere Parteien gehabt hat.«

Höhepunkt der gesellschaftlichen und politischen Debatte im ersten Jahr der Grünen im Bundestag ist zweifellos der NATO-Doppelbeschluss. Seit Jahren protestiert die Friedensbewegung dagegen, Millionen Deutsche wollen nicht, dass er umgesetzt wird. Ende 1983 soll die Stationierung der Mittelstreckenraketen beginnen, Voraussetzung dafür ist eine Zustimmung des Deutschen Bundestags. Die Debatte darüber ist Höhepunkt der Anstrengungen, die Abstimmung führt zur größten Niederlage der Friedensbewegung. Nachdem die SPD die Regierungsmacht verloren hat, ist auch sie gegen die Stationierung, die noch Helmut Schmidt eingeleitet hatte. Bei einer Demonstration in Bonn belagern Zehntausende Menschen den Bundestag und übertreten dabei teilweise die Bannmeile, in der das Protestieren verboten ist. Selbst Bundestagsmitarbeiter der Grünen, die beschriftete Halstücher tragen, werden von der Polizei festgenommen. Otto Schily protestiert in der Bundestagsdebatte gegen dieses Vorgehen der Staatsmacht und geht sogar so weit, dass ihm das Wort entzogen wird: »Ich beantrage, unsere heutige Beratung zu unterbrechen mit Rücksicht auf folgenden Sachverhalt: Es sind 15 Mitarbeiter unserer Fraktion vor Kurzem festgenommen worden. Und zwar wegen des einfachen Sachverhaltes, dass diese Mitarbeiter dieses Tuch als Bekleidungsstück getragen haben (Schily hält ein violettes Halstuch in die Höhe) und weil sie der Meinung sind, sie können mit einem solchen Bekleidungsstück auch in der Bannmeile zusammengehen und sie müssen nicht getrennt gehen. Ich habe mich gefreut, dass viele unserer Fraktion, auch viele aus der Fraktion der Sozialdemokratischen Partei, dieses Tuch, das viele auf dem evangelischen Kirchentag getragen haben, worauf steht ›Die Zeit ist da für ein Nein ohne jedes Ja gegen Massenvernichtungsmittel‹, dass ein solches Tuch getragen wird. Unsere Mitarbeiter werden verhaftet, wenn sie von ihrem Recht Gebrauch machen, das zu tragen, was sie tragen wollen.«

Bundestagspräsident: »Herr Abgeordneter, ich bitte zu dem Geschäftsordnungsantrag zu sprechen.«

Otto Schily: »Es war immerhin möglich, im Kreml ein T-Shirt zu tragen, mit den Worten ›Verschrottet eure Raketen und achtet die Menschenrechte!‹«

Bundestagspräsident: »Herr Abgeordneter, ich bitte zum Antrag zu sprechen.«

Otto Schily: »Hier vor dem Parlament werden Menschen festgenommen, Mitarbeiter werden festgenommen, wenn sie solch ein Tuch tragen. Werden denn die Herren, die hier auf der Regierungsbank sitzen mit Uniformen, was ja auch eine Demonstration ist, werden die denn festgenommen?«

Bundestagspräsident: »Herr Abgeordneter, ich entziehe Ihnen das Wort!«

In einer persönlichen Erklärung lehnt Schily mit Anspielung auf den amerikanischen Präsidenten als letzter Redner in der Debatte nochmals seine Zustimmung zum Stationierungsantrag von Union und FDP ab: »Ich bin nicht bereit, eine Entscheidung hier zu treffen, einer Stationierung von Massenvernichtungswaffen zuzustimmen, die mich, die uns alle, die die Deutschen in beiden deutschen Staaten, die die Völker Europas, die womöglich die ganze Menschheit der Entscheidung eines Machtbesessenen ausliefert, der meint, es sei die Zeit des Endkampfes zwischen Gut und Böse gekommen.«

Die Argumente der Grünen und auch der inzwischen gewandelten SPD führen nicht zum Erfolg: Der Deutsche Bundestag stimmt am 22. November 1983 mit 286 zu 226 Stimmen und einer Enthaltung der Stationierung zu. Schon drei Wochen später stehen im Hunsrück die ersten atomaren Mittelstreckenraketen. Die Repräsentanz der Friedensbewegung im Parlament hat an dem Beschluss nichts geändert – was viele erhofft, aber auch kaum jemand ernsthaft erwartet hatte.

Im Jahr 1985 kommt es erstmals zu einer grünen Beteiligung an einer Landesregierung. Gemeinsam mit der SPD regiert in Hessen eine rot-grüne Koalition. Joschka Fischer wird erster grüner Minister und übernimmt in Wiesbaden das Umweltressort. Der den »Realos« zugerechnete Politiker setzt sich im Landesverband gegen Grundsatzoppositionelle durch und versucht, eine grüne Version von Machtausübung umzusetzen. 1987 wird er aus dem Amt entlassen, weil er darauf besteht, eine Betriebsgenehmigung für eine hessische Atomanlage zurückzunehmen.

Die Grünen werden in ihrer parlamentarischen Arbeit mit zahllosen Fragen konfrontiert, die weit über die Themen Umwelt und Frieden hinausgehen. Gemeinsam mit den Nachrückern und anderen Mitarbeitern der Bundestagsfraktion arbeiten die Abgeordneten sich im Lauf der Zeit in die verschiedensten Politikfelder ein. Mit großem Eifer und enormem Fleiß entwickeln sie politische und sachliche Kompetenzen in allen Bereichen, was ihnen nach Jahren sogar von der politischen Konkurrenz zugestanden wird. Otto Schily beispielsweise macht sich seine umfangreichen und langjährigen juristischen Erfahrungen bei den spektakulären Strafprozessen der Vorjahre zunutze. Im Untersuchungsausschuss zur Flick-Spendenaffäre sorgt er für

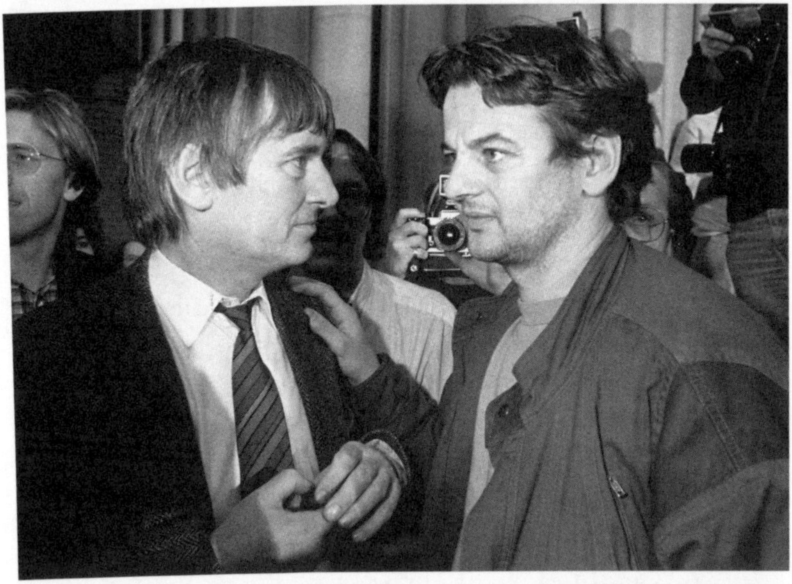

Der »heimliche Vorsitzende« der Grünen, Joschka Fischer, mit Otto Schily im Dezember 1984 (oben) und mit Hans-Christian Ströbele im März 1989 (unten).

viel Aufmerksamkeit und treibt die Aufklärung weit voran, obwohl er als Vertreter der kleinsten Fraktion nur das kürzeste Rederecht innehat. Hans-Christian Ströbele berichtet, dass er damit der Partei viel Sympathie gebracht hat: »Otto Schily stand damals für eine Verfechtung des Rechtsstaates bis zuletzt, auch wenn man nur noch alleine da ist. Deshalb haben viele gedacht: ›Das ist jetzt unsere politische Heimat, weil solche Leute wie er da drin sind und dafür sorgen, dass im Bundestag die ganze Spendenaffäre von Kohl schonungslos aufgeklärt wird.‹«

Der Konzern des Industriellen Friedrich Flick finanziert über viele Jahre mit illegalen Spenden alle im Bundestag vertretenen Parteien. Sein Mitarbeiter Eberhard von Brauchitsch nennt dies »politische Landschaftspflege«. Das ist das Ergebnis von Nachforschungen eines engagierten Finanzbeamten, nachdem Flick eine milliardenschwere Steuerschuld erlassen wird. Dies geschieht auf direkte Anordnung der FDP-Minister Hans Friderichs und Otto Graf Lambsdorff, nachdem ausgerechnet beide persönlich Spenden des Großindustriellen angenommen hatten. Keine der etablierten Parteien hat ein großes Interesse an der Aufklärung des Skandals, denn alle sind spätestens in den 70er-Jahren unmittelbar betroffen. Nur die Grünen sind garantiert unbelastet. Der Skandal führt zum Rücktritt des Bundestagspräsidenten Rainer Barzel und der beiden Minister.

Als 1984 ein parlamentarischer Untersuchungsausschuss eingerichtet wird, ist Otto Schily der Vertreter der Grünen. Der Ausschuss tagt zwei Jahre lang in 66 Sitzungen und mit 321 Stunden Vernehmungen. Schily stellt wegen Verdachts der Falschaussage sogar Strafantrag gegen den Bundeskanzler, ein einmaliger Vorgang. Das angeblich mangelnde Erinnerungsvermögen von Helmut Kohl erklärt der CDU-Generalsekretär Heiner Geißler mit einem »Blackout«. Die Affäre führt zu Strafprozessen, in denen nach Meinung des Bonner Richters Hans Henning Buchholz »nahezu alle Zeugen durch ihr schlechtes Erinnerungsvermögen auffielen«. Die Minister Friderichs und Lambsdorff und von Brauchitsch werden verurteilt, nicht jedoch wegen Korruption, sondern letztlich nur wegen Steuerhinterziehung und Beihilfe. Dennoch ist durch das Ausmaß der Affäre, das die Aufklärungsarbeit von Schily ans Tageslicht bringt, das Vertrauen der Bevölkerung in die Parteien schwer erschüttert.

Durch seine herausragende Arbeit im Flick-Untersuchungsausschuss muss Otto Schily zur Hälfte der Legislaturperiode nicht rotieren. »Otto Schilys Wirkung liegt in einer arroganten Faktendemut«, erklärt Marie-Luise Scherer seinen Erfolg im *Spiegel*. »Ich habe, in aller Bescheidenheit gesagt, eine Begabung. Ich kann gut fragen. Ich kann sehr gut fragen. Vielleicht kann ich hier nicht immer so gut antworten, aber ich kann gut fragen. Dieses Talent ist mir da sehr zugutegekommen. Das heißt, das Nachfragen, sich nicht beschränken, sondern nachfragen. Und dann gibt es natürlich einige Befragungen von Zeugen, die schon einen aufklärerischen Wert haben«, erklärt Schily seinen Erfolg im Ausschuss. Weiter sagt er: »Alles, was ich im Flick-Untersuchungsausschuss zutage habe befördern können, hat auf dem aufgebaut, was Journalisten, insbesondere vom *Spiegel* und von der *Süddeutschen Zeitung*, zuvor ans Tageslicht gebracht haben. Meine Aufklärungsarbeit wäre ohne die journalistische investigative Tätigkeit gar nicht möglich gewesen.«

Als 1986 der Untersuchungsausschuss vorzeitig beendet wird, geht er mit den Etablierten hart ins Gericht: »Es war nicht zu erwarten, dass von denen, die es hauptsächlich angeht, heute ein ernsthaftes Wort der Selbstkritik und Einkehr zu hören sein würde. Sie sind zu fest verpackt in ihren Vorurteilen. Sie bangen zu sehr um ihre Machtpositionen und sie sind zu tief eingesun-

Otto Schily ist der wichtigste Aufklärer im parlamentarischen Untersuchungsausschuss zur Flick-Spendenaffäre.

ken in den Spendensumpf, als dass sie aus eigener Kraft wieder dort hinaus finden könnten. Die betroffenen Parteien CDU, CSU, FDP und SPD haben sich zu einem Kartell der Spurenverwischer, -verdunkler und -vernebler vereint. Was hätte man eigentlich gesagt, wenn Al Capone zu uns gekommen wäre. Hätte aus seinen

Verbrechen 500 Millionen Mark mitgebracht und hätte sich hier eingekauft, bei Daimler und in der chemischen Industrie und ähnlichen und hätte durch Spenden an die politischen Parteien seine Spinnennetze ausgebreitet, was hätte man dann eigentlich gesagt? Und es ist um keinen Deut besser, wenn ein Friedrich Flick, der an Verbrechen beteiligt war, gegen die die Verbrechen von Al Capone fast lächerlich sind, wenn dieser Mann sein Vermögen über das Kriegsende hinüberrettet und dann ein Polyp in der politischen Szene wird.«

Hans-Christian Ströbele rückt in der zweiten Hälfte der Legislatur in den Bundestag nach: »Als ich 1985 in den Bundestag kam, da ging zunächst erst mal die Hetze weiter. In meinen ersten Reden im Bundestag musste ich mir aus den Reihen der Union anhören: ›Der Terroristenanwalt, der Terrorist, was will der hier? Der ist doch vorbestraft!‹ und lauter solche Vorwürfe.« Er engagiert sich bis 1987, ebenfalls in Untersuchungsausschüssen und im Rechtsausschuss: »Als Bundestagsabgeordneter habe ich in einem Untersuchungsausschuss gearbeitet, der sich mit Skandalen beim Bundesamt für Verfassungsschutz beschäftigte. Da haben wir viel und schlimme Praktiken ermittelt, zum Beispiel, dass der Verfassungsschutz auch die Grünen überwacht hat und sogar auf Bitten eines CDU-Abgeordneten Material für dessen Wahlkampf zusammengestellt hat. Es ging damals um den grünen Kandidaten für den Bundestag, Otto Schily.«

Nach dem Bonner Intermezzo rotiert Ströbele aus der Bundespolitik zurück in seinen Berliner AL-Landesverband. Im Januar 1989 erringen die Alternativen einen erneuten Erfolg in der noch geteilten Stadt, die zur grünen Hochburg wird. Sie werden von über 140 000 Menschen gewählt, 11,8 Prozent der Wahlberechtigten, und können zusammen mit der SPD eine rot-grüne Koalition bilden. Hans-Christian Ströbele, obschon kein Abgeordneter, spielt in den schwierigen Koalitionsverhandlungen eine wichtige Rolle als Moderator und Mediator – bewährte Anwaltsrollen. Ihm gelingt es einerseits, in harten Verhandlungen die grünen Forderungen in den Koalitionsvertrag zu bugsieren. Andererseits ist er kompromissfähig genug, die politischen Grenzen der Sozialdemokraten respektieren zu können. Die wichtigsten Grundsätze der SPD sind das staatliche Gewaltmonopol, die politische Bindung Westberlins an die Bundesrepublik und die Respektierung der Präsenz der Alliierten in Westberlin. Dafür kann die AL beispielsweise die ökologische Stadterneuerung vertraglich festschreiben, und, wenn schon nicht die Auflösung des Landesverfassungsschutzes, so doch wenigstens die mögliche Akteneinsicht aller Bürger beim Geheimdienst. Die *Süddeutsche Zeitung* über den Architekten von Rot-Grün: »Nach den Berliner Wahlen prägte Christian Ströbele das Wort von der ›Jahrhundertchance‹, die sich für ein rot-grünes Bündnis böte. Im Gegensatz zu seinem Fraktionskollegen Otto Schily hatte Ströbele als Bundestagsabgeordneter noch 1987 die rot-grüne Zusammenarbeit auf Bundesebene abgelehnt.« Hans-Christian Ströbele bekommt bei einer AL-Abstimmung über die Koalition Zuspruch von 80 Prozent der Stimmen. Die Koalition ist allerdings von durchgehenden Konflikten gezeichnet und zerbricht, nachdem der SPD-Innensenator in einem für die Geschichte Berlins beispiellos harten Polizeieinsatz mehrere besetzte Häuser räumen lässt. Zu diesem Zeitpunkt sind Deutschland und Berlin seit wenigen Wochen wiedervereinigt.

Otto Schily nimmt im Richtungsstreit, der Mitte der 80er in der grünen Partei wie auch in der Bundestagsfraktion vehement ausbricht, eine akzentuierte Position ein. Die Partei spaltet sich in zwei Lager, die Fundamentalisten (»Fundis«) auf der einen, die Realpolitiker (»Realos«) auf der anderen Seite. Nur wenigen Parteimitgliedern gelingt es, sich mit eigener Identität unabhängig von diesen Strömungen zu halten und sich nicht von einem der Blöcke vereinnahmen zu lassen. Hans-Christian Ströbele steht als Vertreter des Berliner Landesverbands aufseiten der Sponti-Linken und Undogmatischen in der Mitte des parteiinternen Spektrums, ohne dass er sich einem der Lager eindeutig zuordnet. Ludger Volmer charakterisiert ihn für diese Zeit als »unberechenbar«, was vermutlich unfreundlich gemeint ist, Ströbele zweifellos aber als unabhängigen Individualisten qualifiziert. Für eine spätere Phase bezeichnet Volmer ihn allerdings als »Integrationsfigur«. Ströbele selbst erklärt etliche Jahre später über seine Position in dem Flügelstreit, der die Partei manchmal zum Zerreißen anspannt: »Sozialistisches Gedankengut soll bei den Grünen eine Heimat haben. Die Grünen sind eine Gründung aus vielen sozialen Bewegungen und linken Gruppen: Frauenbewegung, Friedensbewegung, Ökologiebewegung, Anti-Atomkraft-Bewegung. Ich habe mich immer zur sogenannten undogmatischen Linken gezählt. Ich halte nach wie vor vieles an sozialistischem Gedankengut für richtig.«

Otto Schily ist ein profilierter Vertreter der »Realos«. Volmer kritisiert ihn noch heute: »Die Suche nach Reputierlichkeit, die Anschlussfähigkeit an die Konservativen, die Demonstration eines bürgerlichen Habitus – sie bargen die Gefahr einer Anpassung, die der eigenen Partei Identität und Existenzberechtigung entzog.« Angeblich prallen Schilys »elitärer Führungsanspruch« und die bewegungsorientierte Basisdemokratie aufeinander. In der Tat ist Schily unter den »Öko-Paxen« eine Ausnahmefigur. Schon in der 68er-Bewegung 15 Jahre zuvor tritt er stets korrekt im dreiteiligen Maßanzug auf. Von Schily gibt es nur sehr wenige Fotos, die ihn in der Öffentlichkeit ohne Krawatte zeigen. Er macht Modeerscheinungen wie Vollbärte, selbst gestrickte Pullover und

Gesundheitslatschen nicht mit, ja findet diese geradezu abstoßend. Hans-Christian Ströbele heute über den damaligen Gefährten: »Vom Auftreten her, vom Äußeren her mit Anzug und Weste schien er nicht das damalige Idealbild der neuen ökologischen Bewegung, der Sammlungsbewegung darzustellen. Das war eigentlich immer so. Auch bei der Außerparlamentarischen Opposition der 60er-Jahre hat er diese besondere Erscheinung sehr gepflegt, glaube ich.« Es gibt über Schily die Anekdote, dass er vor der Blockade des Verteidigungsministeriums seine Sekretärin losschickt, um ihm einen Parka und Jeans zu kaufen. Angeblich besitzt er solche Freizeitkleidung gar nicht. Sein feines Tuch will er bei der erwarteten Räumung nicht zu Schaden kommen lassen.

Dass sein bürgerliches Auftreten ihm bei den Alternativen negativ angerechnet wird, beweist die Engstirnigkeit und das Spießertum mancher seiner Zeitgenossen. Als elitär und distanziert, wenn nicht sogar arrogant wird er immer wieder bezeichnet. Otto Schily tritt bei den Grünen vehement für fundamentale juristische und staatliche Grundprinzipien ein. Strikte Rechtsstaatlichkeit in Verbindung mit einem grundsätzlichen Gewaltmonopol des Staates ist in der Partei, die sich die Menschenrechte auf die Fahnen geschrieben hat und die dieses Politikfeld erfolgreich der FDP abnehmen kann, längst noch nicht selbstverständlich. Zudem macht Schily sich für Bündnisse mit der Sozialdemokratie stark, die auch über eine punktuelle Zusammenarbeit oder eine Tolerierung hinausgehen. Seine Perspektive ist die rotgrüne Koalition auf Bundesebene. Er ist, gemeinsam mit Joschka Fischer, damit einer der Hauptprotagonisten des Realo-Flügels der Partei.

Mitte der 80er tritt der parteiinterne Konflikt nicht nur zwischen den beiden Strömungen offen zutage, sondern auch institutionell zwischen Bundestagsfraktion und Parteivorstand. Der *Spiegel* beschreibt die Situation so: »In der Alternativpartei, die alles anders, besser und vor allem menschlicher machen wollte als die verachteten Etablierten, gibt es kein Pardon zwischen den Flügeln. Die persönliche Verunglimpfung gehört längst zu den normalen Umgangsformen.«

In der Fraktion, die von zahlreichen Kontakten mit politisch Andersdenkenden im Parlament mitgeprägt ist und die in der praktischen Entscheidungsfindung täglich die Bedeutung von politischen Kompromissen erfährt, überwiegt der Realo-Flügel. Schily skizziert 1985 in einem Interview seine Überzeugungen: »Es geht mir um die Klärung des Verfassungsverständnisses ... Die Kraft der Grünen entsteht daraus, dass sich verschiedene politische Traditionen miteinander verbinden, ökologische, radikaldemokratische, meinethalben auch solche Gruppierungen, die früher guten Glaubens meinten, die kommunistischen Ziele seien etwas Vernünftiges, die aber inzwischen ihre dogmatischen Sperren überwunden haben: Alle sind mir durchaus willkommen in der Grünen Partei. Aber in der Frage des staatlichen Gewaltmonopols bin ich nicht einen Zentimeter kompromissbereit.«

Im von der Basis gewählten Vorstand drückt sich hingegen manche Unzufriedenheit der Parteimitglieder an der Bundestagsfraktion und deren Eigenmächtigkeit aus. Er wird über viele Jahre von Fundamentalisten dominiert, die ein anderes Staatsverständnis haben und die reine ökosozialistische Lehre vertreten. Da die Grünen eine strikte Trennung von Parteiamt und Parlamentsmandat pflegen, gibt es kaum personelle Überschneidungen. Schilys Intimfeindin dort ist Jutta Ditfurth, die von 1984 bis 1989 eine der Partei-Sprecherinnen ist. Sie erinnert sich an ihre Wiederwahl, die sie mit großer Mehrheit für sich entschied:

»Mit Christian Schmidt, Regina Michalik und mir wurden am 9. und 10. Mai 1987 erstmalig drei Linke zu SprecherInnen gewählt. Ich hatte noch einmal kandidiert. Die Mehrheit der Partei wollte einen Ausgleich zur Bundestagsfraktion, die in der Öffentlichkeit mehrheitlich von ›Realos‹ repräsentiert wurde, die zudem immer kaltschnäuziger gegen Parteibeschlüsse verstießen.« Nur einen Tag nach ihrer Wiederwahl erscheint im *Spiegel* ein Interview mit Otto Schily. Darin kommentiert er den Wahlausgang und macht sich Gedanken zum Verhältnis von Parteispitze und Bundestagsfraktion: »Die Grünen haben für ihren emotionalen Haushalt ein Bedürfnis an Radikalität. Da sind fundamentalistische Pose und stampfende Rhetorik mehr gefragt als differenzierte Argumentation und Besonnenheit. So kommen bisweilen bei uns Mehrheiten zustande ... Das Bild der Partei, das jetzt zwangsläufig entstehen muss, sieht doch so aus, dass die konstruktive politische Linie der Grünen, die das parlamentarische Bündnis mit der SPD sucht, ins Abseits gedrängt wurde von einer verbalradikalen Mehrheit ... Christian Schmidt hat sogar in Duisburg gesagt, die Blödheiten mit dem staatlichen Gewaltmonopol müssten wir uns endlich abschminken ... Wenn man so die Rechtsstaatlichkeit relativiert, dann werden wir leicht zu Manichäern (radikale Anhänger des spätantiken Religionsstifters Mani), die immer wissen, was das Heil der Welt bedeutet und sich dann auch das Recht nehmen, zu bestimmen, wann wir welche Mittel anwenden ... Als Jutta Ditfurth 1984 in Hamburg erstmals gewählt wurde, habe ich sie noch beglückwünscht, weil ich, ungeachtet von Meinungsunterschieden, die Hoffnung hatte, sie könne zur Dialogfähigkeit der Grünen beitragen. Inzwischen bin ich leider eines Schlechteren belehrt worden. Abgesehen von ihren verheerenden politischen Positionen hat sie zielstrebig Feindseligkeit und Fanatismus geschürt und damit der Partei sehr geschadet.«

Schily erfährt in dieser Zeit auch, dass der Verfassungsschutz ihn beobachtet und ein Akte angelegt hat. Die *Frankfurter Rundschau* berichtet: »Der Rechtsanwalt Otto Schily verlangt, ›dass die über mich beim Verfassungsschutz lagernden Akten sofort und vollständig vernichtet werden‹. In einem Telefongespräch mit der *Frankfurter Rundschau* sagte Schily, der bis vor Kurzem Bundestagsabgeordneter der Grünen war und für den nächsten Bundestag wieder kandidieren möchte: ›Ich finde es bestürzend, was alles über mich gesammelt und gespeichert wurde.‹ Er müsse sich fragen, was der Verfassungsschutz für abstruse Verfahren einschlägt. Es offenbare doch ein ›äußerst verqueres Verständnis von Terrorismus‹, dass die Personenakte über ihn bei der für Terrorismus zuständigen Abteilung des Bundesamts für Verfassungsschutz angelegt wurde, sagte Schily.«

1987 findet die nächste Bundestagswahl statt. Trotz der Zerrissenheit erringt die Partei 8,3 Prozent der Stimmen und bleibt nur knapp hinter der Regierungspartei FDP (9,1 Prozent) zurück. Schily zieht erneut ins Parlament ein. In einem Beitrag in der Silvesterausgabe der *Zeit* 1988 schreibt er über die Arbeit in der Volksvertretung: »Demokratie ist nichts Majestätisches. Demokratie ist mühselig und zeitraubend. Demokratie ist so gut und so schlecht, wie die Menschen gut oder schlecht sind, die sich ihrer annehmen. Auch das geschmähte, marode Bonn ist erstaunlicherweise durchaus Anziehungspunkt öffentlicher Anteilnahme geblieben. Der Öffentlichkeit ist keineswegs gleichgültig, was im Bundestag verhandelt wird. Aber der Demokratie würde es nützen, wenn sich die Politik, vornehmlich das Parlament, in Zukunft mehr Eigensinn, mehr Individualität und mehr Selbstbewusstsein zumutete als bisher.«

Der Kampf zwischen den Strömungen geht weiter und endet im Dezember 1988 vorläufig mit dem Misstrauensvotum einer

Bundesdelegiertenversammlung gegen den linken Vorstand. Nach – wie Ditfurth schreibt bereits widerlegten, aber von den Realos machtpolitisch instrumentalisierten – Vorwürfen wegen finanzieller Unregelmäßigkeiten muss der Vorstand zurücktreten. Nach offizieller Parteigeschichte werden die Unregelmäßigkeiten nie ganz aufgeklärt.

Trotz dieses Erfolges der Realo-Richtung, über den Schily meint, dass er »notwendig und unausweichlich zur Überwindung der Krise der Partei« gewesen sei, tritt Schily einige Monate später am 2. November 1989 zur SPD über und legt sein Bundestagsmandat für die Grünen nieder. Er hatte sich zuvor vergeblich zur Wahl als Vorstand der Bundestagsfraktion gestellt. Jutta Ditfurth unterstellt ihm, dass es ihm nur darum gegangen sei, ein drittes Mal in den Bundestag einzuziehen, was bei den Grünen aus basisdemokratischen Gründen nicht möglich gewesen wäre.

Er selbst erklärt seinen damaligen Übertritt, zu dem er von Peter Glotz, dem SPD-Bundesgeschäftsführer, animiert wird, mit Blick auf die Fundamentalisten: »Ich will durchaus Teilen der grünen Partei attestieren, dass sie eine praxisnahe Politik machen, aber das Problem der Grünen steckt in dem ideologischen Ballast, den sie in Form einer bestimmten Gruppe innerhalb ihrer Partei mit sich herumschleppen.« Glotz organisiert ihm einen Wahlkreis in Bayern. Auch heute noch ist Schily von der Richtigkeit des Parteiwechsels überzeugt: »Irgendwann bin ich müde geworden. Ich war bei den Grünen sozusagen eine Galionsfigur. Aber ich habe für meine politischen Positionen nicht ein einziges Mal auf einer – die Parteitage nennen die Grünen Bundesdelegiertenversammlung – eine Mehrheit bekommen. Das ist auf Dauer mühsam und dann habe ich gesagt: ›Ich bin besser in der Sozialdemokratie aufgehoben.‹ Es hat sich auch erwiesen, dass das richtig war, die Entscheidung.«

Ein halbes Jahr später, im Sommer 1990, kurz vor der Wiedervereinigung Deutschlands, wählt die Partei Hans-Christian Ströbele zu einem ihrer drei Sprecher. Er kommentiert den Beitritt der bisherigen DDR als »die größte Landnahme der deutschen Industrie seit den Kolonialkriegen«. Im Herbst 1990, es ist gerade Bundestagswahlkampf, schreibt die *tageszeitung* über den Parteisprecher: »Theoretische Entwürfe sind nicht seine Sache. Der strikte Antialkoholiker, Nichtraucher und Milchtrinker verbindet in sich die Glaubwürdigkeit der fast schon anachronistischen Gemengelage der Bewegungen in der Gründungsphase der Grünen mit der Rolle des pragmatischen Machers. Sein Bemühen zielt unausgesprochen auf die Entideologisierung der Partei ... Den Marx'schen Denkansatz nennt Ströbele immer noch eine ›Grundwahrheit‹. Seine Überzeugung, die persönlichen Entfaltungsmöglichkeiten müssten auf jede nur denkbare Weise vergrößert werden, zeigt gleichsam einen individualistischen Ansatz.«

Bei den ersten gesamtdeutschen Wahlen nach der Wiedervereinigung am 2. Dezember 1990 kommt Schily erneut in den Bundestag, jetzt als Abgeordneter der SPD. Die West-Grünen führen einen deutschlandpolitisch völlig indifferenten Wahlkampf unter dem Motto: »Alle reden von Deutschland, wir reden vom Klima«. Sie schaffen die Fünf-Prozent-Hürde nicht, die ostdeutsche Schwesterpartei »Bündnis 90« gelangt mit acht Abgeordneten in den Bundestag. Einen Tag nach der Wahl fusionieren beide Parteien zu »Bündnis 90/Die Grünen«.

Anfang 1991 bricht der erste Krieg der USA gegen den Irak aus. Die Hoffnungen auf eine friedvollere Welt nach der Auflösung des Ost-West-Konfliktes erfüllen sich nicht. Die Betroffenheit in ganz Deutschland ist groß, in Köln wird sogar der Rosenmontagszug abgesagt und zu einer Friedensdemonstration umfunktioniert. Die Friedensbewegung lebt kurzzeitig wieder auf. Auch die Grünen sind schockiert. Der irakische Diktator Saddam Hussein wird angeprangert, weil er gegen die kurdische Minderheit in seinem Land tödliches Giftgas eingesetzt hat. Nun beschießt er Israel mit Scud-Raketen, die Befürchtung ist groß, dass diese ebenfalls mit Gas bestückt sein könnten. Israel fragt in Deutschland eine Finanzierung von Anti-Raketen-Raketen des Typs Patriot an. Die Grünen sind zwiegespalten. Soll die Friedenspartei bei dieser direkten Kriegsgefahr eine Aufrüstung gutheißen? Gibt es angesichts des Holocaust eine besondere deutsche Verpflichtung gegenüber Israel?

Unmittelbar vor einer Israel-Reise unterläuft Grünen-Sprecher Hans-Christian Ströbele ein grober politischer Fehler. In einem Interview, das auch in der *Jerusalem Post* erscheint, äußert er sich über die israelische Palästinapolitik und stellt einen Bezug zur Bedrohung durch Saddam Hussein her. Die Raketen-Angriffe, so Ströbele, seien »die logische, fast zwingende Konsequenz der israelischen Politik den Palästinensern und den arabischen Staaten gegenüber«. Diese Aussage sorgt für blanke Empörung in Israel, Termine mit dem Außenministerium und in der Knesset werden gestrichen. Auch die israelische Friedensbewegung ist konsterniert. Viele Parteifreunde wenden sich ab, Joschka Fischer erklärt: »Teile der Grünen denken, weil wir uns in Deutschland immer gegen Waffenexporte ausgesprochen und die deutsche Vergangenheit aufgearbeitet haben, seien wir von der Verantwortung vor der Geschichte befreit.« Der *Spiegel* schildert ein Erlebnis, das Ströbele einige Tage später in Jerusalem hat: »Als die Sirenen heulten, saß der Vorstandssprecher der Grünen, Christian Ströbele, gerade im Taxi. Trotz des Alarms fuhr der Taxifahrer weiter; Ströbele, vorsorglich mit einer Gasmaske beschenkt, wurde von einem ›sehr seltsamen Gefühl‹ beschlichen. Eine amerikanische

Patriot-Rakete holte die irakische Scud vom Himmel – und Ströbele zurück in die Realität.« Der Politiker erkennt, dass »vor Ort sich manches anders darstellt, als wenn man es in Berlin im Audimax diskutiert«. Er bricht die Reise ab, zieht die politische Konsequenz aus seinem Fauxpas und tritt von seinem Parteiamt zurück. Später meint er: »Ich bin ja nicht grundlos als Bundessprecher der Grünen zurückgetreten. So wie ich es eigentlich gemeint hatte, wurde es nicht verstanden und so wie es verstanden wurde, war es einfach falsch und daneben. Ich war in Israel und … habe verstanden, dass man nicht in einem gemachten Nest in Deutschland einfach so über die bedrohliche Situation in Israel räsonieren kann … Die Äußerung von 1991 hätte ich gerne zurückgenommen. Richtig ist, dass ich bis heute erhebliche Kritik an vielem habe, was Israel gegenüber den Palästinensern praktiziert.«

Kapitel 7

# Verantwortung

Die Zeit zwischen 1989 und 1991 bildet in vielerlei Hinsicht eine Zäsur. Die DDR löst sich auf und tritt der Bundesrepublik bei. Bei den ersten gesamtdeutschen Wahlen sind die West-Grünen nach sieben Jahren im Bundestag nicht mehr vertreten. Eine herbe Niederlage. Hans-Christian Ströbele tritt von seinem Amt als Parteisprecher zurück und engagiert sich im Landesverband und auch in der Berliner Kommunalpolitik: »Da haben wir über jede Ampel und jeden Zebrastreifen diskutiert.«

Horst Mahler praktiziert wieder als Anwalt und sortiert sein Leben und seine politischen Einstellungen neu. Er steht in Kontakt mit etlichen Intellektuellen und Persönlichkeiten des öffentlichen Lebens, etwa mit Günter Rohrmoser, einem konservativen Sozialphilosophen, der ihn im Auftrag von Innenminister Baum bereits in der Haft besucht hatte, um ihn über die Ursachen des Terrorismus zu befragen.

Otto Schily wird von der SPD umworben und wechselt die Partei. Während einige ihm »keine Träne hinterher weinen«, sprechen andere von »Verrat«, dritte bedauern seinen Austritt. Mit seinem guten Ruf und seiner Prominenz kann er an vielen altgedienten SPD-Parteiangehörigen vorbeiziehen. Er muss nicht die berühmte

»Ochsentour« mitmachen, die Partei gibt ihm einen sicheren Listenplatz. Schily kommentiert dies selbstbewusst: »Es wäre ja auch nicht sinnvoll, wenn die SPD mich verstecken würde.« Nur missmutig und widerwillig unterzieht Schily sich den notwendigen Wahlkampfritualen in den bayerischen Bierzelten, viel lieber organisiert er feinsinnige Kulturveranstaltungen, um für seine Wahl zu werben. So tritt er mit seiner Tochter Jenny, die eine Schauspielausbildung absolviert hat, bei Lesungen in Theatersälen auf. Otto Schily zieht erneut ins Parlament ein. Doch in der Berliner Fraktion hat niemand auf ihn gewartet, seine erste Legislaturperiode bis 1994 verbringt er auf einer hinteren Bank des Bundestags. Er hat keine bedeutende Funktion und fällt kaum auf. In vier Jahren hält er gerade zwei Reden vor dem Plenum.

Eine Peinlichkeit aus dieser Zeit verfolgt ihn bis heute: Die letzte DDR-Volkskammerwahl am 18. März 1990, ein halbes Jahr vor der Wiedervereinigung, gewinnen die Bürgerlich-Konservativen mit Lothar de Maizière und Bundeskanzler Helmut Kohl. Als Schily nach dem Grund für die Niederlage der SPD gefragt wird, hält er stumm grinsend eine Banane hoch. Vor laufenden Kameras signalisiert er mit Hochmut, dass die Ostdeutschen nur wegen ihrer Begierde nach Südfrüchten und Konsum die konservative »Allianz für Deutschland« gewählt hätten. Später entschuldigt er sich im Bundestag für den verpatzten Medienauftritt, Jahre danach noch einmal: »Das war ein großer Fehler und völlig daneben.«

Auch 1994 gewinnt Helmut Kohl mit seiner christlich-liberalen Koalition trotz starker Verluste die Bundestagswahlen. Auch die Grünen sind mit 49 Abgeordneten wieder im Parlament vertreten und werden zur drittstärksten Kraft. Erstmals mit dabei ist als linke Konkurrenz die PDS, Nachfolgepartei der Sozialistischen Einheitspartei Deutschlands (SED) der DDR. Die Grünen werden von Joschka Fischer als Fraktionssprecher angeführt, der für sein Bundestagsmandat sein Amt als hessischer Umweltminister abgibt. Hans-Christian Ströbele schlägt sich in Berlin mit einer Großen Koalition von CDU und SPD herum. Er wird erst wieder zu den Bundestagswahlen 1998 antreten.

Otto Schily sitzt erneut für die SPD im Bundestag. Doch kommt er im Gegensatz zur vorangegangenen Legislaturperiode nun besser zum Zug. Unterstützt vom neuen Oppositionsführer und SPD-Vorsitzenden Rudolf Scharping wird er stellvertretender Vorsitzender der SPD-Fraktion und leitet den parlamentarischen Untersuchungsausschuss zur Arbeit und Kontrolle der Treuhand. Diese organisiert den Übergangsprozess von der Staatswirtschaft der DDR in eine Privatwirtschaft. Die Arbeit leistet Schily mit viel Detailaufwand, aber ohne besonders große öffentliche Aufmerksamkeit.

Wenig später erhält der Jurist eine Aufgabe, die ganz nach seinem Geschmack ist: »Viel Feind, viel Ehr!« Die konservativ-liberale Regierung will den »Großen Lauschangriff« ermöglichen. Offiziell wird er »Akustische Wohnraum-Überwachung Verdächtiger zu Beweiszwecken« genannt. Damit ist die Erlaubnis gemeint, dass der Staat schon auf einen Verdacht hin Wohnungen abhören darf. Diese Möglichkeit ist zuvor nur zur Aufklärung von bereits geschehenen Straftaten möglich. Außerdem sollen die Ergebnisse gerichtsverwertbar werden. Um ein entsprechendes Gesetz zu verabschieden, muss der Bundestag in der Verfassung die Bestimmung über die Unverletzlichkeit der Wohnung ändern. Dazu benötigen die Koalitionsfraktionen eine Zweidrittelmehrheit, also auch die Zustimmung mindestens von Teilen der SPD. Otto Schily wird Verhandlungsführer seiner Partei in dieser Sache, die bereits seit 1992 in der Diskussion ist und seit 1995 von der Innenministerkonferenz der Länder gefordert wird.

Sowohl die Grundgesetzänderung als auch die eigentlichen Regelungen zum Großen Lauschangriff sind in der Öffentlichkeit und im Parlament stark umstritten. Es gelingt Otto Schily jedoch, in seiner Fraktion eine Anzahl von Abgeordneten zu überzeugen, die für die Verfassungsänderung im Januar 1998 ausreicht. Seine Ansprechpartner bei den Verhandlungen mit der Union sind Bundesinnenminister Manfred Kanther und der bayerische Innenminister Günther Beckstein, zu dem er neben inhaltlichen Übereinstimmungen auch ein gutes menschliches Verhältnis aufbaut.

Viele Parteigenossen meinen allerdings, dass Schily sich zu sehr den Vorstellungen der Koalition angenähert habe. Die Ausführungsgesetze bleiben daher weiter in heftiger Diskussion. Die Grünen stehen dem Vorhaben ohnehin kompromisslos gegenüber und halten es für die Ausweitung und Legalisierung eines ungeliebten Überwachungs- und Schnüffelstaates.

Otto Schily, in Stammheim mit seiner Mandantin Gudrun Ensslin selbst Objekt einer Abhöraktion, begründet sein massives Engagement für den Lauschangriff mit dessen rechtsstaatlicher Absicherung und richterlicher Überprüfung. Er richte sich vor allem gegen die organisierte Kriminalität, etwa im Menschenhandel und im Drogenmilieu: »In der Demokratie droht heute nicht die Gefahr einer Übermacht, sondern einer Ohnmacht des Staates.« Auch rückblickend ist er von der Notwendigkeit überzeugt: »Ich bin nach wie vor der Meinung, dass man das Verteidigergeheimnis respektieren muss. Aber ich bin nicht dafür, dass man kriminellen Gruppen, terroristischen Gruppen oder Gruppen aus der organisierten Kriminalität erlauben darf, Rückzugsräume zu haben, in denen sie dann von jeder Überwachung freigestellt sind. Wir haben gerade in dem Bereich die richterliche Kontrolle eingefügt, das ist von vielen übersehen worden. Die Kritik an diesem Vorgang war meiner Meinung nach überzogen.«

Viele Journalisten befürchten, bei kritischen Recherchen überwacht werden zu können, und halten das Thema in den Medien hoch. Auch andere Berufsgruppen wollen für ihre Arbeit eine unbedingte Vertraulichkeit im Gespräch mit Patienten, Klienten, Mandanten und Kunden. Die Gesetze werden zu einem machtpolitischen Streitpunkt zwischen dem SPD-dominierten Bundesrat und der CDU-Regierung; es ist schließlich Wahljahr. Die FDP steht dem Gesetz in Teilen auch kritisch gegenüber. Der Bundesrat kann in manchen Bestimmungen Veränderungen durchsetzen. Der Bundestag stimmt schließlich den Vorschlägen der Länderkammer zu. Die Regierung Kohl erleidet seit 16 Jahren ihre erste Abstimmungsniederlage.

Horst Mahler taucht nach längerer Abstinenz wieder in der Öffentlichkeit auf. Ein wichtiges Datum ist der 70. Geburtstag von Günter Rohrmoser, auf den er bei der Feierstunde am 1. Dezember 1997 eine Laudatio hält. In Anwesenheit etwa des früheren baden-württembergischen Ministerpräsidenten Hans Filbinger sagt er Sätze wie: »Die, die den Holocaust leugnen, wollen dadurch doch nur etwas, das ihnen heilig ist, unbefleckt halten. Indem sie den Holocaust als ein befleckendes Ereignis auffassen, stellen sie sich gegen das Böse – und erweisen sich so als ›Menschen guten Willens‹ … Die treibende Kraft, die viele Menschen in unserem Land bewogen hat und heute wieder bewegt, dem Adolf Hitler anzuhängen, hat ihre Quelle in der Sehnsucht nach einem Dasein als deutsche Nation auf angestammtem Boden in Würde, Freiheit und Sicherheit.« Renommierte Medien gehen der Prominenz Horst Mahlers auf den Leim. Sie geben dem geläuterten Terroristen eine Plattform, weil sie nicht ahnen, dass er sich inzwischen zum Rechtsradikalismus bekennt. Die *Süddeutsche Zeitung* gibt Mahler am 30. September 1998 die Gelegenheit, in einem Beitrag zur Kanzlerkandidatur seines früheren Anwaltes und Duzfreundes

Gerhard Schröder seine Thesen zu verbreiten: »Nach französischen Untersuchungen soll es zurzeit in Deutschland mehr politische Gefangene als in der DDR im Jahr von ihrem Zusammenbruch gegeben. Nur werden diese Überzeugungstäter, die wegen Volksverhetzung, wegen Leugnung des Holocaust und wegen Fortführung verbotener Organisationen verurteilt sind, hierzulande nicht als politische Gefangene wahrgenommen, sondern als Neonazis aus dem politischen System ausgegrenzt. Es sind überwiegend junge Leute, die so zu Märtyrern der nationalen Wiedergeburt Deutschlands werden.« Die *Frankfurter Rundschau* zitiert ihn mit Sätzen wie: »Die Geburtenzahlen der Türken entwickeln sich nach Art einer Krebsgeschwulst« oder »Die Fremden sind wie das Salz in der Suppe. Aber wer mag schon versalzene Suppe?«

Mit dem Vorsitzenden der rechtskonservativen Republikaner, Franz Schönhuber, verfasst er 2000 das Buch *Schluss mit dem deutschem Selbsthass. Plädoyer für ein anderes Deutschland.* Für ihn wird das »Germanentum« zum Mittel der »Gesundung des deutschen Volkes«. Noch im selben Jahr tritt Mahler in die rechtsradikale NPD ein und avanciert dort rasch zu einer ideologischen Führungsfigur. Zunehmend fällt er durch antijüdische und rassistische Äußerungen auf. Schaut man auf frühere Aussagen Mahlers, findet man – wenn auch unscheinbar – dort bereits Begrifflichkeiten und Thesen, die das Volk als Subjekt des historischen Handelns in den Mittelpunkt des politischen Denkens stellen. Mahler sieht eine Kontinuität zwischen seinen früheren links- und späteren rechtsradikalen Einstellungen: »Nur in einem Punkt habe ich mich geirrt: Subjekt des Widerstands ist nicht mehr das Proletariat, sondern die Nation, die sich gegen die Globalisierung stemmen muss.«

Hans-Christian Ströbele hat zu diesem Zeitpunkt schon keinen persönlichen Kontakt mehr zu Horst Mahler. Er bekommt aber seine immer wirrer werdenden Gedanken noch zugeschickt.

**Ab Ende der 90er-Jahre wendet Horst Mahler sich rechtsextremen Gruppen zu. Hier bei einer Demonstration des »Bündnisses für Deutschland« im September 2000.**

Heute erinnert er sich: »Es ist wohl mehr als zehn Jahre her, dass ich mit Horst Mahler gesprochen habe. Ich habe eine Zeitlang von ihm seine neuesten politischen Überlegungen bekommen. Per Fax damals noch, da hatte man noch keinen PC. Da hat er offenbar einer ganzen Reihe von Leuten seine Überlegungen und Gedanken zugeschickt. Das waren immer viele Seiten lange Faxe. Aber ich habe das mir nicht immer so genau angeschaut. Seit der Rechtsentwicklung und vor allem seit diesen schlimmen antisemitischen Parolen hatte ich kein Interesse mehr daran, mit ihm zu reden.«

Eine heftige Niederlage stecken Kanzler Helmut Kohl, seine Union und die FDP im Herbst 1998 ein, als die Bürger Deutschlands sich für eine rot-grüne Koalition entscheiden. Die SPD wird mit mehr als 40 Prozent größte Fraktion, auch die Grünen sind mit 6,7 Prozent stärker als der Rivale FDP. Hans-Christian Ströbele kommt auf der Berliner Liste wieder in den Bundestag. Otto Schily hat zwar einen problematischen Listenplatz in Bayern, kommt aber wegen der Schwäche der Union in den Bundestag. Bundeskanzler Gerhard Schröder macht ihn – wie von Schily lange schon erhofft – zum Minister. Das Auswärtige Amt, das er am liebsten leiten würde, übernimmt zwar der ehemalige Parteifreund Joschka Fischer, doch das Ressort eines Ministers des Innern ist auch nicht zu verachten. Seit 70 Jahren ist Otto Schily der erste Innenminister mit einem sozialdemokratischen Parteibuch. Ihn wurmt allerdings, dass der Bundeskanzler den Kulturbereich aus seinem Ressort ausgliedert. Allzu gern hätte Schily bei der Berlinale einmal einen Goldenen Bären überreicht.

Eine Entwicklung, die Otto Schily bereits in der vorangegangenen Legislaturperiode eingeschlagen hat, führt er unbeirrt und sogar verschärft fort: Schilys Grundsatz in der Sicherheitspolitik heißt »Law and Order«. Das verhehlt der SPD-Minister auch gar nicht, obwohl seine Positionen Kritik in den eigenen Reihen hervorrufen und auch dem grünen Koalitionspartner überhaupt nicht schmecken. »Natürlich hat der Anwalt eine andere Funktion, es ist ja eine andere Aufgabe als Innenminister, aber es verbindet ihn sozusagen die Basis der Rechtsstaatlichkeit. Beides sind rechtsstaatliche Funktionen, die man ausübt. Genauso ist das beim Innenminister. Ich habe gesagt: ›Wieso, was spricht gegen Law and Order?‹ Aber bei manchen, das muss man verstehen, es gilt sowohl für die Grünen als auch für Teile der Sozialdemokratie, bei denen steckt noch eine leichte emotionale Aversion gegen den Staat ... Man versucht ja immer, Sicherheit in irgendeinen Gegensatz zur Rechtsstaatlichkeit zu bringen. Es ist die vornehmste Aufgabe auch des Rechtsstaates, für die Sicherheit seiner

Bürgerinnen und Bürger zu sorgen.« Auf einem SPD-Parteitag sagt er: »Law and Order sind sozialdemokratische Werte, weil sie die Sicherheit gerade auch der Menschen in unserem Lande, der großen Masse in unserem Lande gewährleisten, die sich keine privaten Sicherheitsdienste leisten können.«

Diese Verantwortung für die Menschen, die Schily als Minister nun innehat, ist allerdings auch belastend: »Ganz zu Anfang meiner Amtszeit 1998 landete eher zufällig ein Papier auf meinem Schreibtisch. Es ging um einen Erpressungsfall zu Lasten der Bahn. Da machten sich offenbar kriminelle Fachleute an den Gleisen zu schaffen und brachten einen Güterzug in Mecklenburg-Vorpommern zum Entgleisen. Und dann machten sie sich an die ICE-Strecken. Ich hatte stets das furchtbare Unglück von Eschede vor Augen, hatte wirklich schlaflose Nächte. Dann habe ich die Bundespolizei von den Grenzen abgezogen. Keiner hat etwas gemerkt, ich wäre sonst wahrscheinlich heftig kritisiert worden. Schließlich wurde der Mann, es war ein Einzeltäter, dank der hervorragenden Arbeit des Bundeskriminalamts geschnappt. Er hat inzwischen lebenslänglich.«

Der einfache Abgeordnete Ströbele macht dem Minister in der Koalition das Leben nicht leichter. Gelegentlich geraten sie bei Gesprächen zur inneren Sicherheit aneinander. Ströbele versucht, so manches Schily-Projekt zu torpedieren. Schily urteilt trotzdem fair über seinen Widerpart: »Er gehörte dem linken Flügel an. Aber er ist durchaus jemand, der in der Lage ist – wie wir dann später gemerkt haben in der Koalition – mit pragmatischen Lösungen auszukommen ... Wir sind da schon sehr kontrovers, also auch während der rot-grünen Zeit. Was aber nicht heißt, dass er nicht auch zu pragmatischen Lösungen kommen kann. Es ist nicht so, dass er in letzter Konsequenz, wenn es darauf ankam, nicht auch zustimmen konnte. Aber er ist in vielen Fragen, was

Otto Schily entwickelt sich als Innenminister zum »Law-and-Order-Politiker«. Hier im Februar 2001 beim Besuch der Verstärkungseinheit des Bundesgrenzschutzes in Forst (Niederlausitz) zusammen mit Jörg Schönbohm, Innenminister von Brandenburg.

militärischen Einsatz angeht, was die Rolle des Staates angeht und welche Maßnahmen getroffen werden, mit mir überquer.«

Unter diesen politischen Auseinandersetzungen – gleichwohl sie innerhalb einer Koalition stattfinden – kühlen die persönlichen Beziehungen zwischen beiden ab. Früher arbeiteten sie für ihre Mandanten sehr eng, kollegial und vielleicht sogar freundschaftlich zusammen. Inzwischen haben sie sich entfremdet, haben kaum ein Wort füreinander übrig, wenn sie sich zufällig im Bundestag begegnen und pflegen eine überzeugte Kontroverse.

Viele Beobachter rätseln, was Schily aus einer vormals angeblich alternativ-linken Überzeugung an den rechten Rand der Sozialdemokratie getrieben hat. Manche sagen, er habe sich vom

Skeptisch und kritisch: Hans-Christian Ströbele in der rot-grünen Koalition.

»Links-Anwalt« zum »Staats-Anwalt« gewandelt. Schily selbst sieht bei sich nur einen geringen Wandel, dafür umso mehr Kontinuität. Vergleicht man allerdings seine Positionen vom Ende der 80er-Jahre mit denen zwölf Jahre später, fällt es schwer zu glauben, dass ein und derselbe Politiker sie geäußert hat. Zum Datenschutz sagte er vormals: »Dass jetzt ein Datenverbund geschaffen wird zwischen Geheimdienst und Polizei ..., das sogenannte ZAG oder Zusammenarbeitsgesetz, ist ein schwerer Einbruch in die demokratischen Grundrechte ... Was hier eingeführt worden ist, das ist ja keineswegs eine Verbesserung der inneren Sicherheit, das ist Gaukelei ... Häufig hört man: ›Warum will denn der einzelne Bürger nicht seine persönlichen Daten in Datensammlungen hineingeben, was hätte denn derjenige zu verbergen?‹ Was ich für das falsche Argument halte ... Es sei denn, man hat ein Gesetzesverständnis wie der Bundesinnenminister Zimmermann und sagt, die Bürger verstehen von den Gesetzen sowieso nichts und die sollen uns einen Blankoscheck ausstellen, wir werden es dann schon richten.« Zur Volkszählung erklärte er 1988: »Ich billige eigentlich nicht dem Staat das Recht zu, alles zu durchleuchten. Sehen Sie, was geht es den Staat an, welcher Religion ich anhänge oder wo ich die Nacht zubringe? Da soll sich der Staat gefälligst raushalten!«

Doch Kritiker, die ihm frühere Zitate vorhalten, bügelt Schily ab. Selbstbewusst und durchaus überheblich zitiert er dann gern Georges Pompidou mit dem Satz: »Nur Idioten ändern sich nicht«, und ergänzt oft: »Und ich nehme für mich in Anspruch, kein Idiot zu sein.« Seine Einstellung zur inneren Sicherheit hat sich in wenigen Jahren vollständig geändert. Er erklärt nun: »Natürlich bin ich ein Law-and-Order-Mann. Ich bin für Gesetz und Ordnung ... Ohne Sicherheit gibt es keine Freiheit ... Lieber ein vom Richter kontrollierter Lauschangriff, als illegal vom Staat abgehört zu werden, wie es mir als Verteidiger in RAF-Prozessen widerfahren ist ... Ich bin ein Verfassungspatriot.« Der Autor Stefan Reinecke sinniert ob solcher politischer Entwicklungen süffisant: »Die Vorstellung, welche Adjektive dem scharfzüngigen RAF-Verteidiger Otto Schily in den 1970er-Jahren für einen Innenminister vom Schlage Schilys eingefallen wären, ist nicht ohne Reiz.«

Doch dass Schily auch eine andere, kulturell orientierte und gar spirituelle Seite hat, wird oft übersehen. Ein von ihm geäußerter Satz fällt deshalb in der Öffentlichkeit ganz besonders auf, kaum jemand hatte Vergleichbares erwartet: »Wer Musikschulen schließt, schadet der inneren Sicherheit ... Musizierende Kinder lernen differenziert soziale Prozesse einzuschätzen, das Verhalten der Mitschüler genauer zu erfassen und zu verstehen, sie lernen besser aus Erfahrungen und können Alltagssituationen adäquat erfassen. Um diese positiven Ergebnisse in einem geradezu inflationär verwendeten Schlagwort zusammenzufassen: Sie verbessern ihre emotionale Intelligenz ... Wir sind durch Musik mit der Natur und dem Kosmos verbunden. Sie finden überall in der Natur Rhythmen: im Kosmos, im Universum, im Tag- und Nachtrhythmus, in den solaren Rhythmen, in dem Siderischen Rhythmus, in den planetaren Rhythmen. Und Sie korrespondieren mit den Rhythmen, die im menschlichen Organismus, in der menschlichen Seele und im menschlichen Geist veranlagt sind.«

Schily kommentiert diese Aussagen heute so: »Damit habe ich gemeint, dass die Sicherheit natürlich nicht nur auf der Polizei ruht oder auf der Staatsanwaltschaft oder in sonstigen Sicherheitsinstitutionen, sondern die Sicherheit kommt eigentlich aus dem Menschen selber. Sie können noch so viel Polizei aufbieten, wenn die Menschen nicht selber von sich aus in der übergroßen Mehrzahl das Gesetz respektieren und sich friedlich zueinander verhalten, dann nutzt ihnen die Polizei auch nichts. Deshalb ist die Sicherheit zuallererst im geistig-seelischen Bereich verankert und da spielt Musikerziehung eine große Rolle.«

Schily stellt immer wieder auch die hohe Bedeutung dar, die er der Kultur generell beimisst: »Das eigentliche Innovationspotenzial der Gesellschaft ist die Kultur. Darum müssen wir darauf achten, dass wir neben dem normorientierten Handeln des Staates und dem renditeorientierten Handeln der Wirtschaft die gesellschaftliche Sphäre der Non-Profit-Organisationen aufrechterhalten. Sie sind das eigentliche Lebenselixier unserer Gesellschaft, der wir mehr Autonomie und Möglichkeiten verschaffen müssen, um kreativ und produktiv zu bleiben.« Ungewohnte Töne von jemandem, der öffentlich als Hardliner verschrien ist. Einmal sogar setzt er – entgegen sonstiger Prinzipien – seinen politischen Einfluss auf Bitten seiner Tochter Jenny ein. Die Ber-

Ein Traum wird wahr. Bundesinnenminister Otto Schily dirigiert am 5. Oktober 2005 im Konzerthaus am Gendarmenmarkt in Berlin während der Aufzeichnung der ZDF-Show *Alles Klassik – Klassik für alle* die Musiker der »Philharmonie der Nationen«.

liner Schauspielschule ist gefährdet, ihr Vater setzt sich als Minister für den Erhalt ein.

Die Grünen sind 1998 dort, wohin die Realos um Joschka Fischer die Partei immer führen wollten: an der politischen Macht. Als Regierungspartei sehen sie sich allerdings mehr Zwängen ausgesetzt, als zuvor geglaubt. Sie sind längst nicht nur Politikgestalter, sondern werden vom Koalitionspartner und auch von den Ereignissen getrieben; mit den Sozialdemokraten müssen sie zahlreiche Kompromisse aushandeln. Als beispielsweise einige Jahre später, schon in der zweiten Auflage der rot-grünen Koalition, das Bundesverfassungsgericht die Ausführungsgesetze zum Großen Lauschangriff für verfassungswidrig erklärt, stimmen sogar die Grünen für eine erneut überarbeitete Version – eher aus Koalitionsdisziplin denn aus Überzeugung.

Hans-Christian Ströbele trifft im Bundestag auf altbekannte Institutionen: die Geheimdienste. Dieses Mal ist aber nicht er das Opfer von Abhörmaßnahmen und Agenten, ganz im Gegenteil: »Meine Geschichte ist auch eine Geschichte der Berührung und der gegenseitigen Beschäftigung der Geheimdienste und Ströbele. Seit 1999 bin ich Mitglied des Parlamentarischen Kontrollgremiums für die Geheimdienste. Wir haben unter Rot-Grün diese Möglichkeit der Kontrolle völlig neu gestrickt. Ich bin in dieses Gremium hineingerückt und bin heute da der Senior. Von den Jahren her und auch der Dienstälteste, also der am längsten in diesem Kontrollgremium für die Geheimdienste tätig ist«, erinnert sich Ströbele heute. Weiter lässt er verlauten: »Ein Geheimdienst ist ein Geheimdienst und lässt sich nicht durch ein Parlament auch nur annähernd vollständig kontrollieren. Mit grundsätzlich etwa nur drei Stunden Sitzungsdauer im Monat kann man natürlich nicht Dienste mit weltweit bis zu 6000 Mitarbeitern kontrollieren. Das ist völlig absurd, das geht gar nicht. Trotzdem ist es eine wichtige Tätigkeit, die immer wieder verbessert werden muss, und wir haben auch viele Verbesserungen erreicht. Ich habe mich in manchen Zeiten sehr engagiert und viel Lebenszeit in die Kontrolltätigkeit investiert. Ich meine, es hat sich gelohnt. Nicht nur wegen einiger Aufklärung, sondern wir zeigen damit den Geheimdiensten: ›Jede einzelne Aktion oder Operation von euch könnte vor dem parlamentarischen Kontrollgremium oder gar in einem Untersuchungsausschuss landen. Und dann müsst ihr euer Tun rechtfertigen. Deshalb – seid vorsichtig, denkt immer dran und handelt entsprechend.‹ Diese disziplinierende Funktion solcher Kontrolle ist es wert, sich auf diese Arbeit einzulassen.«

Ströbele arbeitet des Weiteren im Untersuchungsausschuss des Bundestags zur CDU-Spendenaffäre mit. Er kommentiert diese Arbeit so: »Es ist ein Funktionieren des Kapitalismus in einer Banalität, wie ich mir das bisher nicht vorstellen konnte. Im Augenblick wird der Beweis erbracht, dass sich alles erfüllt, was Marx über Politik und Wirtschaft vorhergesagt hat.«

1999 erschüttert eine außenpolitische Herausforderung die Grünen in ihren Grundfesten. Zwischen den Völkern des ehemaligen Jugoslawien entbrennt bereits Mitte der 90er-Jahre ein blutiger Bürgerkrieg. Die Bemühungen der Europäischen Union um eine Schlichtung scheitern. Noch 1994 sagt der damalige Oppositionspolitiker Joschka Fischer: »Ich bin der festen Überzeugung, dass deutsche Soldaten dort, wo im Zweiten Weltkrieg die Hitler-Soldateska gewütet hat, den Konflikt anheizen und nicht deeskalieren würden.« Fünf Jahre später steht der »heimliche Vorsitzende« der grünen Partei in der Regierungsverantwortung. Er stellt im Kosovo-Konflikt einen Bezug zu Auschwitz, zum Holocaust her und rechtfertigt damit den ersten Kampfeinsatz deutscher Soldaten nach dem Zweiten Weltkrieg. Fischer erklärt angesichts der Kriegsverbrechen auf dem Balkan: »Ich habe nicht nur gelernt: Nie wieder Krieg. Ich habe auch gelernt: Nie wieder Auschwitz.« Einige sind daraufhin der Meinung, Fischer relativiere damit Auschwitz und missbrauche es für seine Position, andere folgen seiner Argumentation.

Ströbele hierzu heute: »Die Grünen haben noch 1998 auf einem Parteitag klar beschlossen, dass sich Deutschland mit Bundeswehrsoldaten an Kampfeinsätzen im Ausland nicht beteiligt. Für mich war es deshalb selbstverständlich, dass 1999, als der Kosovo-Konflikt aufbrach, der Luftkrieg gegen Serbien bevorstand, ich konsequent gesagt habe: ›Da kann man nicht mitmachen.‹ Das war aber nicht der einsame Ströbele, sondern das war die Beschlusslage der Partei damals. Sodass ich für mich in Anspruch nehme, dass ich in allen wichtigen Fragen, wo ich innerhalb der grünen Bundestagsfraktion andere Auffassungen vertreten habe als die Mehrheit, mich jeweils auf der Basis der Beschlusslage der Partei bewegt habe. Das wird immer etwas falsch gesehen. Die Dissidenten waren nicht ich, sondern waren die anderen. Das war so ähnlich bei dem Afghanistan-Krieg, wo ich auch nach langem Hin und Her gesagt habe: ›Ich stimme dem nicht zu.‹ ... Ich bin der festen Überzeugung, es hat damals andere Wege gegeben und es hätte auch Verständnis bei den Alliierten, bei den USA gegeben, wenn Deutschland gesagt hätte: ›Nein. Im Balkan waren wir schon mal als Eroberer und da führen wir, die deutsche Bundeswehr, nicht wieder Krieg.‹«

Am Abend des 24. März 1999 beginnt die NATO mit Bombardierungen Serbiens. Mit 14 Tornado-Flugzeugen beteiligt sich auch die Bundesluftwaffe an der Aufklärung und an der Zerstörung von serbischen Abwehrstellungen. Am nächsten Morgen versuchen die Fraktionen im Deutschen Bundestag einmütig, eine Debatte über den Kriegsbeginn zu verhindern, indem sie sich weigern, ihn auf die Tagesordnung zu setzen. Der Kanonier der Reserve Hans-Christian Ströbele ist entsetzt über den vom Bundestag zuvor ermöglichten Kriegsbeginn und nicht minder über das faktische Diskussionsverbot im Parlament. Heute denkt er darüber: »Das war für mich eine unfassbare Situation. Deutschland ist zum ersten Mal wieder an einem Kriegseinsatz im Ausland beteiligt. Ich hatte fast die ganze Nacht die Meldungen im Radio und im Fernsehen mitbekommen, über die ersten Bombardierungen von Serbien. Ich kam morgens in den Bundestag und da war irgendein völlig x-beliebiges Thema auf der Tagesordnung. Da ist mir der Kragen geplatzt. Ich bin in einer unheimlichen Wut nach vorn gerannt, was man natürlich nicht darf im

Manchmal muss man das Grundgesetz in die Hand nehmen. Hans-Christian Ströbele beim Bundesparteitag der Grünen im Juni 2003. Die Partei verabschiedet den Leitantrag zur »Agenda 2010« mit der von Ströbele errungenen Wiedereinführung der Vermögenssteuer.

Deutschen Bundestag. Ich habe mich einfach ans Podium gestellt, obwohl ich gar nicht dran war ... Mir hat die Stimme versagt. Das geschah nicht zur großen Freude meiner Fraktion, sondern ich hatte zum Teil eisige Gesichter vor mir, das hat mich auch nicht besonders ermuntert ... Und dann fing eine Diskussion dazu an. Das war, glaube ich, das einzige Mal, dass in meiner Zeit irgendjemand eine Redezeit bekommen hat, die nicht vorgesehen war.«

Vor dem Deutschen Bundestag erklärt der höchst erregte Ströbele trotz des Hinweises durch das Bundestagspräsidium, dass man sich in einer Geschäftsordnungs- und nicht in einer Sachdebatte befinde: »Ich halte es für einen Skandal. Es ist unwürdig für dieses Haus, dass Deutschland seit 54 Jahren wieder Krieg führt, seit gestern Abend, und dieser Bundestag weigert sich, darüber zu reden oder nur hier seine Meinung dazu zu sagen. Das ist ungeheuerlich. Ich schäme mich für mein Land, das jetzt wieder Krieg führt im Kosovo und das wieder Bomben wirft auf Belgrad.«

Dieses Verhalten bringt Ströbele in der eigenen Bundestagsfraktion und in der ganzen rot-grünen Koalition einerseits den Ruf eines Querulanten, andererseits aber auch Respekt – sogar von unerwarteter Seite – ein: »Ich musste vom ersten Tag des Kriegs an in der Bundestagsfraktion dafür kämpfen, dass die Position der Kriegsgegner überhaupt zu Wort kommt. Ich bin häufig wütend darüber, dass es nicht mehr möglich sein soll, diese Position angemessen zu vertreten. Die ist ja nicht völlig absurd und stellt immer noch die des Programms der Grünen dar, für das wir Wahlkampf gemacht haben und für das wir alle gewählt worden sind … Außerdem will ich darauf hinweisen, dass ich nach meinem Auftritt im Bundestag am ersten Kriegstag und auch später sogar von Kollegen aus anderen Fraktionen, aus der SPD, aus der FDP und ebenso der CDU, zu meiner Position beglückwünscht worden bin. Auf dem dunklen Flur, wenn keiner zugeschaut und zugehört hat.«

Otto Schily macht sich in dieser Regierungsperiode zahlreiche Gegner, weil er mit markigen Aussagen zum Thema »Ausländer in Deutschland« dem grünen Koalitionspartner kräftig gegen das Schienbein tritt. So provoziert er: »Die Grenzen der Belastbarkeit durch Ausländerzuzug sind überschritten«, und behauptet, dass fast alle Asylbewerber in Wirklichkeit Wirtschaftsflüchtlinge seien. Die von den Grünen geliebte Vorstellung von der multikulturellen Gesellschaft halte er für »ranzig«, Konflikte bei Zuwanderung und Integration dürfe man »nicht mit Humanitätstünche übermalen«.

Schily findet dabei Zustimmung von Seiten, auf die er sicherlich nicht stolz ist. Der rechtsextreme Horst Mahler befindet zu seinen Ideen: »Der hat ja sogar einen ganz sensationellen Gedanken entwickelt. Dass man die hierher drängenden Afrikaner schon in Afrika abfängt und dort in Lagern konzentriert. Das ist ein Gedanke, der in der Zukunft sicherlich Realität werden wird. Europa ist nun mal der Kontinent des weißen Mannes.« Gleichzeitig verändert Schily das deutsche Staatsangehörigkeitsrecht auf markante Weise. Erstmals in der neueren Geschichte ergänzt er das traditionell deutsche, reine Abstammungsprinzip um ein moderates Geburtsortrecht und regelt die Voraussetzungen zur Einbürgerung. Zwar können Schily und die rot-grüne Regierung sich mit der Möglichkeit einer dauerhaften doppelten Staatsangehörigkeit nicht gegen die im Bundesrat dominierende Union durchsetzen. Aber gemeinsam mit der FDP ist ein Kompromiss möglich, der Kindern von Ausländern eine befristete doppelte Staatsbürgerschaft ermöglicht. Mit Erreichen der Volljährigkeit müssen sie sich für die eine oder andere Staatsangehörigkeit entscheiden. Auch stellt Schily im Sommer 2001 erstmals für Deutschland ein Zuwanderungsgesetz vor, das jedoch durch unklare Bundesratsabstimmungen erst 2005 in Kraft treten kann: »Ich bin sehr stolz darauf, dass es uns gelungen ist, das völlig überalterte und anachronistisch gewordene Staatsbürgerschaftsrecht zu reformieren, in eine moderne Form zu überführen. Auch einen neuen Ansatz zu finden für Zuwanderungs- und Integrationspolitik. Und wenn Sie heute die Debatte sehen auf dem Gebiet und das vergleichen mit der Zeit vor 1998, dann werden Sie einen Kulturwandel erkennen, der hat wirklich historische Ausmaße. Heute redet man über das Thema Zuwanderung völlig anders als noch 1998 und darauf bin ich besonders stolz.«

Eine weitere Initiative des Bundesrats, des Bundestages und der Bundesregierung koordiniert Otto Schilys Haus federführend. Aufgefordert vom bayerischen Innenminister Günther Beckstein reichen diese drei Verfassungsorgane im Januar und März 2001 Verbotsanträge gegen die Nationaldemokratische Partei Deutschlands (NPD) ein. Sie stellen diese beim Bundesverfassungsgericht in Karlsruhe und wollen damit die Partei für verfassungswidrig erklären lassen. Schily begründet den Antrag mit den verfassungsfeindlichen Aktivitäten der Rechtsradikalen. Bundeskanzler Schröder nennt die Bemühungen einen »Aufstand der Anständigen«.

Die NPD radikalisiert sich in den 90er-Jahren und fordert offen einen »nationalen Sozialismus«. Sie versucht, die rechte Szene zu einen, geht mit der Deutschen Volksunion (DVU) und Kameradschaften enge Bündnisse ein. Aus ihrer Gegnerschaft zur Verfassung macht sie keinen Hehl und wirbt im militanten Neonazimilieu aggressiv und erfolgreich um neue Mitglieder. Ihr Drei-Säulen-Konzept umfasst den »Kampf um die Straße, den Kampf um die Köpfe und den Kampf um die Wähler«. Die Mitgliederzahlen legen um mehr als das Doppelte zu. Mehrere mutmaßlich rechtsradikale Brandanschläge und sogar ein Sprengstoff-Attentat auf eine jüdische Einwanderergruppe in Düsseldorf verursachen Entsetzen. Zahlreiche weitere fremdenfeindliche Angriffe in Ost- wie in Westdeutschland führen zu Toten und vielen Verletzten. Diese Entwicklung ist mit Auslöser für das auch von großen Teilen der Grünen unterstützte Verbotsverfahren.

Hans-Christian Ströbele ist allerdings gegen ein NPD-Verbot. Er hat politische Bedenken, die Rechtsradikalen in den Untergrund zu verdrängen, und sieht auch grundsätzliche rechtliche Hemmnisse. Er plädiert vielmehr für eine offensive politische Auseinandersetzung mit den Rechten. Er geht immer wieder zu

Der Holocaust-Leugner Horst Mahler ist für kurze Zeit Frontmann und Scharfmacher in der NPD. Er tritt aus der Partei aus, weil sie ihm nicht radikal genug ist.

Gegendemonstrationen, wenn die rechte Szene für den »Kampf um die Straße« aufmarschiert.

Horst Mahler wird von der NPD beauftragt, sie vor dem Verfassungsgericht zu vertreten. Er behauptet zwar, sich nicht um dieses Mandat beworben zu haben, aber er entwickelt doch großen Ehrgeiz daran – und eine provokative Freude, Otto Schily wieder zu begegnen. Zwischenzeitlich platziert Mahler seine nationalsozialistischen Gedanken, wo er nur kann. Die *Frankfurter Allgemeine Sonntagszeitung* beschreibt sein Weltbild so: »Eine ›judäo-amerikanische‹ Weltverschwörung im Zeichen des Kapitalismus sieht er am Werk, die das deutsche Volk sich selbst ›fragwürdig gemacht‹ habe, um es ›zu unterjochen‹. Die Bundesregierung, eine Ansammlung von ›Vasallen‹, unterstütze diese Infamie durch ihre Politik der ›Multiethnisierung‹. Der Feind, an dem Mahler Maß nimmt, ist Amerika, vor allem die ›Ostküste‹, seine Chiffre für die Juden.«

Otto Schily ist ein entschiedener Gegner allen rechtsextremen Gedankenguts. Wie sehr er von der Verantwortung für die Opfer des Holocaust und des Faschismus geprägt ist, macht er in einer bewegenden Rede vor dem Bundestag deutlich. Der debattiert im März 1997 über die Verstrickungen der deutschen Wehrmacht in den nationalsozialistischen Massenmord. Schily versagt die Stimme, als er von seiner Familie berichtet: »Gestatten Sie mir an dieser Stelle einige persönliche Bemerkungen. Mein Onkel Fritz Schily, ein Mann von lauterem Charakter, war Oberst der Luftwaffe. Zum Ende des Kriegs war er ... (Schily stockt) Entschuldigung. Zum Ende des Krieges war er Kommandeur eines Fliegerhorstes in der Nähe von Ulm. Er suchte in Verzweiflung über die Verbrechen des Hitlerregimes bei einem Tieffliegerbeschuss den Tod. Mein ältester Bruder, Peter Schily, verweigerte sich der Mitgliedschaft in der Hitlerjugend und versuchte, zunächst ins Ausland zu fliehen. Da ihm das nicht gelang, meldete er sich freiwillig an die Front, er wurde nach kurzer Ausbildung als Pionier im Russlandfeldzug eingesetzt, erlitt schwere Verwundungen, verlor ein Auge und die Bewegungsfähigkeit eines Armes. Mein Vater, eine herausragende Unternehmerpersönlichkeit, dem ich unendlich viel für mein Leben verdanke, war ein erklärter Gegner des Naziregimes. Der Vater meiner Frau, Jendrich Heimovic, ein ungewöhnlich mutiger und opferbereiter Mensch, hat als jüdischer Partisan in Russland gegen die deutsche Wehrmacht gekämpft. Nun sage ich einen Satz, der in seiner Härte und Klarheit von mir und uns allen angenommen werden muss. Der Einzige von allen vier genannten Personen, der Einzige, der für eine gerechte Sache sein Leben eingesetzt hat, war Jendrich Heimovic.

Denn er kämpfte gegen eine Armee, in deren Rücken sich die Gaskammern befanden, in denen seine Eltern, seine gesamte Familie ermordet wurden.«

Die rot-grüne Bundesregierung und ihr für die innere Sicherheit zuständiger Minister sind drei Jahre im Amt, als am 11. September 2001 Terroranschläge auf die USA die Welt verändern. Vier Flugzeuge werden von islamistischen Selbstmordattentätern entführt, drei davon in das New Yorker World Trade Center und das Pentagon in Washington gesteuert. Tausende Menschen sterben, die Welt ist schockiert. Bundeskanzler Schröder und auch Innenminister Schily versichern den Vereinigten Staaten daraufhin ihre »uneingeschränkte Solidarität«. Schnell wird klar, dass die Anschläge von Hamburg aus vorbereitet wurden. Die Bundesregierung und ihr Innenminister stehen unter Druck, denn Geheimdienste und Polizei hatten nichts davon bemerkt. Deutschland könnte ebenfalls Ziel terroristischer Attacken werden und es darf keineswegs ein zweites Mal terroristischen Tätern einen Raum für Planung und Rückzug bieten.

Die Attentatsvorbereitungen müssen aufgeklärt und mögliche Hintermänner festgesetzt werden. »In meiner Zeit, in der ich Innenminister war, fiel eine Verstärkung der terroristischen Bedrohung des islamistischen Terrorismus. Selbstverständlich musste ich dafür sorgen, dass die Bürgerinnen und Bürger davor geschützt werden, und das habe ich in vielfacher Hinsicht getan. Sowohl durch Gesetzesinitiativen, durch erneute Sicherheitsgesetze, durch Verstärkung der Polizei, in personeller Hinsicht und in Richtung der Ausrüstung, auf europäischer, auf internationaler Ebene durch entsprechende Abkommen.«

In aller Eile erarbeiten die Beamten in Schilys Ministerium ein Bündel von Sicherheitsmaßnahmen, greifen offensichtlich dafür auch auf bereits bestehende Pläne zurück. Das Gesetzespaket wird als erste sicherheitspolitische Reaktion schon wenige Tage nach den Anschlägen auf den Weg gebracht. Einige Monate später folgt ein zweites Paket, Kritiker und Spötter nennen sie die »Otto-Kataloge«. Schily hierzu: »Die Tiefendimension dieser Bedrohung haben wir schockartig erst am 11. September erkannt, sodass wir bestimmte Maßnahmen, die wir schon vorher in Gang gesetzt hatten, beschleunigt und ganz wesentlich erweitert haben. Wir haben hier eine abgrundtiefe Bedrohung erkannt, eine Gefahr, die bis heute, in die heutige Gegenwart hineinreicht und leider uns auch noch eine Weile in die Zukunft begleiten wird. Da kam es darauf an, die Maßnahmen zu ergreifen, die am ehesten Erfolg versprechen. Wenn Sie eine Bedrohung durch Terroristen vor sich haben, die ihr eigenes Leben nicht achten, die Selbstmorde begehen mit dem Mord an anderen, dann wirken die überkommenen Abschreckungsmechanismen nicht. Sie können einen solchen Terroristen mit einer Strafdrohung nicht abschrecken. Wenn er sich selber umbringt, was sollen sie den mit lebenslanger Strafe abschrecken? Deshalb spielt die polizeilich präventive Seite eine viel größere Rolle. Das heißt, wir müssten vom frühest möglichsten Zeitpunkt erkennen, wenn sich irgendwas zusammenbraut, da Planungen sind, und wir müssen die Sicherheitsinstitutionen mit den notwendigen Mitteln und Instrumenten, auch gesetzlichen Befugnissen versehen, um diese Früherkennung durchzuführen; und das haben wir gemacht. Das heißt, wir haben an verschiedenen Stellen deren Möglichkeiten erörtert, wir haben ein Antiterrorzentrum gegründet in Berlin, was anfangs von vielen kritisiert wurde. Inzwischen sind alle der Meinung, das sei eine richtige Maßnahme, in der wir die Erkenntnis von verschiedenen Sicherheitsbehörden zusammenführen, ohne das Trennungsgebot damit außer Kraft zu setzen. Wir haben das Personal verstärkt, wir haben, wie gesagt, die internationale Zusammenarbeit gesucht, ohne die es nicht geht … Wir können uns glücklich schätzen und das ist ein großes Lob an die Sicherheitsbehörden, dass es in den vergangenen Jahren gelungen ist, alle, ausnahmslos alle terroristischen Planungen, die auf Ziele in Deutschland gerichtet waren, rechtzeitig aufzudecken und auf diese Weise zu verhindern. Das ist ein ganz großes Lob an die Adresse der Sicherheitsbehörden.«

Hans-Christian Ströbele hierzu in der Rückschau: »Die Anschläge vom 11. September 2001 haben auch mich erschüttert und haben mich an die Seite des amerikanischen Volkes gebracht. Ich habe aus Mitgefühl für die Opfer dieser Anschläge an großen Berliner Demonstrationen auch ganz bewusst und oft teilgenommen. Auch für mich war klar, die Situation hat sich erheblich verschärft, ist grundsätzlich eine andere und man muss jetzt sehr ernst überlegen, wo es Sicherheitsmängel gibt. Wie kann man verhindern, dass in Zukunft so was dort oder in Europa passiert? Deshalb habe ich mich an allen Sicherheitsgesprächen über neue Gesetze beteiligt. Ich bin heute noch der Überzeugung, dass vieles von dem, was wir gemacht haben, vertretbar ist. Das ist in der Situation auch die mildere Variante gewesen. Aber ich habe natürlich zur Kenntnis genommen, dass der damalige Innenminister sehr viel mehr wollte, dass er von einem Grundrecht auf Sicherheit der Bevölkerung gesprochen hat. Das war nicht meine Meinung, das ist es auch heute nicht. Ich habe aber in all diesen Situationen vermieden, eine direkte persönliche Konfrontation mit ihm zu suchen – das hatte viele Gründe.«

Horst Mahler hingegen begrüßt die Attentate auf die amerikanische Ostküste. »Opferbereite Krieger« seien das gewesen, die »die Macht des Geldes gebrochen« hätten, spricht er in die Kameras von ARD und ZDF. Natürlich habe es bei den Angriffen auf die Symbole des freien Welthandels »Kollateralschäden« gegeben.

Berechtigter Optimismus: Hans-Christian Ströbele als Direktkandidat seines Wahlbezirks »Friedrichshain-Kreuzberg-Prenzlauer Berg-Ost« für den Bundestag 2002.

Er streicht sich den Bart und sagt verbindlich: »Endlich sind die Amerikaner im Herzen getroffen worden.« Später versteift er sich auf Verschwörungstheorien und behauptet, die Anschläge seien von der jüdisch durchsetzten US-Administration selbst in Auftrag gegeben und inszeniert worden: »Es ist eine gigantische Täuschung. Diese Geschichte, dass da Flugzeuge ins Pentagon und in die Türme gerast sind, ist schon durch die Bilder eindeutig zu widerlegen. Und sowohl Schröder als auch Schily haben das voll mitgetragen, das ist eine der großen Lügen des 20. Jahrhunderts und da haben sie sich die Finger schmutzig gemacht.«

Die USA rufen nach den Attentaten erstmals einen NATO-Bündnisfall aus und fordern die Verbündeten auf, sich an militärischen Operationen etwa in Afghanistan zu beteiligen. Sie starten die Militäraktion »Enduring Freedom« und die Sicherheits- und Aufbaumission ISAF, an denen Tausende deutsche Soldaten teilnehmen. Anders als auf dem Balkan werden hier Kampfeinsätze nicht nur von der Luftwaffe, sondern auch von Bodentruppen und der Marine durchgeführt. Während die SPD geschlossen die Regierung unterstützt, ist die Partei von Hans-Christian Ströbele erneut zerrissen. »Da ist die Frage, vor der wir ganz entscheidend im Jahr 2001 standen, also einige der Dissidenten in der Fraktion: ›Kann man einem Kriegseinsatz zustimmen, den man selber für falsch hält, um die Koalition zu retten?‹ Das war eine Entscheidung, die allen ans Mark ging und zwar unabhängig davon, wie sie dann tatsächlich gehandelt haben.«

Wieder befindet der Kriegsgegner sich in einer Minderheitenposition. »Was muss noch passieren, dass wir Grünen gegen diesen Krieg sein dürfen? Wie viele zivile Opfer muss es noch geben, wie viele Streubomben müssen noch fallen, bis wir Nein sagen?«, fragt Ströbele und erklärt: »Bündnistreue und Koalitionstreue sind wichtige Fragen, die von der viel wichtigeren Frage überlagert werden: Darf man Krieg führen gegen eine Zivilbevölkerung? Ich bezweifle, ob die Kriegsführung, wie sie in Afghanistan angewendet wird, hilfreich ist beim Kampf gegen den Terror.«

Der unbequeme innerparteiliche Dissident wird aufgrund seiner Alleingänge in der Bundestagsfraktion gemieden und vom Berliner Landesverband nicht mit dem allein erfolgversprechenden Listenplatz 2 für die Bundestagswahl 2002 bedacht. Die *tageszeitung* beschreibt die Abstimmung: »Im Februar hat ihn die grüne Basis, unter tätiger Mithilfe der Realos, bei der Kandidatenkür abserviert. Nach der Abstimmung war er minutenlang stumm sitzen geblieben. Christian Ströbele kennt Niederlagen. Er hat als Anwalt Prozesse verloren und als Politiker viele Kämpfe. Er ist nicht leicht aus der Fassung zu bringen. Aber diese Niederlage machte ihn fassungslos. Danach hätte er fast aufgegeben«. Ströbele weiß aber, dass er mit seinen Überzeugungen nicht allein ist: »Das sieht manchmal so aus: Der Ströbele und drei, vier, fünf andere sind so die letzten Relikte, die Einzelkämpfer, die noch Ideale der Grünen hochhalten. Das stimmt aber überhaupt nicht. Meine Position wird von sehr, sehr vielen geteilt, häufig von Mehrheiten.«

Er entschließt sich, einen persönlichen Wahlkampf zu führen, um ein Direktmandat zu holen: »Ich musste damals die Stimmen im Wahlkreis, in dem neu gebildeten Wahlkreis, für die Grünen verdoppeln, um gewinnen zu können. Das ist ein schwieriges Unterfangen. Ich habe gekämpft. Übrigens nach langem Zögern, ich habe mir das genau überlegt und immer wieder gerechnet: ›Gibt es eine Chance oder nicht?‹ Bis wenige Tage vor der Wahl wurde mir gesagt: ›Er bemüht sich, aber er hat keine Chance.‹ Ich bin gewählt worden, habe das als Auftrag der Wählerinnen und Wähler in meinem Wahlkreis gesehen, und das ist auch angekommen, im Deutschen Bundestag. Selbst der damalige Außenminister, Joschka Fischer, hat in der Fraktion gesagt, als es um die Frage Zustimmung zum Krieg Afghanistan ging: ›Dich haben sie gewählt, weil du gegen den Krieg bist, deshalb darfst du auch gegen den Krieg stimmen.‹«

Es gelingt dem aussichtslosen Kandidaten tatsächlich, mit 31,6 Prozent in den Bundestag einzuziehen, nachdem er den ganzen Sommer 2002 beinahe täglich durch seinen Wahlbezirk »Friedrichshain-Kreuzberg-Prenzlauer Berg-Ost« gezogen war und für sich geworben hatte. Die *tageszeitung* begleitet ihn an einem Abend: »Er braucht ein paar tausend PDS- und SPD-Wähler in Kreuzberg und Friedrichshain, die unbedingt wollen, dass er im nächsten Bundestag sitzt ... Er drückt seine Flugblätter kichernden türkischen Frauen mit Kopftuch in die Hand, Pennern und eiligen Hausfrauen, wohl situierten Bürgern und muskelbepackten Männern im Jogginganzug mit schwarzem Mercedes ... Am Ende der Tour, um halb elf nachts, steht er an der Greifswalder

Straße in Ostberlin. Er war fünf Stunden unterwegs, ist 20 Kilometer Fahrrad gefahren und hat ein paar hundertmal ›Eine Empfehlung für die Wahl‹ gesagt.«

Der Bezirk gilt als schwierig, weil er zum Teil im Westen, zum Teil im Osten der Stadt liegt. Hier treffen unterschiedliche Mentalitäten, Milieus und politische Traditionen aufeinander. Nur zwei Tage vor der Wahl wird er von einem Neonazi hinterrücks niedergeschlagen und am Kopf verletzt: »Ich war auf der Warschauer Brücke morgens um acht Uhr mitten im Wahlkampf. Ohne dass ich vorher was ahnte, habe ich plötzlich einen mächtigen Schlag hinten im Nacken bekommen und bin in die Knie gegangen. Ich war nicht nur überrascht und erschreckt und zunächst völlig außer Sinnen, sondern ungeheuer wütend. Überhaupt nicht furchtsam, obwohl dieser Mensch einen Kopf größer war und doppelt so breit wie ich und halb so alt. Der zog an mir vorbei und bedachte mich noch mit Beleidigungen.« Trotz der Verwundung kann er den Täter verfolgen und der Polizei übergeben.

»An dem Wahlsonntag war ich den ganzen Tag in der Charité. Die Ärzte befürchteten, dass ich noch Folgen von den Kopfverletzungen hätte. Die Untersuchungen waren sehr ermüdend und sehr stressig. Abends habe ich es kaum geschafft, noch zur Wahl zu gehen. Dann kamen die Wahlergebnisse. Ich hatte keine Kopfschmerzen mehr und bin dann doch noch euphorisiert ins Tempodrom zur Siegesfeier gegangen«, erinnert Ströbele sich an den Triumph. Ein Journalist der *Frankfurter Rundschau* ist dabei: »In der Wahlnacht steht Ströbele minutenlang stumm vor seinen Anhängern. Der kampferprobte Linke, der alt gewordene, ewig jugendliche Kämpfer in Sachen Weltverbesserung – er kämpft mit den Tränen. Es dauert seine Zeit, bis er die Diktion wiederfindet, an der man ihn erkennt, auf Parteitagen, in Parlamentsdebatten: ›Ich sage auch nach der Wahl Nein zum Krieg und Nein zu Korruption und Ja zum Umsteuern in Sachen sozialer Gerechtigkeit.‹ Voilà, da ist der Volkstribun, zuständig für die Abteilung Revolution, Korruption und Gerechtigkeit ... So einer wie Ströbele, entschied eine Mehrheit, gehört einfach in den Bundestag ... Wenn es Spitz auf Knopf stand, wusste Ströbele stets, wo die Schmerzgrenze seiner Partei lag: ›Ströbele wählen, heißt Fischer quälen‹, hatte der 63-Jährige für sich geworben. Fischer hat am Montag gekontert. ›Quält mich, wählt ihn‹, habe er vorher gesagt. ›Aber nun hat die Qual ein Ende.‹« Ströbele und Fischer haben es in der Tat nicht leicht miteinander: »Mit Joschka zu streiten, das war immer eine große Herausforderung. In der Frage von Krieg und Frieden, von deutscher Kriegsbeteiligung haben wir uns gefetzt. Aber ich achte den Menschen Joschka trotzdem.«

Mit Hans-Christian Ströbele wird am 22. September 2002 erstmals ein grüner Politiker direkt in den Bundestag gewählt. CSU-Kanzlerkandidat Edmund Stoiber jubiliert nach den ersten Hochrechnungen und erklärt sich verfrüht zum Wahlsieger. Union und SPD sind im Ergebnis fast gleichauf, die Grünen können die FDP jedoch überrunden. Die rot-grüne Regierung unter Bundeskanzler Schröder wird letztlich knapp bestätigt, was sie vor allem ihrer Ablehnung des Irakkriegs verdankt. Auch Otto Schily ist wieder im Bundestag, gewählt über die SPD-Landesliste Bayern. Er wird erneut zum Innenminister ernannt und führt seine Politik weiter. Er zeigt Hochachtung vor Ströbeles Direktmandat: »Wahlen hängen ja sehr von Stimmungen ab, und er hat einen fulminanten Wahlkampf geführt. Das ist schon eine große Leistung, dass er da in einem solchen Bezirk direkt gewählt wurde. Ich glaube, das ist der erste und einzige Grüne, der es überhaupt jemals zu einem Direktmandat gebracht hat. Ich weiß selber aus eigener Erfahrung bei den Grünen, wie schwierig das ist. Also sich erst mal durchzusetzen als Direktkandidat. Ich habe versucht, in Düsseldorf das Kunststück fertigzubringen, ich war weit entfernt davon, dieses Stimmenergebnis zu erreichen.«

Hans-Christian Ströbele erfährt überall in seiner Partei und in der Fraktion großen Respekt für seine Leistung. Sein Image in Partei und Öffentlichkeit wandelt sich vom unbequemen Querulanten zum unbeirrbaren und aufrechten »linken Gewissen« seiner Partei. Er wird sogar zum stellvertretenden Fraktionsvorsitzenden gewählt. »Die Forderung ›Tritt aus den Grünen aus‹ ist immer wieder an mich herangetragen worden. Bei der Verabschiedung der Hartz-IV-Gesetze, bei den Kriegsentscheidungen, wo ich ja dagegen gewesen bin. ›Was willst du noch in diesem Verein? Tritt aus!‹ Ich habe das nicht gemacht. Ich habe immer meine Basis sicher gewusst in der grünen Partei und deshalb kam es für mich ernsthaft überhaupt nie in Erwägung zu sagen: ›Ich wechsele jetzt die Partei.‹«

Seinen Erfolg kann Ströbele bei den folgenden Wahlen 2005 mit 43,2 Prozent und 2009 sogar mit 46,8 Prozent der Erststimmen weiter ausbauen. Er bleibt bundesweit der einzige Grüne, dem ein Direktmandat gelingt. Dabei hat Ströbele mit einigen Aspekten der Politik große Schwierigkeiten: »Das Schlimmste ist die Unehrlichkeit in der Politik – vor der Wahl das eine sagen, nach der Wahl das andere tun ... Wenn Politiker in der eigenen Familie oder im Freundeskreis so mit der Wahrheit umgehen würden, würde doch keiner mehr mit ihnen reden. Deshalb denke ich: Die Vorbehalte in der Bevölkerung gegenüber der Politik sind im Grunde berechtigt.«

Sogar die politischen Gegner begegnen ihm nach seinen Erfolgen mit wachsendem Respekt: »Das Verhältnis zu den anderen Bundestagsabgeordneten, bis weit in die CSU hinein, hat sich seit meiner Wahl geändert. Ich werde auf einmal ganz anders behandelt, mit viel mehr Achtung. Ich scheine in den Kreis der Auserwählten aufgenommen zu sein.«

2002 kommt das NPD-Verbotsverfahren voran. Das Bundesverfassungsgericht holt mehrere Stellungnahmen der gegnerischen Parteien ein und setzt Erörterungstermine an. Problematisch wird für Minister Schily vor allem, dass die Verfassungsschutzämter mehrerer Länder und des Bundes etliche V-Männer in Schlüsselpositionen der Partei platziert hatten. Durch Kommunikationsdefizite innerhalb seines Ministeriums erfuhr Schily nicht rechtzeitig davon, nun läuft das Verfahren bereits. Einige Beobachter meinen sogar, Mitarbeiter hätten sich nicht getraut, den als ungeduldig und cholerisch geltenden Minister über die Aktivitäten des Verfassungsschutzes zu informieren. Zudem gelangt an die Öffentlichkeit, dass der Bund nicht über alle Aktivitäten der Länder in dieser Sache informiert war.

Auf der anderen Seite wissen die NPD-Spitze und ihr Anwalt, der ebenfalls dem Parteivorstand angehört, sehr wohl von einigen Spitzeln, immer mehr offenbaren sich intern. Niemand weiß, ob sie nicht auf Geheiß der Geheimdienste verfassungsfeindliche Aktivitäten inszenierten und provozierten, damit die NPD daraufhin verboten werden kann. Horst Mahler führt 2002 aus: »Gibt es eine schwerere Anklage gegen die Exekutive als den Vorwurf der verfassungsfeindlichen Tätigkeit? Was ist gefährlicher als ein Angriff der Exekutive auf die freiheitliche demokratische Grundordnung? ... In welcher Lage befindet sich das Bundesverfassungsgericht, wenn der Verdacht nicht von der Hand zu weisen ist, dass die Exekutive die Umstände fabriziert hat, die das beantragte Parteiverbot begründen sollen? Trägt das Opfer (gemeint ist die NPD) des verfassungsfeindlichen Angriffs die Darlegungs- und Aufklärungslast, ob und gegebenenfalls wie das Erscheinungsbild ihres Wollens durch rechtswidrige Einflussnahme der Exekutive geprägt beziehungsweise verfälscht worden ist? ... Das Verfahren befindet sich diesbezüglich überhaupt noch nicht in der Beweisstation, sondern in der Zulässigkeitsprüfung. In dieser Station hat der Kläger eine Bringschuld. Sprechen Umstände dafür, dass eine missbräuchliche Anrufung des Gerichts nicht auszuschließen ist, hat der Kläger bei Strafe der Zurückweisung seines Antrags die Zweifel zur Überzeugung des Gerichts auszuräumen. Es ist ruchbar geworden, dass die Antragsteller ihren Verbotsantrag in mehreren Fällen auf Sachverhalte gestützt haben, die von Geheimdienstmitarbeitern gesetzt worden sind. Nicht von der Hand zu weisen ist der Verdacht, dass auch andere Sachverhaltskomplexe in gleicher oder ähnlicher Weise durch Geheimdienstprovokationen bedingt sind. Dieser Verdacht ist durch nichts, schon gar nicht durch die legalistische Argumentation der Antragsteller aus der Welt zu schaffen.« Mahler argumentiert übrigens auch mit eigenen Erfahrungen mit dem Verfassungsschutz in den 60er- und 70er-Jahren, namentlich auch mit dem Agenten Peter Urbach.

Heute erinnert er sich so an das Verfahren und seine Strategien: »Wenn ein solcher Prozess läuft, dann bekommen Sie durch sogenannte Whistleblower Informationen, die können Sie nicht überprüfen, aber Sie können damit arbeiten. Das Schöne bei einem solchen Prozess ist, ich kann auch ein Gerücht aufgreifen und bei der Befragung als Frage in Behauptungsform vorhalten. Dann weiß ich, die wissen genau, dass sie möglicherweise mal wegen Meineids drankommen, denn da ist jemand gewesen, der mir das zugesteckt hat. So gab es mehrere Ansatzpunkte. Ich wusste von verschiedenen V-Leuten im Parteivorstand. Ich habe einen bestimmten Abschnitt in der Begründung wahrgenommen als eine Bombe, als eine Mine, die hochgehen musste, um das Verfahren zum Scheitern zu bringen. Es ging um diese Broschüre von einem gewissen Herrn Frenz. Von dem wusste ich, dass er für die Dienste arbeitet, fragen Sie mich nicht woher, sicherlich aus den Reihen der Dienste selbst. Ich wusste, wie diese Broschüre in die Welt gekommen ist, wer sie finanziert hat und hätte das alles vorlegen können als Vorhalt. Und die hätten nie abschätzen können, wie weit ich nun schon handfeste Beweise habe.«

Die *Süddeutsche Zeitung* berichtet, wie Schily bei einer Anhörung versucht, dagegen zu halten: »Irgendwann geht Innenminister Schily ans Rednerpult. Ruhig ist er, präzise, als wenn er wieder in der Anwaltsrobe steckte. Es gehe doch um zwei Fragen: Was will sich die NPD selbst zurechnen lassen, was ist ihr untergejubelt worden? Und Schily fragt seinerseits: ›Wie würde sich das Erscheinungsbild der NPD ausnehmen, wenn wir uns alle Personen wegdenken, die als Informanten gewirkt haben? Wäre es dann anders?‹ Das ist von stringenter Logik. Doch Richter Jentsch fragt listig zurück: ›Können Sie uns angeben, was wir uns wegdenken müssen?‹ Einfach hat es auch Schily nicht vor dem Verfassungsgericht.« Und Mahler empfand Genugtuung: »Ich habe das leidenschaftslos gesehen und empfand das aber doch als sehr tröstlich, wie Schily durch einen schlimmen Fehler, den er gemacht hat, die Lacher gegen sich hatte.«

Am 18. März 2003 verkündet das Bundesverfassungsgericht, dass es das Verbotsverfahren nicht eröffnet. Drei von sieben Richtern schließen sich Mahlers Argumentation an. Sie sehen in den staatlichen V-Leuten ein Verfahrenshindernis für ein Parteienverbot. Die notwendige Zweidrittelmehrheit im Senat wird damit nicht erreicht. Die *tageszeitung* schreibt daraufhin zur Reaktion des Innenministers: »Schily kritisierte die Entscheidung des Bundesverfassungsgerichts scharf: ›unrichtig‹ seien die Gründe, ›abwegig‹ die Forderungen. ... Im Ergebnis stelle das Gericht den

Staat vor eine ›völlig unerträgliche Alternative‹: Der Staat müsste ›entweder auf die Beobachtung oder auf das Verbotsverfahren verzichten‹, erklärte Schily.«

Regierung, Bundestag und Bundesrat erleiden einen peinlichen Misserfolg, Otto Schily ist ebenfalls bis auf die Knochen blamiert. Mit der Ablehnung des Verbotsantrags erlebt er seine größte politische Niederlage, zugefügt ausgerechnet von seinem früheren engen Kollegen und Mandanten Mahler. Schily plädiert noch heute für ein Verbot: »Wenn jetzt eine Partei wieder auftritt, die sich die Nähe zu den Nazis sucht in der Symbolik, im Verhalten, in der Sprechweise, in ihren Zielsetzungen, dann halte ich es für unerträglich, dass wir sogar mit Steuergeldern eine solche Partei unterstützen. Und deswegen bin ich nach wie vor der Meinung, diese Partei gehört verboten. Da kann man sagen, man muss sich mit der politisch auseinandersetzen, das mag ja sein. Politisch muss man sich natürlich auch mit so einer Gruppe auseinandersetzen. Ich finde die Entscheidung des Bundesverfassungsgerichts, die dieses Verfahren gebremst hat, nach wie vor falsch … Ich hatte immer das Vertrauen von Gerhard Schröder und ich sah auch keinen Grund, deshalb zurückzutreten. Wenn das Bundesverfassungsgericht einen Fehler macht, kann ich mir den Fehler nicht zuordnen. Klingt etwas arrogant, aber Entschuldigung …«

»›Es war eine mutige Entscheidung‹, sagte Ströbele der *tageszeitung*. ›Immerhin haben sich die Richter dazu durchgerungen, auch einer rassistischen und antisemitischen Partei ein rechtsstaatliches Verfahren zu garantieren.‹ … Der Grüne sieht sich bestätigt: Die Geheimdienste müssten dazu gezwungen werden, besser zu kooperieren und Informationen ›im Apparat nach oben durchzuleiten‹. Dann könnte ›auch die parlamentarische Kontrolle effektiver werden‹. Ob überhaupt 16 Landesverfassungsschutzämter so viele Aufgaben haben müssten, sei fraglich. Ströbele bestritt, dass das Gericht den Staat vor eine Alternative ›beobachten‹ oder ›Verbot versuchen‹ stelle.«

Auch heute lehnt Ströbele ein erneutes Verbot ab: »Ich war dagegen, weil ich glaube, man erweckt damit die Illusion, dass man die NPD und das, wofür sie steht, wirksam bekämpfen kann. Dieses gescheiterte Verfahren hat meiner Meinung nach mit dazu beigetragen, dass sie in Landtage eingezogen ist. Ich halte die Diskussion, die jetzt im letzten Jahr wieder aufgeflammt ist, für verhängnisvoll, weil sie zusätzliche Propagandamöglichkeit gibt. Wenn man sie heute verbietet, sind morgen dieselben Leute weiter da. Die nennen sich nur um, bilden eine neue Gruppierung und haben dasselbe im Kopf und werden dasselbe tun, was sie heute als NPD-Leute tun. Solange die NPD eine offizielle, eine zugelassene Partei ist, hat man sie viel besser im Blick.«

Horst Mahler hat sich inzwischen so sehr von rechtsstaatlichen Grundlagen entfernt, dass er nun Schilys größter innenpolitischer Gegner ist. Er sagt über den Minister, den er vor Gericht gedemütigt hatte: »Ich kann mir vorstellen, dass er voll davon überzeugt ist, dass ich schlicht politischer Unrat bin und auch als Mensch völlig indiskutabel für ihn bin. Das würde zu der Einschätzung passen, die ich heute von ihm habe. Ich würde mir das zur Ehre gereichen lassen.« Mahler tritt noch am Tag der Entscheidung des Verfassungsgerichts aus der NPD aus. Sie ist ihm nicht radikal genug, weil sie am »unzeitgemäßen« Parlamentarismus festhalte. Das bereits zitierte Interview mit dem jüdischen Rechtsanwalt, Publizisten und Moderator Michel Friedman, das zu einem Streitgespräch verkommt, beginnt er mit: »Heil Hitler, Herr Friedman!«, wobei ihm vollkommen klar ist, dass er dafür eine Strafanzeige erhalten wird. Die Frage, ob er das Grundgesetz anerkenne, verneint Mahler, allerdings erkenne er durchaus deutsche Gesetze an: »Die deutschen Reichsgesetze. Die sind nur im Augenblick nicht wirksam, weil die Fremdherrschaft sich darüber gesetzt hat und die bestimmt.«

Im Fortlauf des Interviews brechen sein Antisemitismus und seine Fremdenfeindlichkeit durch. Die Fremden, »das sind die Juden. Ganz klar. Er ist der Herr im Hintergrund über alle Herren, nicht? Der Jude trachtet danach, sich zum Fürsten seiner Herren zu machen. Trachtet danach, die Weltherrschaft zu erlangen.« Auf die Frage nach Adolf Hitler bekennt Mahler: »Hitler war der Erlöser des deutschen Volkes. Nicht nur des deutschen Volkes. Und er ist als Erlöser von Satan dämonisiert worden, damit jeder Gedanke an den Erlöser ausgetilgt ist im Bewusstsein der Deutschen und der Welt überhaupt.« Auf Friedmans Frage, ob Auschwitz eine Lüge sei, verleugnet Mahler den Holocaust: »Ja, sicher. Also Auschwitz als Konzentrationslager, Arbeitslager hat es gegeben – damit es da kein Vertun gibt –, aber die systematische Vernichtung der Juden in Auschwitz, das ist eine Lüge.« Horst Mahler will Türken und andere Ausländer aus Deutschland hinausdrängen und meint, Deutschland habe das Recht, sich kriegerisch die früheren Ostgebiete zurückzuholen. In seinen Vorstellungen beruft er sich auf eine höhere Macht: »Gott will, dass das Deutsche Reich wiederaufersteht und den Judaismus überwindet.«

Friedman zeigt Mahler unmittelbar nach dem Gespräch an. Es ist nicht das einzige Mal, dass Horst Mahler mit extrem rechten Äußerungen öffentlich in Erscheinung tritt. In einem Prozess droht er Richtern und Staatsanwälten mit der Todesstrafe, wenn das Deutsche Reich wieder handlungsfähig sei, auch gegen Bundestagsabgeordnete spricht er Drohungen aus. In seinem Wahn fantasiert er generös, Otto Schily vor Strafe zu bewahren: »Ich habe Schily als integren Freund und Kollegen schätzen gelernt. Er wäre wohl der Einzige, für den ich mal einen Gnadenantrag

Ein lächelnder Demagoge: Horst Mahler in seinem Haus in Kleinmachnow bei Berlin.

stellen würde ... Wenn in Deutschland das Recht wiederhergestellt wird und die Bundesregierung hinter Gittern sitzt.«

Horst Mahler versucht – ähnlich wie in den 70er-Jahren – seine Strafprozesse zur Bühne für seine Ansichten zu machen, erstattet dafür sogar Selbstanzeigen: »Ich bin hier, weil ich hier sein will.« Er provoziert so hartnäckig, dass man geradezu den Eindruck hat, er suche nach Bestrafung. In mehreren Prozessen und Instanzen wird er Mitte 2009 zu insgesamt zwölf Jahren Freiheitsentzug verurteilt. Im Alter von 76 Jahren tritt er seine Haft in einem Gefängnis in Brandenburg an. Hans-Christian Ströbele, drei Jahre jünger, befürwortet die Strafbarkeit der Holocaustleugnung und hält Mahlers Verurteilung für grundsätzlich richtig, erachtet die Höhe seiner Strafe jedoch für fragwürdig. Er bleibt fassungslos über Mahlers Lebensweg: »Dazu kann ich wenig sagen, weil das eine ganz außerordentliche und für mich völlig unbegreifliche und nicht nachvollziehbare Entwicklung ist. Das passt meiner Ansicht nach auch nicht zu dem, für das wir uns gemeinsam, zum Beispiel im Sozialistischen Anwaltskollektiv, eingesetzt haben. Der Antisemitismus, den er heute verbreitet, ist dem geradezu diametral entgegengesetzt.«

Im März 2005 gestattet Schily per Dienstanweisung Online-Durchsuchungen von Computern durch die Geheimdienste. Dies wird dem parlamentarischen Kontrollgremium jedoch erst wesentlich später mitgeteilt. Er startet des Weiteren Initiativen zur Speicherung biometrischer Daten. Ströbele attackiert Schilys Positionen immer wieder. Der *Spiegel* charakterisiert den Umgang der Anwälte: »Die beiden begegnen sich selten, und wenn, dann gehen sie ›sehr sachlich‹ miteinander um, sagt Ströbele. Er bekämpft Schilys Politik aus dem Hintergrund, nicht ohne Erfolg. Einige der Sicherheitsgesetze wurden befristet, der Fingerabdruck im Pass muss noch einmal durch dic Bundestagsmühle. Mehr kann Ströbele nicht erreichen.« Ströbele bleibt in vielen Fragen letztlich allerdings erfolglos; so werden die biometrischen Daten später in den Pässen abgespeichert.

Er analysiert die Lage folgendermaßen: »Die sicherlich bestehende terroristische Gefahr wird missbraucht, um alte Ziele, wie sie übrigens schon in den 70er-Jahren, in den 80er-Jahren, auch immer wieder aus Sicherheitskreisen gekommen sind von den Geheimdiensten, von Leuten vom Bundeskriminalamt und anderen, dass die jetzt verwirklicht werden. So ist die Trennung von geheimdienstlicher Arbeit und polizeilicher Arbeit, die zu den Gründungsgrundsätzen dieser Bundesrepublik Deutschland gehört, weitgehend obsolet geworden. Es gibt inzwischen einen Datenverbund, es gibt inzwischen Befugnisse der Polizei, des Bundeskriminalamts, die die gleichen sind wie etwa bei den Geheimdiensten.« An anderer Stelle meint er hierzu: »Es droht der massive Einsatz der

Bundeswehr im Innern. Heiligendamm war nur ein Vorspiel. Das soll nun in Gesetze gegossen, im Grundgesetz verankert werden. Dazu gehört das Eindringen in den ganz persönlichen Bereich, ob Wohnung oder Personalcomputer und das Speichern unser aller Telefongespräche, unabhängig von konkreten Verdachtsmomenten. Das ist eine Entwicklung, die wir damals schon befürchtet hatten. Wir ahnten nicht, was jetzt, nach 30 Jahren, wegen des technischen Fortschritts alles möglich ist.«

Im Sommer 2005 lässt sich Bundeskanzler Gerhard Schröder vom Bundestag das Misstrauen aussprechen. Im Herbst folgen Neuwahlen, die eine Große Koalition von Union und SPD zur Folge haben. Otto Schily vertritt die SPD noch vier Jahre lang als einfacher Abgeordneter. Zuvor hatte er bereits über ein Ende seiner politischen Laufbahn nachgedacht. Aber erst bei den Wahlen 2009 tritt er ab, widmet sich seiner Anwaltskanzlei und seinem Anwesen in der Toskana. Hans-Christian Ströbele erobert 2009 erneut seinen Wahlkreis für die Grünen, dieses Mal steht er sogar knapp vor der absoluten Mehrheit. Zu seinen Utopien erklärt er: »Ich wünsche mir nach wie vor eine sozialistische Gesellschaft, wo Parlament und Regierung anders funktionieren, als das heute ist. Ich wünsche mir, dass die Gesellschaft sich selber und ihre Institution immer wieder hinterfragt und infrage stellt. Das ist eine aus der Tradition der Außerparlamentarischen Opposition zurückgebliebene Erkenntnis, dass das notwendig ist. Ich wünsche mir, im Gegensatz zu meinen Vorstellungen Anfang der 70er-Jahre, eine Gesellschaft, in der Sozialismus mit Freiheit gleichgesetzt wird.«

## Nachwort

# Was bleibt?

Drei Anwälte, drei Biografien, drei Persönlichkeiten. Sie haben die deutsche Wirklichkeit geprägt, sie haben ihren Berufsstand, die Nachkriegszeit, den Rechtsstaat und die Parlamente verändert. Sie haben die politische Kultur beeinflusst. Sie stehen für eine ganze Generation mit all ihren Idealen und Irrtümern.

Kumpaneien von Anwälten mit Richtern und Staatsanwälten sind seltener geworden, Parteilichkeit für den Mandanten gehört heute zum beruflichen Selbstverständnis von Rechtsanwälten. Was die Studenten im Kampf gegen den Muff von tausend Jahren an den Universitäten begannen, setzten die linken Anwälte in den Gerichten fort. Die Aufmerksamkeit wuchs mit der Instanz. Der Umgang vor Gericht ist heute in der Regel weniger autoritär und grundsätzlich entspannter, und diese Veränderungen haben ihre Wurzeln auch in den Prozessen gegen die Aktivisten der APO. Hans-Christian Ströbele und Otto Schily wurden dafür verleumdet, ihren Mandanten aus der RAF zu ihrem Recht und zu verfassungsgemäßer Behandlung zu verhelfen. Ihrer Hartnäckigkeit und rechtsstaatlichen Überzeugung ist es zu verdanken, dass eine parteiliche und interessenorientierte juristische Vertretung auch bei extremen Vorwürfen inzwischen eine Selbstverständ-

»Ich habe nicht das Gefühl, dass ich von links nach rechts gegangen bin oder von rechts nach links.« Horst Mahler im Gespräch mit den Autoren.

lichkeit geworden ist, so, wie sie vom Grundgesetz immer intendiert war.

Schily und Ströbele haben durch ihr Engagement bei der Parlamentisierung der sozialen Bewegungen eine wichtige innergesellschaftliche Integrationsleistung miteingeleitet. Eine Minderheit mit einer alternativen, weniger materialistischen Haltung wurde mit dem Einzug der Grünen in die Parlamente auf einmal wahrgenommen und berücksichtigt. Die Regierungsbeteiligung in der rot-grünen Koalition auf Bundesebene war einerseits die Krönung dieses Prozesses, andererseits war sie der Abschied von vielen Wurzeln der Bewegung. Insgesamt aber zog eine neue Kultur in die Politik ein, mehr Toleranz wurde zur Selbstverständlichkeit. Von ihr profitieren alle politischen Kräfte.

Wer hätte es vor 30 Jahren für möglich gehalten, dass homosexuelle Politiker als Minister und Ministerpräsidenten die Republik repräsentieren würden?

Der späte Konflikt zwischen dem »selbstverstaatlichten« Otto Schily und dem in Sachen innere Sicherheit nach wie vor misstrauischen Hans-Christian Ströbele zeigt die Zerrissenheit der Koalition beim Ringen um eine sichere und gleichzeitig freiheitliche und lebenswerte Gesellschaft. Die Geste, mit der Otto Schily bei der Filmpremiere von *Die Anwälte* Hans-Christian Ströbele mit auf die Bühne nimmt, beweist aber, dass über die Jahrzehnte bei aller politischen Gegnerschaft eine zwischenmenschliche Verbindung Bestand hat. Ströbele sagt später über den Abend: »Natürlich habe ich mich nach dem Film anders an ihn erinnert. Schon weil seine Tochter bei der Premiere dabei war, kam eine alte Erinnerung wieder auf, wie wir früher zueinander standen. Die Stimmung bei mir war durchaus auch wehmütig. Ich hatte ihn ja viele Jahre lang im Wesentlichen als Innenminister wahrgenommen.« Es wird ihre vorläufig letzte Begegnung sein.

Tragisch und kaum nachvollziehbar bleibt die Biografie von Horst Mahler. Hochintelligent und gleichzeitig realitätsfern bewegt er sich in seinem Leben zweimal außerhalb dessen, was die Gesellschaft erträgt. Eingesponnen in einen Kokon von selbst errichteten Wirklichkeitskonstrukten geht er wohlwissend für angebliche »Wahrheiten« in jahrelange Haft. Er wendet seine ganze intellektuelle Kraft dafür auf, seine kruden Weltvorstellungen aufrechtzuerhalten und weiterzuentwickeln.

Ströbele erkennt seinen früheren Freund und Kollegen durchaus wieder: »So, wie er in *Die Anwälte* interviewt wird, wenn er ruhig und überlegt antwortet und über damals berichtet, so kenne ich ihn natürlich, das entspricht meiner Erinnerung an alte Zeiten. Wir saßen ja Wand an Wand im Anwaltskollektiv. Er war damals ein sehr guter Anwalt, von dem ich mir viel abgeschaut habe. Das letzte Mal, dass ich Horst Mahler gesehen habe, war irgendwie makaber. Das ist schon einige Jahre her, es war hier in Berlin in der Friedrichstraße an der Brücke über die Spree. Auf der einen Seite marschierten die Rechten auf, und auf der anderen Seite gab es eine Gegendemo. Ich sah über die Brücke von Weitem Horst Mahler bei den Rechten in der ersten Reihe. Er war da auffällig, aber es war so weit entfernt, dass er mich vermutlich nicht gesehen hat.« Otto Schily mag über den einstigen Mandanten, der ihn vor dem höchsten deutschen Gericht so blamierte, keinen weiteren Kommentar abgeben. Er sagt nur einen Satz: »Das ist eine Tragödie.«

Die drei Anwälte sind einen Teil ihres Lebens gemeinsam gegangen. Sie haben sich getrennt, bewegten sich neben- und in den letzten Jahren gegeneinander. Zum vierten Akteur in dieser deutschen Geschichte – zu den Geheimdiensten – haben sie inzwischen ein anderes Verhältnis gewonnen. Mahler – ganz der raffinierte Anwalt – nutzte die Aktivitäten der Nachrichtendienste innerhalb der NPD geschickt für seine rechtsextremen Absichten. Schily – früher selbst abgehört – brachte es als Innenminister bis zum obersten Chef des Bundesamts für Verfassungsschutz und des Bundeskriminalamts. Ströbele – ebenfalls mehrfach Objekt von Bespitzelungen – ist inzwischen der dienstälteste und erfahrenste Kontrolleur der Geheimdienstinstitutionen: »Meine Geschichte ist auch eine Geschichte der Berührung und der gegenseitigen Beschäftigung der Geheimdienste und Ströbele.«

Jeder der drei Anwälte hält seine eigene Biografie für geradlinig, konsequent und folgerichtig. Otto Schily sagt über sein politisches Leben: »Ich zitiere gerne aus den *Keuner*-Geschichten von Bert Brecht: Da gibt es einen wunderbaren Aphorismus. Keuner, Herr K., trifft nach langer Zeit einen alten Freund. Dieser geht

**»Jeder verändert sich, nimmt neue Erfahrungen auf, lernt hoffentlich daraus.« Otto Schily im Gespräch mit den Autoren.**

mit ausgebreiteten Armen auf ihn zu und sagt: ›Mein guter Freund, du hast dich ja überhaupt nicht verändert.‹ Und die Geschichte endet mit folgendem lakonischen Satz: ›K. erbleichte.‹ Wenn mich ein alter Freund begrüßt, muss ich nicht erbleichen. Jeder verändert sich, nimmt neue Erfahrungen auf, lernt hoffentlich daraus. Und manche Dummheiten, die man in der Vergangenheit begangen hat, werden metamorphosiert und gewinnen eine neue Gestalt. Es gibt aber auch ein Kontinuum in meiner Biografie. Und das ist das Eintreten für den Rechtsstaat – ob als Anwalt oder als Innenminister.«

Horst Mahler erklärt seinen Weg von einem Extrem ins andere im abschließenden Gespräch mit den Autoren: »Es ist eine Entwicklung, die sich aus sich heraus bewegt und zu neuen Einsich-

»Ich bin ein Linker.« Hans-Christian Ströbele im Gespräch mit den Autoren.

ten führt, ohne dass das eine Wandlung ist. Ich habe nicht das Gefühl, dass ich von links nach rechts gegangen bin oder von rechts nach links. Sondern das ist eine gewisse Abfolge, die in sich logisch erscheint, wenn man in dieser bestimmten Logik Fuß gefasst hat. Das war eine günstige Entwicklung, denn ich wäre nie im Leben als Anwalt dazu gekommen, mich mit dieser ganz anderen Art des Denkens zu befassen, in eine ganz andere Denkwelt einzugehen. Das ist ein bestimmendes Erlebnis, das lange Zeit vorhält, wahrscheinlich für das Lebensende.«

Hans-Christian Ströbele sagt noch 2001 über sich: »Mein ganzes politisches Leben ist ein einziger Kompromiss.« Doch der »Guerillero im Dschungel des Bürgerlichen Gesetzbuches« (*Berliner Zeitung*) tritt weniger kompromissbereit, als vielmehr unkonventionell auf. Nicht nur dass sein Hauptverkehrsmittel, ein Fahrrad, zu seinem Markenzeichen wurde. Er trägt auch gern bequeme Kleidung und einen roten Schal: »Ich bemühe mich, mich so anzuziehen, dass ich mich wohl fühle. Hin und wieder will ich auch einen bewussten Kontrapunkt setzen zu den Gestylten in ihren Politiker-Uniformen, Zweireihern und dreiteiligen Armani-Anzügen. Manchmal trage ich bewusst zwei verschiedene Socken. Der rote Schal – das ist eine Mischung aus Gesinnungsfestigkeit und Trotz. Damit will ich ein Signal geben: Ich bin ein Linker.«

# Danksagung

Dieses Buch ist auf der Grundlage des gleichnamigen Kinofilms entstanden. Die Entwicklung und Herstellung des Films war nur möglich durch die kreative Unterstützung des Filmteams, der beteiligten Sender sowie der Filmförderanstalten und der Bildersturm Filmproduktion. Deshalb möchten sich die Autoren besonders bedanken bei Heiner Stadler (dramaturgische Beratung), Isabelle Casez und Axel Schneppat (Kamera), Pascal Capitolin (Ton), Katharina Schmidt (Schnitt), Pluramon (Komposition), Monika Mack und Jorge Bogalho (Produktionsleitung), Jörg Kobel (Postproduktion), Sabine de Mardt (Bildersturm Filmproduktion Köln), Joachim Kühn (Realfiction Filmverleih), Antje Krumm (Interface Film PR), Christiane Hinz (WDR), Andrea Ernst (WDR/ARTE), Silvia Gutmann (NDR) und Jens Stubenrauch (RBB) sowie bei der Filmstiftung Nordrhein-Westfalen, der Filmförderungsanstalt und beim Deutschen Filmförderungsfonds.
Unser besonderer Dank gilt unseren Protagonisten Hans-Christian Ströbele, Horst Mahler und Otto Schily.

WDR arte NDR rbb

Deutscher Filmförderfonds
FFA Filmförderungsanstalt German Federal Film Board
Filmstiftung Nordrhein-Westfalen
BILDERSTURM Filmproduktion GmbH

# Bildnachweis

Archiv Fackelträger Verlag: S. 123, 211
DHM, Berlin: S. 79 (Werner Kohn)
Friedrich-Ebert-Stiftung, Bonn: S. 229 (J. H. Darchinger)
Keystone, Hamburg: S. 190 (Berger)
Werner Kohn, Bamberg: S. 107
picture-alliance, Frankfurt am Main: S. 10, 46 (beide dpa-Bildarchiv), 66 (akg-images/Henschel), 68 (akg-images/Binder), 70 (akg-images/Henschel), 73, 87, 95, 110 (alle dpa-Bildarchiv), 114 (dpa-Report), 121 (akg-images/AP), 125, 134, 150, 193 (alle dpa-Bildarchiv), 198 (dpa), 204 (dpa-Bildarchiv), 209, 214 (dpa-Bildarchiv), 217 (dpa-Report), 224 (dpa-Fotoreport), 237, 242, 246, 251, 254 (alle dpa-Bildarchiv), 272 (dpa-Fotoreport), 275 (ZB-Fotoreport), 276 (dpa-Report), 279 (dpa), 283 (ZB-Fotoreport), 287 (Berlin Picture Gate), 292 (dpa-Fotoreport), 304 (akg-images)
PicturePress, Hamburg: S. 173 (Lebeck)
Privatbesitz Horst Mahler: S. 26, 32
Privatbesitz Otto Schily: S. 18, 21, 23, 177
Privatbesitz Hans-Christian Ströbele: S. 38, 42
Birgit Schulz, Köln: S. 308, 311, 312
Der Spiegel, Hamburg: S. 218
ullstein bild, Berlin: S. 88 (Herrmann L), 91 (dpa 85), 92 (Mehner), 139, 145 (dpa), 169 (dpa 85), 171 (dpa), 182 (Rogge), 240 (Bera), 245 (dpa)
sowie aus Kraushaar (Hrsg.), Frankfurter Schule und Studentenbewegung, Bd. 1, Hamburg 1998: S. 161

# Weitere Titel von Fackelträger

Fackelträger